0—3岁,

Set Free Your Child's Potentials

妈妈是最好的早教老师

影响一生的300堂关键能力早教课

孙瑞玲/主编

韦洁璇　王　荻　赵　丽　陈　爽/编写

外语教学与研究出版社

北　京

序 言

在 2009 年，和前斯坦福教育学院副院长 Bob Calfee 教授一起开发一个以外研社的幼儿教材为中心的英语项目时，我认识了孙老师。我们开发的电子英语教材正是以孙老师的《英语小剧场》为核心。随后又有一些机会和孙老师接触，更是欣赏她的教育理念。她对幼儿教育的热情和认真开发教材的态度，使得我更加企盼仓鼠宝宝的理念能够尽快推出，让更多人受益。当我收到孙老师的手稿，邀请我预览她的新书时，我更是迫不及待地开始了阅读。书中那些针对 0–3 岁宝宝的发展理论、实例和活动指导，对于新手爸妈来说更是必备的学习资料。由于我外孙女的年龄也在这个范围之内，看到 9–10 个月的宝宝这一部分，我更是爱不释手，一口气看完才放下。相信对于姥姥、姥爷和爷爷、奶奶们，这也是让我们温故知新、赶上时代的早教题材。这是一本所有参与照顾宝宝成长的人都应该阅读的好书。

孙老师把在美国亲身体验的经历娓娓道来，经过消化和融合中国文化里的教育思想，非常贴切地把最适合国人的幼教理念清楚地表达出来。我特别欣赏她文字的朴实诚恳，把理论详细地解释之后，随之将如何应用的建议，一步一步地细致解说。每一个活动的实操性都非常强。像这样尊重学术基础，结合中西方的教学理念，又能具体地手把手地教给家长的书，应该是开国内早教的先河。

书中对"关键能力"的解说和"适时早教"的观念更是家长和育儿老师们必须具备的基本知识。我很高兴看到孙老师把这些非常重要的理念，完整地在书中阐明。书中提到"家长们要对宝宝进行适时教育，首先要在思想和意识上充分理解宝宝五大领域发展的重要性，其次才是了解具体的教育策略和实施步骤，唯有如此才能把握好教育行为的总方向"。

国内家长在幼儿教育方面求知心切，却往往缺乏对幼儿发展阶段的科学认识。书中把这五大领域——早期身体运动能力发展，早期认知能力发展，早期语言能力发展，早期社会能力发展和早期感情和情绪能力发展——详细地举例说明。在早期儿童发展的五大领域之上，书中对有助于培养关键能力的五大理念，又有更进一步的说明。书中提到主动学习、榜样示范、循环强化、家长参与和营造支持性的探索氛围五大理念的理论与实践，帮助家长明白早教中父母扮演的重要角色。

　　非常难得看到这样浅显易读、有实例、有方法、有理论基础的早教实战手册。相信这本书和孙老师的理念将会使众多的爸爸妈妈和宝宝们大大受惠。希望这本书能够为许许多多的父母答疑解惑，特别是新手爸妈，必定获益无穷。也期盼孙老师在早教的领域里，把累积多年的经验总结出来，继续研发创作，为更多的中国宝宝造福。

哈佛大学教育硕士

黄陈怡文

于美国加州圣地亚哥

2017 年 1 月 29 日

前　言

　　女儿 3 岁时，我们一家来到美国生活，于是便有机会把女儿送到当地的一家招收 0-6 岁宝宝的婴幼园。女儿刚去婴幼园时大哭不止，不让我离开，我便听从园长的建议，留下来陪伴女儿。后来更应园长的邀请，在 Baby's Room（婴儿室）成为了一名义务教师。从此我便迷上了早教，并义无反顾地投身其中。3 年的时间，我悉心领悟美国的早教思想，仔细观察美国老师的言传身教，虚心提问，认真记录；也曾与许多美国家长沟通，了解他们对早教的看法。

　　回国以后，我便放弃了原来待遇优厚的进出口工作，全身心投入到婴幼儿教育和幼儿英语教育的新事业当中，再也没有离开。作为妈妈，女儿一直以来的健康成长让我欣慰。作为婴幼儿教育工作者，家长、老师和同事们的一路信任和支持也给我带来了事业上的成长和快乐。在多年亲历两国一线的早教实践、接触过几千个家长后，我发现中美早教方式确实有着巨大的差异。

　　都说美国是快乐教育、能力教育，但快乐、能力的背后是什么？这么多年来我一直在思考。在美国婴幼园时，我观察到老师为宝宝准备的活动都是最适合宝宝月龄段和自身能力发展的活动，对宝宝各项关键能力的培养既不提前也不拖后。美国家长也会关注宝宝在学习一项新技能之前是否已经准备好了，而决不会揠苗助长，其背后的核心思想就是"适时"。

　　那么，为什么孩子教育早了晚了都不好，一定要适时而行？

　　春种秋收，与自然万物的生长规律一样，人的身心发展具有顺序性和阶段性，这就决定了正确的教育一定要因时制宜。及时准确把握关键期，事半而功倍，可以帮助孩子学得轻松、进步显著。疏忽错失关键期，就可能"一错过成终身遗憾"。

贪快超前、揠苗助长，贻害无穷。

在宝宝机体心智没有发育成熟时就贸然实施某些"天才教育"，会给宝宝带来毁灭性的伤害。有几个常见的例子很能说明问题。

例1：宝宝大约在6个月时腰背部肌肉和脊柱才能支撑自己的身体坐起来，某些家长为了让孩子"超过"别人，四个月就训练宝宝学坐，造成宝宝脊柱侧歪，引起畸形。

例2：某些家长虽然在适宜的月龄引导宝宝学习走步，但练习时间过长，导致宝宝腿骨弯曲，形成罗圈腿，影响今后的站姿、走姿。

例3：某些家长在宝宝自我意识的形成期（特点是以自我为中心，占有欲很强）强行要求宝宝学会与他人分享，影响了宝宝对亲人的依恋、对他人的信任等社会领域的健康发展。

例4：有的家长因为不了解孩子在什么时候适合做什么，在孩子还没有准备好的时候，不慎选择了孩子能力还不能达到的教育内容，比如过早让孩子认字、学琴等，孩子没有反应，导致孩子失去兴趣，今后再学也就更难了。这不但打击了孩子的自信和主动学习的热情，也打击了家长的信心。

家长希望自己的孩子不输在起跑线上的心情是好的，但是不科学、不适时的教育往往导致好心办了坏事！年轻的爸爸妈妈们一定要引以为戒！

消极地撒手不管，依赖"亡羊补牢"，也会追悔莫及。

某些家长认为宝宝会按照生理自然发展规律自发成长，根本没有必要施加教育干预，这样的消极态度断不可取。生理基础只是人类的前提，但绝不是人类发展的全部。教育的意义在于引领。当孩子处于某个领域或技能发展的关键期时，如若没有施加适当的引导和教育，就会错过该领域或该技能发展的关键期，之后再补，会发现很困难或根本没有补上的可能。举几个实际的例子。

例1："狼孩"，这是一个比较极端的例子，当"狼孩"错过了行走能力发展的关键期，就再难学会直立行走。

例2：在生活中我们不难发现，小时候接受过形体练习的孩子长大后在气质仪表、站坐走姿等方面都会有更好的表现；没有受过形体训练的人在学习动作、舞蹈等活动中往往接受得较慢、肢体协调性也较差。这是因为人的肢体动作协调性发展的关键期在幼儿时期，错过了便很难补上甚至补不上。

例3：很多成人都能发现，一般来讲，大城市的孩子从小较易接触到音乐的启蒙和熏陶，长大后也会很有乐感，说唱就唱，甚至还能演奏乐器。从小没有接触过音乐的孩子，长大后很多会五音不全、缺乏乐感和节奏感。

例4：英语启蒙也是个很好的例子，一般而言，在0-6岁的语言关键期接受过英语启蒙的孩子，会比没有启蒙过的孩子更有语感，长大后学习英语也会更加容易。

家长们应格外注重在适合的阶段给宝宝适宜的教育引导，切忌在孩子"万事俱备"之时，缺乏了您的积极支持与教育引导的"东风"，造成孩子的终身遗憾。

因此，早期教育的关键在于适时。孩子的教育是一个环环相扣、循序渐进的过程，早了晚了都不好，只有适时，宝宝才能在"准备好"的前提下，快乐地学本领，自信地长能力。

《0-3岁，妈妈是最好的早教老师》这本书特献给中国0-3岁宝宝的爸爸妈妈们！此书融汇了我的真实思想、情感和客观判断，总结了我在美国的所见所闻、观察记录、学习成果和经验积累。此书不仅是一起分享美国老师和家长那些值得我们借鉴的教育思想和方法，更要为中国的年轻爸爸妈妈们提供在家里就可以实际操作的早教课程。

除此之外，本书还具有以下4个特点：

首先，按照宝宝不同的月龄阶段，适时匹配不同难度的关键能力练习。分龄之细为国内早教书所罕见。本书对0-1岁的宝宝按每月分龄，对1-3岁的宝宝按每三个月分龄，更加方便家长按部就班地使用。

其次，利用真人视频或插画，为家长在家里和宝宝进行早教活动进行示范。为了方便家长们使用，我们把宝宝关键能力练习课程的部分内容，在国内几十个家庭进行了实拍记录和视频制作，其他部分内容也都以插画的形式，将具体操作步骤一步步地详尽呈现出来，希望能够以最直观的方式帮助您的孩子在 0-3 岁的成长关键期，适时地进行适合其月龄段的关键能力练习。

第三，把国外早教活动与游戏和国内的实际相结合。本书所选用的关键能力练习的活动和游戏，除一部分是国内家庭比较经典的活动和游戏外，还有很多是在国外的家庭和婴幼园中广泛使用的，但在呈现的过程中也充分考虑了中国家庭的使用习惯和具体情况。

最后，把早教理论与具体操作相结合。一方面尽量使用通俗易懂的文字为家长们介绍相关的早教理论，同时辅之以约 300 个早教课程的练习，帮助家长把对理论、理念的理解，落实到培养宝宝关键能力的具体练习中去。

此书的构思、撰写和出版经历了 10 多年时间，来之不易。在此，我要感谢我的女儿和我的爱人，是你们在我最困难的时候鼓励我坚持下来，继续加油。感谢多年前美国的老师和家长们，是你们把我带入这个充满爱的事业，让我有机会亲身体验美国一线的婴幼儿教学实践，这是比书本知识更加宝贵的财富。感谢外研社的编辑老师，感谢"仓鼠宝宝适时早教"的教研团队以及本书视频团队和插画团队的朋友们，是你们使这本书得以顺利地成稿和出版。更感谢多年来一直支持和信任我的家长朋友和众多宝宝们，你们一直是我在早教事业上努力奋斗的根本动力。

2017 年 4 月

如何用好这本书

本书分为综述和实操共两部分内容，编写的主要目的就是从理念和方法两个方面，指导家长适时而科学地对宝宝进行早期教育及关键能力的培养。

本书的综述部分，开篇就介绍了一个重要概念——"关键能力"，我们建议家长要充分理解其内涵及重要性。

家长要认识到宝宝的成长发展不仅是多阶段的，更是多领域的。在每一个阶段，甚至是每个月龄段（特别是0-1岁的宝宝），在每一个发展领域或方面，都存在着许许多多不同的"关键能力"。这些不同的"关键能力"对应着宝宝身心发展的不同敏感时期或关键时期。一旦错过了最适时的培养关键期，再补起来就会变得不那么容易，或者效果上就会打折扣。

综述部分还给家长介绍了来自美国的"五大教育理念"，即主动学习、榜样示范、循环强化、家长参与和营造支持性的探索氛围。我们的教育行为不是一成不变的，而是以各种教育活动为载体，因时、因境、因人处于不断变化之中。我们要思考、体悟这"五大教育理念"，更要将它们如影随形地贯穿在所有教育活动之中，潜移默化到我们的言传身教之中，用理念支持我们对宝宝的教育和能力培养。

本书的实操部分，我们按月龄段细分，为家长提供了大量的早教活动方案和具体操作方法。每一个阶段简明概括了婴幼儿在本阶段的身心发展特点，描述了婴幼儿发展的大致图景；接下来就是为本月龄段设计的"早教课程"，为家长或教师提供了详细的教育活动方案，其中的每一个活动均指向婴幼儿的某一个发展领域或方面，如：身体健康、自理能力、语言、认知、情绪情感、社会性等。"手牵手"地带着家长朋友们进行操作，还配备了真人示范操作视频的二维码，家长们可以根据需要扫码观看。

本书的两个部分相辅相成，如果您在看综述部分时觉得有些抽象、摸不着头脑，也可以先按照实操部分的教育建议带着宝宝开展几个教育活动，然后再回过头来细读，也许就会有新的收获；如果您经常和宝宝开展活动，有比较丰富的实践经验，您也不妨了解一下美国先进的教育理念，或是不谋而合，或是恍然大悟，更可能会受到新的启发。

翻开这本书时，您可能会产生以下疑问：

我的宝宝已经两岁了，前面好多月龄的活动内容都错过了该怎么办？——不必担心。0-3岁婴幼儿的发展是以身体发展和感官成熟为基础的，随着年龄的增长和身体的发育，很多领域的发展都能达到一个较为均衡的水平。但我们仍然建议您带领宝宝开展练习，因为宝宝的身体在锻炼中才得以强健，感官在刺激中才变得敏感，语言在运用中才更加熟练，情感在互动中才愈发细腻，认知在学习中才得以丰富，社会性在交往中才能逐步确立。也许您的宝宝完成很多活动都不在话下，但也请家长多创造机会让宝宝充分活动（包括之前月龄的活动），促进五大领域关键能力的巩固发展。

是不是要严格按照书中的月龄来安排宝宝的教育活动？——不一定，要根据宝宝的能力进行调整。本书是按照0-3岁各月龄段宝宝五大领域发展的平均水平来进行活动编排的，但每个宝宝都是独特的个体，每个宝宝不同领域的发展很可能不完全同步，甚至会出现有的能力还没能达到某一个月龄的要求，而有的能力已经达到下一月龄段的要求的现象。因此，家长朋友们要根据宝宝具体的发展情况来安排教育活动，既要保护宝宝的自信心，同时也要让宝宝在活动中收获成就感。值得指出的是，我们的很多活动主题都只是一个示范，家长和宝宝们大可发挥聪明才智，将这些活动进一步拓展和丰富，创造出有你们自己特色的活动。

每个活动需要做几次？每天要做多久？——实事求是，根据家庭情况确定即可。这本书不是教科书，更不是强制性的"规划图"，本书中的活动是亲子互动的示范建议，是为了帮助家长在互动中增进亲子关系、提升宝宝五大领域的能力。因此，活动的频次应该根据宝宝的表现和兴趣而定。如果宝宝身体不适、兴趣不高，我们一味强制宝宝进行活动，不仅有损宝宝身体健康，而且也打消了宝宝活动的积极性。如果宝宝兴致盎然、愈发专注，我们不妨多进行几次，既能够锻炼宝宝的能力，也会增进亲子的感情。总之，一切要从实际出发！

当宝宝已经能够完成某个活动任务时，是不是就不需要继续练习了？——当然不是。当宝宝能够完成当月龄的建议活动时，家长也应该创造机会让宝宝更多地练习，因为每一次的练习对于宝宝来说都是一次锻炼、提高和巩固的过程，每一次都会有所收获。这本书建议的活动并不是完成一个就pass（通过）一个，而是说这一活动对该月龄某种能力的促进最为有效。因此，只要宝宝感兴趣、愿意，我们都应该支持宝宝更多地参与练习活动。

我的宝宝不愿意、不喜欢书中的活动怎么办？——多方面找找原因。书中的活动是根据0-3岁的宝宝好奇好动，着迷探索，乐于交往的特点设计的，并有多年的实践经验，在一般情况下会受到宝宝们的广泛欢迎。如果宝宝不愿意、不喜欢书中的活动，我们不妨从自己身上找找原因，如引导的方式是否有问题（语言不活泼、过于严厉、趣味性不足），活动的时间是否不对（宝宝疲惫、身体不适、心情不佳），家庭成员的配合是否不够（理念不一致、家中其他"诱惑"太多），等。调整自己和其他家庭成员的教育观念和教育行为，用正能量感染宝宝，宝宝自然会高兴地参与活动了。

小结：

家长拿到这本书后：

第一步——明确了解什么是0-3岁宝宝发展的"关键能力"，发展关键能力需要秉持怎样的教育理念。

第二步——根据您宝宝的月龄，对照检查该月龄的发展特点，知道宝宝该月龄大致会什么，对宝宝的发展水平有所把握。

第三步——根据活动建议带领宝宝开展丰富的活动，并根据宝宝的表现调整进度和练习频次。

祝福您的宝宝健康成长，具备各种关键能力，拥有一个幸福、成功的人生！

目 录

综述部分

0-3 岁，不能错过的关键能力培养

一、"关键能力"为何如此关键？

0-3岁是人生中的一个神奇阶段。在这短短的三年中，宝宝的进步可谓突飞猛进，除了明显的身体变化之外，宝宝还将获得多个领域中的多种关键能力，为一生的发展打下坚实的基础。

所谓关键能力，是指宝宝在特定年龄阶段（即"关键期"）内最易习得的某种能力或能够达到的某种能力水平，这种能力能够为宝宝多方面的发展提供重要的基础和保障。

比如：5-6个月是宝宝双手协作能力发展的关键期，双手协作能力就是宝宝这一时期的关键能力。双手协作主要涉及手臂与手指的协调配合，能够帮助宝宝更好地用双手感知和探索世界。又如：7-8个月的宝宝开始进入善于语言模仿的关键期，能说"小儿语"（如"咿咿呀呀"，但具体内容还不明确）就成为宝宝这一时期的关键能力，这是宝宝开始会用语音来吸引别人注意的开端。

宝宝的成长与发展是全方位的，在身体运动、语言交流、社会交往、情绪情感、智力认知等各个领域都存在着各自的发展规律，有着特有的萌芽期和发展黄金期。有的领域领先于其他领域，甚至引领其他领域的发展；有的领域间相互伴随、嵌套式发展，相互促进或相互影响。宝宝各个时期的关键能力，也存在于各个领域的发展当中。

春种秋收，与自然万物的生长规律一样，人的身心发展也具有明显的顺序性和阶段性，这就决定了正确的教育一定要因时制宜。在孩子最关键的发展时期，敏感把握和培养这个时期的关键能力，会起到事半功倍的效果，可以帮助孩子学得轻松、进步显著。疏忽错失关键时期的关键能力培养，再弥补起来就会事倍而功半，甚至可能"一错过成终身遗憾"。

我们提倡适时早教，也就是在婴幼儿早期成长的各个关键时期，家长或保育者要有意识地对宝宝多元领域的关键能力发展进行适时而科学的引导、培养和练习。适时早教的思想，将始终贯穿于下文对五大领域和五大理念的介绍之中。

美国国家教育目标委员会（National Education Goals Panel, NEGP）（Kagan, Moore & Bredekamp）认为儿童早年的学习应包括以下内容：好奇心、创造力、自信、独立、能动性以及毅力。这些内容在学前早期应该充分融入日常生活，充分融入0-3岁宝宝发展的五大领域的教育之中，鼓励宝宝

探索周围的世界，表达自己的兴趣，接受具有挑战性的问题，为建立起积极的、终生的学习能力打下良好的基础。因此，家长们要对宝宝进行适时教育，首先要在思想和意识上充分理解宝宝五大领域发展的重要性，其次才是了解具体的教育策略和实施步骤，唯有如此才能把握好教育行为的总方向。

宝宝是爱的结晶，也是家的希望。让我们共同以科学的思想、理念和方法为宝宝开启幸福、成功的未来人生。

领域一：早期身体运动能力发展

美国国家教育目标委员会（Kagan，1995）将身体发展作为学前儿童发展和入学准备的一个重要维度，引证了大量强有力的研究结论，如产前护理和早期营养等因素会影响儿童的大脑发展，进而又会影响到儿童身体、心理和社会发展的每一个方面。对宝宝来说，用自己的肢体来取得身体方面的成就并完成任务是令人兴奋和满足的事情。同时，身体发展也是婴幼儿学习其他知识和社会化的重要途径，比如了解关于空间、时间以及建立良好的人际关系等。

一些家长会想当然地认为身体发展是自发的，只要孩子拥有充足的营养，并拥有在环境中安全走动的机会就可以，不必实施有针对性的干预。但我们认为，这种观点是片面的。自发发展并不是宝宝身体发展的全部。美国学前运动课程发起者史蒂芬·桑德斯（Stephen Sanders）教授指出："运动项目能够使游戏得以强化，游戏为儿童提供了在不同的环境下练习运动技能的机会。然而，独自游戏并不是帮助儿童发展身体技能的替代物……有必要组织一些全方位的、有计划的身体活动来帮助儿童最大化他们的运动经验。"因此，自然发展和加强练习，对于基本身体能力的形成都非常重要。

那么，身体运动能力发展能带给我们什么呢？大肌肉运动机能和小肌肉精细动作技能在我们的生活中发挥着多种功能，身体协调性对于形成良好的平衡能力、步态走姿的作用也是必不可少的。此外，运动本身也是一件让人本能地感到愉悦的事情。宝宝能从身体的运动中感到快乐，感受到活动肌肉的自由感，并通过音乐和舞蹈，用肢体表达自己的创造力。身体的运动，促进了表达的自由，能够帮助婴幼儿建立起自信心，并进一步发展社交技能。

领域二：早期认知能力发展

美国的研究者在长达 25 年的追踪研究中发现，婴幼儿对数字、空间、时间、序列、推理有着非凡的热情，而且他们在这些方面也有很大的潜力。婴幼儿的认知发展速度是惊人的，因为他们所接触到的任何经验，如肢体动作和感觉、语言要素、交往规则、情感体验、时间和空间概念、立体模型等，对于他们来说都是全新的，因而能够迅速在大脑中形成记忆，且不会受到已有或类似经验的干扰。在学前早期进行的认知能力培养，不仅能够帮助宝宝积累对周围环境的大量感性认识，而且对于语言、社会性、情感等众多领域的发展也能起到引领和促进的作用。以色列教授 Haim Eshach 和 Michael Fried（2005）认为学前早期的宝宝接受认知和科学教育有以下六大好处：① 顺应宝宝喜欢对自然进行观察和思考的天性；② 有利于形成积极的学习和科学态度；③ 为日后的正规教育打下基础；④ 运用科学的语言有助于形成科学概念；⑤ 培养用逻辑思维进行推理的能力；⑥ 有助于日后对周围的世界进行科学的思考。

婴幼儿有着与生俱来的认知能力和科学素养，这些能力和素养成为他们成长和适应社会的"利器"。

观察——宝宝能够调动多重感知觉器官，认识和感知周围的世界。例如，看家长的行为、听妈妈说话的声音、闻奶水的香味、触摸柔软的毛绒玩具、品尝糖果的甜味等，从而发现和积累大量的有关物理世界的知识。

分类——宝宝能够在大脑中将信息进行组织，把新的信息融入头脑中已存在的类目中，或者是改变头脑中已存在的类目以适应新的信息。例如：从认为所有年轻男性都是"爸爸"到能够区分出爸爸和其他叔叔伯伯；辨别有生命和无生命的事物等。

探索欲——宝宝渴望发现物体的属性以及它们的运作规则，希望了解人力或外力作用下物体会发生的变化。例如：看一看球被摔到地上后会怎么样；听一听敲击不同的钢琴键，发出的声音会有何不同等。

经验总结——对观察到的现象做出解释，并在自己的认知体系内进行预测。例如：预测某人年龄更大，是依据他的个子更高。

交流观点——通过交谈、绘画或其他的表达方式，与他人分享自己关于世界的想法。例如：分享如何操作玩具小汽车、讲解自己的涂鸦作品等。

这些与生俱来的能力和素养是宝宝认知发展的基础，也是认知发展过程的重要表现载体。早期教育中，家长们要注重将宝宝的这些能力和素养激活，并提供适当的支持，为他们日后的认知发展完成最初的经验积累。

领域三：早期语言能力发展

研究表明，语言能力（包括口语表达和读写能力）是智力发展的重要标志之一。人类的认知绝大部分要通过听说来完成。通过语言交流，我们可以互相交换信息，充实、修正或巩固已有的经验。同时，语言交流与个体发展的其他领域相互交织，成为宝宝日后融入群体所必需的条件。美国国家教育目标委员会指出，语言是幼儿传递需要、描述事件、与他人互动以及表达他们想法和情感的途径。婴幼儿理解和使用口头语言（听和说）是掌握印刷语言（读和写）的先决条件。以语言为主的各种交流方式也是其建立其人际关系的核心要素。

语言能力的发展从宝宝出生的一刻就开始了。1岁左右的婴儿能够用简单的言语与身边的人交流，讲述他们的需要。3岁左右的宝宝能与他人互动、提出疑问、思考他们所听到的、提到一些不在当前环境中的事物，并且谈论渴望的和想象的情形。在学前期，宝宝使用语言去建立和保持人际关系的行为有显著增加，词汇量不断增多，并且逐步掌握基本的语法规则。同时，宝宝开始产生对阅读和书写的兴趣，如尝试早期的绘本阅读、基于想象去讲述一个故事、画一些涂鸦的水平线等。

美国近30年的相关研究得出的结论主要有：① 口头语言和读写能力从婴儿期开始就是相联系的，听力、言语、阅读和书写是同时发展，而不是相继发展的；② 语言和读写能力的获得是社会性的，在有意义的互动、体验和活动中发生；③ 婴幼儿在如何学习以及学习的快慢上有差异；④ 有些口头语言和读写能力的学习很自然地发生在游戏和日常生活中，而有些则依赖于来自成人的适宜且明确的指导；⑤ 不同的家庭语言和文化会影响宝宝读写能力的发展。这些研究结果意味着我们可以也需要在婴幼儿出生后的前三年，运用正确的方式来引导和帮助他们建立语言交流的基础。

领域四：早期社会能力发展

社会性的发展在早期教育中常常被忽视。在日常生活中，宝宝的社会性发展随处可见，如宝宝们在一起游戏时，会时不时提出规则，如果有人犯规了，很快就会有宝宝指出。美国社会性学习国家委员会标准 (The Standards of the National Council for the Social Study, NCSS) 提出，社会性学习的目的是"促进公民能力"。全美幼教协会（National Association for the Education of Young Children, NAEYC）的认证标准是"理解自我、理解我们的社会和世界"（2005）。在日常生活中不难感受到，我们的早期教育在培养宝宝的同理心、包容力、合作能力等方面的努力，正是在有意无意地促进宝宝形成公民能力，为宝宝理解自我、社会和世界提供了可能性。

社会性发展主要由社会适应和人际交往两方面组成。对于0-3岁宝宝来说，社会适应

主要是指对环境的适应能力，人际交往主要是与家人的交往和与其他宝宝的交往。环境适应能力对于宝宝发展来说非常重要，宝宝对环境不能产生安全感就无法展开探索和学习，长时间的紧张状态更会成为身体健康的潜在威胁。同时，宝宝对环境的适应还表现为广泛地理解以及运用规则，对自我有一定的约束和管理，使自己的言行被环境所接纳。人际交往能力对宝宝融入环境并最终成为一个"社会的人"起着关键性的作用。我们每个人都生活在与社会的联系之中，每个人都不是独立于社会和他人的存在。因此，人际交往能力能够帮助宝宝积极主动地与其他社会成员交流交往，遵循交往规则，积累和适应多种角色经验，了解具有不同文化背景和经历的他人，并拥有一定的能动性和敏感度。

领域五：早期情感和情绪能力发展

情绪情感发展始终是早期教育的一个重要关注点。婴幼儿的发展会遇到许多变化因素，使得他们的心理和情感状态发生变化，如家庭结构的改变、不安全的社区环境、战争、自然灾害、外界带来的学习压力等。现代医学和心理学的研究成果表明："约有85%的心理问题与情绪不健康或情绪障碍有关"。情绪不仅对人的心理健康有影响，而且对人的身体健康也有直接影响。良好的情绪情感状态能刺激副交感神经，促使消化液分泌增加，胃肠蠕动加强，食欲良好，吸收正常，提高体力、精力水平，从而有利于宝宝的智力与其他能力的发展。而消极情绪的长期存在则往往会引起宝宝的交感神经兴奋，瞳孔放大，呼吸加快，心跳加快，胃肠活动受到抑制或削弱，可能产生拒食、偏食或过食现象；还可能导致机体内激素代谢的不平衡。同时，情绪情感非常明显地影响着学前儿童的心理活动、行为动机和行为表现。愉快的情绪往往使他们愿意学习，不愉快的情绪则导致各种消极行为。相关研究表明，消极情绪的失调会引发大量的攻击行为，如打人、咬人等，从而导致同伴互动关系中止，如被排挤、孤立等。同时，缺乏情绪调节能力的儿童，在压力情境下更易出现各种问题行为。可见，情绪情感健康发展对宝宝的身心发展具有重大影响。

婴幼儿良好的情感发展源于其与父母或其主要照顾者的安全依恋关系。宝宝会根据他们最初获得的情感经验去认识世界，他们可能会将这个世界视为一个友好热情的、令人兴奋的

地方，或者是一个需要慎重接近的地方，又或是一个缺乏爱和激励的地方，也可能是一个充满危险的地方，等。宝宝对环境的判断更多来源于情感而非理性。安全的环境会鼓励探索，而无法信赖的环境可能会导致困惑、生气和无助感。

早期情感和情绪能力的发展伴随着明显的社会性，即宝宝在环境适应和人际交往中

存在着大量的情感和情绪互动。它在各方面的交互影响下发展，直接关系到日后与成人及同伴在互动中进行协商的能力。

婴幼儿发展的五大领域虽然有各自的发展倾向，但界限却是模糊的。比如：灵敏的感知觉，既是婴幼儿身体器官健康发展的标准，也是婴幼儿了解和认识世界的直接途径；社会性微笑，既是婴幼儿发起或回应有目的的社会交往的开端，也是婴幼儿自主产生愉悦情绪情感的最初体验；能称呼熟悉的亲人，既体现了婴幼儿语言能力的发展，也表明婴幼儿在信息记忆、提取和匹配等认知能力发展上的进步。因此，我们不能将五大领域割裂来看，而是应该将婴幼儿五大领域当做一个发展的整体来促进。

另一个需要指出的问题是，五大领域包括和涉及的范围十分广泛：身体运动领域包括和涉及身心状况、感知觉发展、生活习惯、饮食营养、动作发展、运动技巧等方面；认知领域包括和涉及数理关系、空间几何、科学探索、分析推理等方面；语言领域包括和涉及发音与表达、倾听与理解、第二语言习得、阅读与书写等方面；社会领域包括和涉及社会适应、人际交往等方面；情感和情绪领域包括和涉及识别与表达、理解与共鸣、控制与调节等方面。0-3岁婴幼儿处于五大领域发展的最初阶段，并不是所有方面都会涉及，很多方面的发展需要建立在一定的基础之上。因此，在本书第二部分具体介绍各个月龄段宝宝关键能力和早教活动建议中，我们将根据每个月龄段宝宝的实际情况，将"宝宝会什么"更为集中地归纳总结为五大领域中的某些具体方面，如"身体发展方面""感知觉发展方面""社会适应方面"等。同时，由于0-3岁婴幼儿在认知、语言和情绪情感领域还没有明显地分化出某些具体方面的能力，因此我们在后文的介绍中，会将这三个领域统称为"认知发展方面""语言发展方面""情绪情感发展方面"等，而不再单独称作"认知领域""语言领域""情绪情感领域"，以方便读者阅读和理解。

二、五大理念助力关键能力培养

我所见到的美国婴幼儿老师，几乎个个都是"孩子王"，懂孩子、点子多，为的就是用快乐和有效的方式，潜移默化地培养孩子的关键能力。看似简单的言语和行为，实则蕴含着教师们对早期教育理念的深刻理解。这些理念一以贯之，如主动脉一般主导着美国早期教育的"脉搏"，又如毛细血管一般为每个关键能力的教育环节和教育活动提供"养分"。在多年的早期教育实践

中，无论是教育自己的女儿、还是教育其他孩子，我都一直坚定地贯彻着这五大理念。

理念一：主动学习

主动学习理念，建立在儿童发展理论和研究的基础之上，以皮亚杰（Jean Piaget）及其同事为先驱的认知发展研究在美国得到广泛运用为起点，随后又受到教育学家杜威（John Dewey）的进步主义教育哲学的引领。随着一系列认知发展和大脑发展的跟踪研究结果的出现，"婴幼儿是主动的学习者而非被动接受者"的理论和观点得到进一步普及和巩固。

什么是主动学习？

主动学习是指婴幼儿应在有所准备的条件下，自信地与他人和环境开展互动，并在互动中主动构建自己对世界的认知和理解。需要强调的是，在准备进入挑战和探索时，婴幼儿必须是"准备好的"和"有信心的"。我们必须要确保这一点，然后再为宝宝提供适宜的挑战。这样，宝宝才能在成人的支持下延伸自己的探索和学习，宝宝的能力也才能顺利地延伸到下一水平。我们将这样的学习称为主动学习，也只有这样，才是有效的主动学习。如果宝宝仅仅是被告知某些事实，而不是在感知、操作、在与他人和环境的互动中获得对某些事实的认识，那么塑造思维的真正的学习将难以发生，主动学习也将无从谈起。

我在美国婴幼园观察到，教师们经常挂在嘴边的一个英文词就是"Ready"（准备好的），像"Getting ready.（做好准备。）""He's not ready.（他没准备好。）""Yes, she's ready.（是的，她准备好了。）""Are you ready?（你准备好了吗？）""Ready? set, go!（准备好了吗？预备，开始！）""Ready?（准备好了吗？）"……这看似普通的"Ready"，原来在早期教育中蕴含着如此深刻的含义。

为什么要主动学习？

◎ **理由一：没有经验和体验，大脑什么也做不了！**

当代脑科学研究证实了"学习依赖互动"这一观点。神经学家肖尔（1997）在研究中提出："与环境的互动不仅仅是大脑发展的一个有趣特征，而且是一个必然要求。"换句话说，没有经验和体验，大脑就什么也做不了。举例来说，我们如果从未见过鹦鹉这种动物，当他人说出"鹦鹉"一词时，我们便不知"鹦鹉"为何物，更无法在大脑中描绘出鹦鹉的形象。

◎ **理由二：有互动，才有进步！**

"互动"一词，突出强调的是一种"相互的影响"，认为婴幼儿须通过与人的沟通交流、操作物体、经历事件和参加活动才能得以发展进步，同时也指出婴幼儿能在互动中对人、物体、事件和活动产生影响。举例来说，宝宝在用哭表达自己需要的过程中会慢慢发现，有时自己需要进食但妈妈会误以为自己需要更换尿布，因此，宝宝开始逐渐调整自己的哭声或者加入一些身体动作，来进一步表达自己的需要，如用短促的哭声表示需要进食，用拉长的哭声伴随着憋红脸表示需要更换尿布，使母亲更容易分辨，这就是宝宝在互动中取得的发展与进步。

◎ **理由三：宝宝是天生的互动发起者。**

从来到这个精彩的世界起，宝宝便通过感官系统探索世界来获取知识。他们调动各种感官主动感受着周围的世界，通过直接操作物体来获得动作经验。手的抓取和嘴的吸吮是他们探索周围世界的主要手段。举例来说，我们常看到小宝宝拿着东西就往嘴里塞，我们称他们是"小馋猫"，其实他们正在用嘴"认识"这个物品，是软还是硬，是苦还是甜？我们还看到宝宝拿着球往地上扔，妈妈帮忙捡起来，宝宝又往下扔，来来回回好几次，我们称他们是"调皮鬼"，其实他们正在通过直接操作小球来认识小球的性质——小球被扔下会怎样？会弹起还是坏掉？这次会弹起下次还会吗？

◎ **理由四：这是与生俱来的认识世界的方式。**

婴幼儿在与世界的接触中主动建构知识。成人的思维方式可能会常常无法理解宝宝们在想些什么，因而常常会误以为宝宝的思维并不都是有意义的。但事实上，宝宝却有着自己的逻辑。

婴幼儿并不是毫无思想的，他们有着与生俱来的认识世界的方式：

（1）在宝宝的思维中，移动的事物可能就是"活着"的，如一个雨滴从窗玻璃上滑下，会被宝宝理解为雨滴在奔跑。

（2）宝宝常常通过字面意思来解释词语，还会根据直接经验创造新词。举例来说，宝宝有一次听妈妈说了"我的脚后跟疼"，当宝宝的手掌末端疼时，他会模仿妈妈的语言创造新的词汇，说"我的手后跟疼"。记得女儿小时候学习用英文数数，当数到 29、30、31、32 的时候，她用的是这样的逻辑：twenty-nine（二十九），twenty-ten（二十十），twenty-eleven（二十十一），twenty-twelve（二十十二）……

（3）宝宝一次只能关注一件事情，通常不能将事件进行联系或者发现事物之间的多重相似性。举例来说，小宝宝看到放在枕巾上的玩具小车时，所想到的就是放在枕巾上的小车，却无法想到还可以通过拉动枕巾而使小车到自己身边来。

（4）宝宝常常通过外观进行判断。宝宝往往会判断事物"看起来"有多少。例如：小宝宝会认为 15 颗在桌上散开的糖果比 15 颗堆在一堆的糖果要多；认为被掰成两半的大饼干与两块大饼干在总量上一样多等。

理解了上述原因，家长就能更好地理解宝宝的某些语言、行为和背后的思考方式，对宝宝的许多主动学习行为和习惯进行有意识的保护和培养。

怎样才能主动学习？

简单来说，孩子只有同时具备"准备好的"和充满"自信的"这两个条件，才能"主动学习"。

◎ **条件一：宝宝必须是"准备好的"，即"具备某种能力基础"。**

当我们有能力去做某件事时，我们就掌握了主动，如我们掌握了某种语言能力，我们就能够主动沟通。对于宝宝来说也是如此，当 3 个月的宝宝还不会翻身时，他/她的腰背部、腿部肌肉当然没有"准备好"去爬行；当 8~9 个月宝宝具备了良好的大把抓能力时，他/她自然而然地会主动尝试抓握勺子从而自己进食。由此观之，婴幼儿的每个年龄阶段的关键能力是主动学习的基础。通过主动学习，婴幼儿的关键能力将得到进一步发展，从而又为主动学习注入新的活力、提供新的可能，由此进入一个良性循环的过程之中。

◎ **条件二：宝宝必须是"自信的"，即"具备一定的心理基础"。**

当我们去完成某项任务或克服某些困难时，需要一种"自我效能感"，即我们对自己是否有能力完成任务或克服困难的推测与判断。当我们认为自己有能力去完成或克服时，心理上会产生强大的驱动力，使我们主动选择努力完成力所能及的目标，甚至去完成"跳一跳才能够达到"的目标。因此，了解宝宝每一年龄阶段的关键能力不仅能让我们知道当前宝宝的能力所及，也能明确"跳一跳"的方向。举例来说，当 3 个月的宝宝学会翻身后，4~5 个月可以学习 180° 翻身，5~6 个月可以学习靠坐和坐稳，7~8 个月可以学习连续翻滚。以关键能力作为引导的前提和基础，能够使宝宝在充分的自信中开展学习，也只有这样才是真正的"主动学习"。

理念二：榜样示范

对"榜样示范"研究最为透彻的当属美国当代著名心理学家阿尔伯特·班杜拉（Albert Bandura）。他于 1971 年提出了社会学习理论，认为人的学习和成长环境具有高度的社会性，社会学习主要通过观察和模仿进行。对于无法流畅使用语言的婴幼儿来说，观察和模仿无疑是他们学习经验、建构对世界认识的最主要途径。我们常常看到，很多宝宝走步的姿势、说话仪态等与家中长辈简直可以说是"一个模子里刻出来"的，其中有先天遗传的因素，但更多的是后天的观察和模仿学习。婴幼儿在其成长和生活的社会环境中学习，逐步掌握技能并完成社会化，最终成为一个社会人。

榜样示范具有两层意思，一是"生活榜样"；一是"活动示范"。

不论是"见贤思齐"还是"近墨者黑"，都体现了"生活榜样"的巨大力量。不管是有意还是无心，父母们每天都扮演着"榜样"的角色。孩子所学的东西，很多都是因为看到了父母的所作所为。父母喜欢看书孩子也喜欢看书，父母喜欢看电视孩子也喜欢看电视……因此，父母作为孩子生活的榜样，其影响力是不可低估的。

同理，不论是"照猫画虎"还是"鹦鹉学舌"，都体现了"活动示范"的重要作用。教宝宝拍手，就要伸出双手在孩子眼前拍一拍。教孩子握勺，就要用手握住勺子示范给孩子看……正确的"活动示范"需要父母掌握正确的方法，还要有足够的耐心，这对宝宝来说至关重要。

在本书第二部分中，几乎每一堂早教课活动都伴有父母为孩子耐心进行榜样示范，为您提供了直观的样例。

为什么要榜样示范？

榜样示范符合婴幼儿的认知方式。美国著名心理学家皮亚杰在"认知发展阶段论"中阐述了 0–3 岁婴幼儿的思维发展过程和认知方式的研究成果。从出生到 2 岁，宝宝通过感官系统探索世界来获取知识。从 2 岁开始，宝宝逐渐能够利用语言和绘画等象征符号来代替行动获取知识。随着语言的产生，思维被激活，宝宝获得的表象日益丰富，认知活动不再局限于感知活动。但这一阶段宝宝对世界的认识仍依赖于感知外部特征而无法完全领悟内在的抽象概念。举例来说，这一阶段的宝宝能够回答出"你有三个苹果，再给你两个苹果，你一共有几个苹果"的问题，但还无法回答出"3 加 2 等于多少"的问题。

因此，这就决定了我们在引导和促进婴幼儿发展的过程中，须采取"示范"的方法。宝宝还不能很好地理解成人用语言描述的要求、规则和过程，这对于他们来说过于"抽象"。这时，成人为宝宝做出正确的动作示范将达到"此处无声胜有声"的效果。举例来说，当在引导宝宝学习原地跳起动作时，如果您说"双脚并拢，双腿屈膝，身体前倾，双臂摆动，腿部发力向上跳起，双腿伸直"，宝宝将无所适从，但若您一边做跳跃动作，一边说"请像我这样跳起来"，宝宝将非常容易理解，并将非常高兴地学着您的样子跳起来。

榜样示范如何发挥作用？

当我们面对宝宝做出榜样示范时，他们的大脑是如何进行"加工"的？我们的榜样示范能否发挥应有的作用呢？了解宝宝学习的过程，有利于我们做出正确的榜样示范。美国著名心理学家班杜拉在研究中发现，观察和模仿学习过程包括四个步骤，分别是：注意过程、保持过程、运动再现过程和动机过程。

◎ 第一步：宝宝，看过来！（注意过程）

注意过程是观察学习的起始环节。假如我们正在发呆，那么即使有再精彩的音乐剧也可能视若无睹、充耳不闻，更别说是那些需要仔细观察的细节了。"注意过程"决定了宝宝选择什么来进行观察。那么宝宝喜欢观察谁呢？一般而言，具有较高的社会地位、富于魅力等特征的榜样易被模仿，观察者与榜样之间的共同点越多，榜样行为就越容易被习得。对于0-3岁婴幼儿来说，父母就是他们眼中具有较高社会地位、富于魅力的人，同龄伙伴就是有众多共同点的人，因此，父母和同龄伙伴就是能够引起他们有意注意并模仿的对象。

"注意过程"的诸多因素影响着宝宝的学习效果，其中亲子关系和同伴关系至关重要。宝宝能交往到的对象（不管是自己选择的还是被迫的）限定了他/她所能学到的行为类型。就像古时著名的"孟母三迁"，孟母为的就是防止孟子模仿学习到邻居一些不好的行为模式。另外，榜样本身所具有的魅力、示范行为的明确性和复杂性也是影响注意的重要因素，示范者要注重调动自己的情绪，选择简单明确的示范行为，以成功地吸引宝宝的注意。

美国的婴幼园就有很多混龄的班级，即把年龄较小的孩子和年龄较大的孩子分在一个班级里面。即便是非混龄的班级，老师也会经常创造机会让不同年龄的班级在一起活动，这为小宝宝提供了很好的模仿大宝宝的环境与机会。在具体的活动中，老师也经常以身作则，与孩子们打成一片。记得我参加的一次幼儿园舞蹈汇报演出中，孩子们表演，老师也同样在孩子们中间表演，这给害怕上台的孩子们带来了莫大的胆量和自信心，老师

就是孩子们最崇拜的模仿对象。

◎ **第二步：把你记住的说给妈妈听！（保持过程）**

如果宝宝要做到在榜样消失后仍然能模仿出榜样的言行，首先就是通过"记忆编码"将观察到的言行储存在大脑之中。"记忆编码"可以通过语言得到巩固和加强。在日常生活中，我们也常把一些需要教给宝宝的示范行为编成好听的顺口溜、歌曲或影像材料，供宝宝学习和表演。举例来说，在告诉宝宝独自在家时不要给陌生人开门，家长可以一边做示范，一边教宝宝唱儿歌《小兔子乖乖》："小兔子乖乖，把门儿开开，快点儿开开，我要进来。不开不开我不开，妈妈没回来，谁来也不开……"歌曲中，榜样示范行为是"独自在家时不给陌生人开门"，通过学唱儿歌能够帮助宝宝记住儿歌的歌词内容，从而将榜样行为"记忆编码"，进而巩固榜样行为在宝宝脑海中的印象。再如，教宝宝学洗手时，可以配合一首《洗手儿歌》："先湿手，打肥皂，手心相对搓泡泡，手交叉，搓手背，十指交错扭一扭……"这首儿歌中的榜样示范行为是"洗手的步骤"，宝宝通过学唱儿歌，能够使洗手的步骤通过语言巩固在记忆中。经过学唱歌曲，当家长的洗手示范消失时，宝宝才有可能通过调取记忆中的编码内容（即《洗手儿歌》的歌词内容）指导自己将榜样示范行为再现出来。

此外，给宝宝讲故事，与宝宝讨论故事中人物的行为，总结应当如何做；鼓励宝宝用自己的话将家长刚刚示范的行为讲给家长听等类似的做法，都能够有效帮助宝宝将观察到的信息以言语符号的形式储存在大脑中，更利于长时间地保持与利用。当然，对于 0~1 岁尚未形成语言能力的宝宝来说，家长一边说一边示范也可以帮助他们对观察到的信息进行直观形象的"记忆编码"。

◎ **第三步：请你跟我这样做！（动作再现过程）**

当我们可以把观察到的动作通过模仿行为再表现出来时，记忆在大脑中的榜样示范的行为才能成功地转换为自己的行为。因此，家长要主动为宝宝提供机会去体验和作出榜样示范的行为，并在模仿中得到发展。例如：我们可以引导能够熟练完成大把抓动作的 9~10 个月的宝宝去模仿成人的握勺搅拌、独立吃饭的行为；可以牵着能够独自站立的 11 个月宝宝的手，带着他 / 她尝试迈步，让宝宝在模仿中感受行走时的腿部用力规则和身体平衡感；可以鼓励宝宝学着妈妈的样子为自己心爱的布娃娃穿衣服，在模仿中练习穿衣服的技能；还可以鼓励宝宝随着音乐哼唱优美的儿歌，培养宝宝的乐感和节奏感等。

◎ **第四步：我就跟你这样做！（动机过程）**

美国著名心理学家班杜拉的研究发现，人们再现示范行为需要一定的动机力量。对于婴幼儿来说，再现榜样示范的行为，也需要一定的"触发"。换句话说，就是宝宝虽能通过观察和模仿学习到一些行为，但不一定会主动表现出来，要促使他们做出示范行为，需要一定的"动机力量"。这种"动机力量"有三种来源：

第一，外界的鼓励和奖励；

第二，外界对作出示范行为的他人的评价；

第三，宝宝的自我评价。

举例来说，如果家长希望宝宝模仿家长用勺吃饭，可以鼓励宝宝说"如果你会用勺子吃饭的话那就真的太棒了！"或"用勺子吃饭可以得到一块饼干作为奖励！"——这是"外界的鼓励和奖励"；如果家长用手指着一个正在用勺子吃饭的孩子对宝宝说"你看那个宝宝，他可以自己握勺吃饭，太能干了"——这是"外界对作出示范行为的他人的评价"；如果宝宝看到家长用勺进食，便学着家长的样子自己主动尝试握勺吃饭，则说明宝宝认为自己有能力这么做并认为这么做非常好——这是"宝宝的自我评价"。

你是宝宝的好榜样吗？

宝宝自我意识发展程度较低，自我鼓励和评价的能力较弱，因而对事物的判断更多来自他人（特别是父母）的意见和评价，因而榜样在婴幼儿学习中发挥着重要作用。虽然"榜样"不一定是活生生的人，也可以是影视动画中的卡通人物、生活中的事物和动物等，但对于0-3岁的婴幼儿来说，父母和主要照顾者无疑是他们接触最多的模仿对象。榜样会直接影响到孩子观察学习的效果，那么，你是宝宝的好榜样吗？

理想的榜样示范应具备"三性"：

（1）可行性。示范要符合宝宝的年龄特征和关键能力，即宝宝能够做得到或通过一点点努力可以做到的，这样的示范行为能够让宝宝产生心理上的共鸣，也是最基本的条件。比如：给一个还不会爬的7个月宝宝示范走步是毫无意义的，应根据7个月宝宝的发展特点，为其适时示范翻滚动作或爬行动作更能促进宝宝的发展。

（2）生动性。示范要特点突出、生动鲜明。首先要引起宝宝的注意，否则所有的模仿学习都不能被开启。示范要慢，并配合语言。宝宝模仿时要注意帮把手。

（3）可信任性。要让宝宝相信示范行为是出自自身的需要，而不是具有另外的目的。比如：有些成人恶作剧地引导宝宝模仿吃口味过重的食品，如柠檬、辣椒，宝宝被

过度刺激后，会对榜样产生不信任感，不再愿意主动对成人的行为进行模仿。

因此，父母正确的榜样示范，对宝宝的关键能力培养至关重要。具有"三性"的优秀示范有很多，比如：10-11个月是培养宝宝手眼协调能力的关键时期，家长可以用往存钱罐里投硬币这个游戏，帮助孩子练习手眼协调的能力，促进大脑的发展。家长可以这样为宝宝进行示范：第一步，在宝宝面前伸出拇指和食指，捏住硬币（二指捏）；第二步，把硬币放在存钱罐的投币口处，对准；第三步，松手，投！准确而缓慢的示范动作，会引起宝宝对投硬币的兴趣，激发模仿的欲望。

在美国婴幼园婴儿班的教室里，我曾经历过教师为孩子们亲自做示范的过程。这是一个精心准备的"Sticky（黏黏的）"课程，老师们先把宽宽的黏度不太强的双面胶条排列在一起粘贴在地板上，然后在孩子们的眼前为他们做示范。先用手摸一摸，说说自己的感觉："Sticky.（黏黏的。）"再用脚踩一踩，说说自己的感觉："Wow, sticky.（哇，黏黏的。）"再用身体（如胳膊肘）碰一碰，说说自己的感觉："Sticky, sticky. Wow, it's so sticky.（黏黏的，黏黏的。哇，这么黏啊。）"然后一个一个地帮助能站稳的或不能站稳的宝宝们也都参与进来，鼓励他们用自己的小脚、小手和身体也一点儿一点儿地去触碰，循序渐进地感受，通过感知觉来亲身体验"黏黏的"是一种什么样的感觉，让小宝宝们慢慢建立起"Sticky"这个词汇与"黏黏的"感觉之间的联系。

理念三：循环强化

宝宝们喜欢重复。通常情况下，如果宝宝一开始就对某种事情感兴趣，他们就会想要再做一次。大家想想看，宝宝很喜欢听到同一本睡前故事书被反复阅读，这是几乎每一位家长都曾经经历过的情景。而重复就是记忆的灵丹妙药。在做早教的这20年当中，我发现大部分孩子都喜欢重复，而且乐此不疲。正所谓"读书百遍，其义自见"，在循环重复中学习领悟的教育真谛一直世代相传。我所见到的美国早期教育中秉承的"循环强化"原则，看似与这一教育真谛不谋而合，但仔细研究，其中却另有玄机。

什么是循环强化？

循环强化就是螺旋上升，持续进步。宝宝在不同时期，需要发展不同的、潜在的关键能力，这些关键能力具有循环往复、螺旋上升、持续进步的特点。所谓"循环"，并非是简单机械的重复，而是建立在宝宝已有能力基础上的略加难度的重复，形象地说就是"退一步，

进两步"，实现发展的螺旋式提升。在循环中，宝宝已有的能力得到巩固和加强，充满自信地迎接新的能力挑战，这便是"循环强化"的应有之义。

为什么要循环强化？

◎ **理由一："最近发展区"给我们的启示。**

"最近发展区"理论是由苏联教育家维果茨基提出的儿童教育发展观，是指婴幼儿通过他们自己的努力能够达到的水平与他们在成人或其他发展水平更高的幼儿的帮助下能够达到的水平之间的区域。维果茨基指出，教育的主导和促进作用在"最近发展区"之中将得到最为充分的发挥。家长和教师要通过认真地观察宝宝，得知他们的"最近发展区"在何处，选择最恰当的介入时机和最适宜的介入方式，为宝宝下一水平的学习提供支持。

◎ **理由二：任何能力都没有一步发展到位的捷径！**

人的各方面能力都是持续发展的，没有任何一种能力可以一步发展到位，如我们学习加法计算，需要先掌握个位数加法，然后学习十位数、百位数的加法，最后掌握更多位数的加法运算。又如：宝宝情绪的发展是从情绪认知开始的，接着才能做到情绪理解，在这些基础上才能学会情绪控制与调节。因此，所有的学习都处于循环往复之中，所有的教育影响都在持续发生作用，所有的能力和发展也会在循环中得以巩固和强化。

◎ **理由三："主动学习"的内在要求。**

正如前文所解释的那样，"主动学习"是美国早期教育的重要理念之一。在谈及"怎样才能主动学习"时，提出了"准备好的"和"自信的"两个必备条件。当我们在"循环强化"原则的指引下实施教育行为时，是建立在宝宝已有的关键能力基础上，通过适时的循环使能力得到巩固和加强，这时宝宝是"准备好的"；同时在"退一步，进两步"的过程中，宝宝对于新的挑战也是自信满满的。

如何做到循环强化？

◎ **条件一：量身定制。**

宝宝存在个体差异，在不同领域、不同阶段、不同时期的发展特点与速度都不尽相同，因而最近发展区也不完全重合。"循环强化"需要根据宝宝的最近发展区量身定制，循序渐进地为宝宝增加练习项目的难度，使每一次的练习都在宝宝的最近发展区内，使得宝宝既能得到能力发展上的适当挑战，又

不会使自信受到打击。

以小肌肉关键能力发展为例，宝宝在 5 个月左右，手部的小肌肉就能实现大把抓了。到 8–9 个月，手部的小肌肉发展达到了更高的水平，大把抓更灵活、更稳定。这时，家长可以为宝宝准备一把儿童专用小餐勺和一个装食物的小碗，让宝宝自己抓着勺子，随意地在碗中搅动，初步体验用勺搅拌食物的乐趣。9–10 个月时，宝宝控制手部肌肉的

能力还不足，即使舀到食物也常常送不进嘴里。这时，家长可以将食物舀起后递给宝宝，让孩子抓着勺子尝试将食物送进口中，偶尔的成功就会让宝宝开心一整天。10–11 个月时，宝宝的手部小肌肉动作进一步提高。这时，家长可以为宝宝准备一碗米糊，教他 / 她用拇指的指腹和食指的第二关节侧面拿住勺子，然后握着宝宝的手，分别按照顺时针方向和逆时针方向搅动米糊。宝宝看到自己能和妈妈搅拌得一样好，会收获强烈的自信。11–12 个月时，宝宝的手部小肌肉更加灵活，手腕的配合能力也有了进步。这时，家长可以准备一个装着少量绿豆的小碗和另一个空碗，教宝宝伸出大拇指、食指和中指握住勺子，然后从装有绿豆的碗中舀一勺绿豆到另一个空碗中。经过一段时间的练习和准备，宝宝就能更为顺利地进入下一阶段（12–15 个月）的发展，并初步建立独立饮食的习惯了。循环不是简单重复，而是在各项能力现有发展水平上的进一步提高，在强化中得到巩固。

◎ **条件二：小步前进。**

循环节点的选择和确立是非常重要的，这直接决定了循环的"步幅"大小。循环强化的进程如一枚弹簧，能力在螺旋上升，但如果循环的节点之间被拉得过大，超过了"弹簧"的弹性限度，将造成破坏性的影响。因此，要做好循环强化就要将培养的能力和技能分阶段设立目标，并进一步将目标分解成许多小目标。通过循序渐进的学习和练习，每个学习单位的内容都让宝宝轻松掌握。这样，宝宝的学习积极性就会很高，得到正强化的机会也会增多。另外，在实施早期教育策略时，家长们也要坚持按照分解的步骤进行，一小步一小步地与宝宝开展互动，陪伴宝宝坚实地走好每一步。

在宝宝的学习素材中，也存在着许多非常典型的循环强化的例子。比如：有这样一首来自英美国家的儿歌：

海底有一个蓝洞洞，

海底有一个蓝洞洞，

蓝洞洞，蓝洞洞，

海底有一个蓝洞洞。

蓝洞洞里有大鲨鱼，
鲨鱼它住在黑暗里，
蓝洞洞，蓝洞洞，
海底有一个蓝洞洞。

蓝洞洞里有鳗鱼和鲨鱼，
鳗鱼偷偷地躲着鲨鱼，
蓝洞洞，蓝洞洞，
海底有一个蓝洞洞。

蓝洞洞里有乌贼、鳗鱼和鲨鱼，
乌贼偷偷地躲着鳗鱼和鲨鱼，
蓝洞洞，蓝洞洞，
海底有一个蓝洞洞。

......

语言能力的循环强化，意味着不断复习和练习之前导入的或学过的语言，并通过新加入的语言让宝宝学到更多的东西。这首儿歌就充分体现了循环强化的理念，宝宝在每一段不断重复和运用旧语言的过程中学习新语言，循序渐进地把所有语言都牢牢地铭记在脑海中，这对培养孩子语言和认知方面的关键能力非常重要。

理念四：家长参与

美国0-3岁早期教育尤为重视家长参与，认为家长是婴幼儿学习的第一来源和最重要的资源提供者。教育是家庭的责任，家长有义务且有能力引导宝宝的发展，是实施正面教育影响和关键能力适时培养的最佳人选。

什么是家长参与？

家长参与的内涵十分广泛，总结起来，

主要包括以下几个方面：

（1）家长在家中对宝宝进行的各种早期教育。如各种动作示范、语言情感交流、开展亲子游戏、能力培养练习、进行平行式阅读、疏导不良情绪、认识家人和家中的物品等。

（2）家庭成员之间的交流。如爸爸妈妈之间或者和爷爷奶奶一起讨论如何回应宝宝的需要、如何帮助宝宝处理情绪问题等，形成对宝宝教育和引导的一致意见等。

（3）家长和宝宝参加社区的各项活动。如家长带着宝宝与社区的其他宝宝一起玩耍、参加社区新春游园会、参加宝宝爬行比赛、参观社区种植的鲜花等。

（4）不同家庭之间的交流。如月龄相近宝宝的家长们组成学习小组，相互交流宝宝的发展情况，分享教养过程中的经验和教训等。

（5）家长与保育老师之间的沟通。如家长与托幼机构老师的沟通交流，家长介绍宝宝在家中的日常表现、情感情绪能力，老师介绍育儿知识或宝宝在托幼机构的表现，共同分析和解决宝宝成长面临的问题，为宝宝设计适宜的成长练习等。

（6）参加家长学校学习。如家长主动报名参加早教专家组织的家长学校课程、网课、微课等，系统学习婴幼儿发展方面的知识，并根据自家宝宝的发展阶段适时地实施适宜的教育策略等。

家长参与的理念，鼓励家长直接或间接地参与宝宝的学习与发展过程，与宝宝共同面对挑战，克服困难，完成任务，共享每一次进步带来的欢乐！这不仅保障了家长教育宝宝的权利，更提升了家长教育宝宝的能力。

为什么要家长参与？

多项研究表明，家长的参与和儿童在学业方面以及社会方面的积极表现密切相关，家长的参与能够缓和那些影响儿童上学意愿与情绪健康的危险因素（如暴力、沮丧等）的消极影响。而且，父母陪同阅读的频率越高；儿童在早期读写能力测试中获得的分数就越高；父母参与儿童活动的程度越高，儿童在学校的行为问题就越少。

◎ **理由一：宝宝适应新环境需要一个"领路人"！**

0-3岁宝宝成长和活动的主要场域是家庭。当环境改变，如家长将宝宝带到室外、其他朋友家、托幼机构等，宝宝会或感到新鲜好奇，或感到惶恐不安。成人对多种场域与角色转换似乎已习以为常，但对于宝宝来说，穿梭于不同场域是个不小的挑战，再加上每个场域对宝宝的期待有所不同，如到朋友家做客希望宝宝乐于交往、到公共场所参加活动希望宝宝遵

守纪律等，宝宝积累的社会经验还无法完全支撑他们很快地融入环境之中，更难以达到环境的要求。此时，如果家长能参与到环境和活动中，不仅是给宝宝更多的陪伴，也能通过情绪感染、榜样示范等途径帮助宝宝更顺利地接受和适应家庭以外的场域。举例来说，当宝宝初次到亲子班参加活动时，面对陌生的教室环境和叫做"老师"的陌生人，宝宝很可能产生不安全感；面对老师提出的活动要求，宝宝也可能倍感压力。如果家长能主动向老师表示友好，主动按照老师的要求参加活动，而不是简单地把宝宝推向老师，宝宝消除不安全感、适应亲子班环境的速度和参与活动的积极性都将成倍增加。宝宝对环境的适应越快，展开探索和学习也就越早，对宝宝的发展就越有益。

◎ **理由二：保教老师了解宝宝需要一个"知情人"。**

对宝宝喜欢在家中从事的活动、玩耍的游戏等方面的了解，能够帮助保教老师为宝宝选择和设计出更适合其已有经验、兴趣爱好和当前关键能力水平的活动。例如：老师从家长处了解到某个宝宝对各种小动物感兴趣，就可以在引导宝宝活动时多采用动物玩偶；也可以知道某个宝宝还不敢在平衡木上行走，因而就可以从基础的平衡能力练起，避免一上来就难度过大，造成宝宝的抗拒和心理压力等。同时，对宝宝家庭的教育理念、生活习惯、教养方式等方面的了解，也有助于保教老师了解和掌握各种可能影响宝宝注意力、身体健康、语言发展、情绪情感稳定、人际交往和环境适应能力发展的因素，为家庭教育的改进提供有针对性的意见建议和帮助。例如：有的家庭只给宝宝喝牛奶、喝果汁而很少喝水，保教老师会给予及时指导和纠正；有的家长喜欢在宝宝玩玩具时在一旁逗引或给宝宝介绍玩具，保教老师会告知家长让宝宝保持一段专注玩玩具的时间，这有利于宝宝注意力的发展等。

◎ **理由三：家庭中的亲子教育，需要一个"有心人"。**

由于很多家长都是第一次养育宝宝，对于很多问题还不能充分理解，对宝宝成长过程中的自然现象或过分担忧，或认识不足。举例来说，有些家长发现自己1岁多的宝宝害怕陌生人，见了邻居也不主动打招呼，因此十分焦虑。其实这是8-24个月宝宝成长过程中普遍存在的"陌生人焦虑"现象，家长不必过分担忧，可以通过一些积极的引导去帮助宝宝缓解这种焦虑，避免盲目地"教育"宝宝"懂礼貌"。又如，有些家长以为学步车能够帮助宝宝尽快学会走步而给宝宝购买和使用，但家长没有认识到走步能力的形成需要的是腿部肌肉的强健有力和良好的身体平衡能力，学步车给宝宝太多依赖，反而更难学会走步，同时还可能带来摔下台阶、撞到墙上等潜在危险。因此，家长要有自我成长、自我提升的心，积极参加亲子成长课程、阅读专业早教书籍、接孩子时与保教老师或其他家长进行分享交流等，成为宝宝更好的观察者和支持者，成为帮助宝宝发展的"专业人士"。

父母是孩子的第一任老师，也最能真正了解宝宝的发展状况。从出生到 3 岁，宝宝在家度过的时间多于在任何场合的时间。因此，在日常生活实践中，引导宝宝"主动学习"的重要人物就是家长。宝宝在日复一日的成长过程中会逐步形成多种关键能力，这些能力该怎么培养？在什么时间练习？这都需要家长做一个"有心人"，为宝宝悉心安排。例如：帮助妈妈整理衣服，可以成为宝宝学习分类知识的好机会；同样，帮助妈妈拿取物品，既可以成为宝宝理解语言指令的练习，也是宝宝参与家庭服务的重要环节。

本书提供的教育策略和关键能力培养练习紧扣家长参与理念，呼吁和帮助家长们增强教养宝宝的知识与技能，强调早期教育的"父母权利"和"父母职责"，引导家长们重视宝宝成长各阶段形成的关键能力和学习经验，帮助家长以适当的方法理解、支持宝宝的发展。

怎样做到有效的家长参与？

本书提供的许多关键能力教育活动，都需要家长作为宝宝的引导者参与到互动中来，并鼓励整个家庭都来参与。其中许多教育方法，是从广泛的成功经验和做法中提取和总结出来，并经历了长期反复的教育实践被证实是有益、有效的。只有当家长有效地参与进来，很多教育策略才能真正发挥作用。那么，怎样才能做到有效的家长参与呢？这需要把握以下几个方向性的原则。

◎ **原则一：每个活动都是"多面手"。**

每一个策略或活动的练习效果是多重的，对宝宝成长和发展的促进作用决不仅限于某一领域某一时段，而是对宝宝长期的各领域综合发展都有影响。家长要以融合的眼光看待教育方法和引导策略。举例来说，"引导宝宝用动作表演儿歌活动"不仅能够练习宝宝的视听觉能力、语言表达能力、肢体动作协调性、韵律节奏感，还能提升宝宝的记忆力、想象力和在公众面前大方表演的社会能力等。

◎ **原则二：家中的物品都是宝。**

家中的物品都可以成为家庭教育的辅助工具。家长不必过分追求市面上昂贵的玩具、教具，可以打开思路，创造性地把一些家中的物品变为宝宝活动的道具，如鼓励宝宝探索枕头的新玩法，可以引导宝宝发现和了解枕头的构造（认识周围物品的能力练习）、练习垒叠（垒叠平衡能力练习）、找找藏起来的布娃娃（客体永久性练习）等。

◎ **原则三：鼓励符合社会规范和交往规则的做法。**

宝宝在家中不仅要学习认识亲人、物品，形成强健的体魄和语言能力，更主要的是学会符合社会规范和人际交往规则的社会及情感能力，为日后融入社会、开展人际交往奠定基础，否则到了幼儿园或其他公共场合，可能会无法融入或受到其他宝宝的排斥。因此，家长们要注重家庭中规则的建立，不能因为"在家"而"随便"，或纵容宝宝的某些违反社会规范的行为。例如：宝宝总是把自己的需要放在第一位，亲人因忙碌而无法给他/她及时拿到饼干，需要他/她等待两分钟时，宝宝就故意大哭不止。这样的行为是有悖于社会规范的，家长要耐心解释和积极引导，让宝宝明白他/她的需要很重要，但有时并不一定是最重要或最急迫的，要理解和尊重他人，在可能的情况下为他人提供便利。又如：家长要鼓励宝宝表达自己，耐心倾听宝宝谈论自己一天的经历，让宝宝的情感得到充分的释放，有发泄渠道的情感就不容易压在心里而产生心理问题。

◎ **原则四：为宝宝的学习搭建支架。**

所谓"支架"，就如有扶手的楼梯。试想，当我们在走一段两边都没有扶手的楼梯时，心里难免紧张害怕，每走一步都战战兢兢、谨慎小心。如果我们走在有扶手的楼梯上，虽然很少去扶，但却可以"健步如飞"。宝宝的发展也与此类似，一方面，家长要以宝宝每一阶段的关键能力为基础，使其有准备地适时攀登一个高度适宜的"发展阶梯"。如果提供的台阶过高、过陡，宝宝只能望而却步。另一方面，家长要注重保护宝宝活动的信心，为"发展阶梯"提供"扶手"，在确实困难的情况下出手帮助，使他们有信心地向上攀爬。

理念五：营造支持性的探索氛围

美国多年的0-3岁婴幼儿早期教育研究和实践发现，教育环境的氛围对婴幼儿的成长与发展发挥着潜移默化的作用。研究者走访了许多宝宝发展不那么顺利的家庭，发现在这些家庭中，有的宝宝肆无忌惮、为所欲为；有的宝宝备受限制、毫无探索兴趣；有的宝宝在表达情绪和尝试表明观点时被阻止，甚至还会受到惩罚；有的家庭成员还会因为不同的教育观念和理念而产生重重矛盾……这些教育环境无形中成为了阻碍婴幼儿成长与发展的一个"隐形的屏障"，这层"屏障"所带来的消极体验使教育成了一种负担。因此，明智的教育者应该努力创设一种婴幼儿能在其中积极大胆且兴趣不断加深的探索、学习和游戏的环境，营造支持性的探索氛围，这是在培养孩子各个阶段关键能力的过程中所必需的。

什么是支持性的探索氛围？

关于0-3岁婴幼儿教育的看法，曾出现过"放任"和"控制"两种极端的倾向。"放任"——即强调宝宝作为学习主体的绝对支配权，如家庭中对宝宝的任何行为都没有限制。成人在保证幼儿的安全并照顾他们的基本需要的前提下，让婴幼儿按照自己的意愿玩耍。"控制"——强调成人在环境中的绝对管理权，如告诉婴幼儿做什么和什么时候做，经常用成人的方法去"教"宝宝一些具体的学习技巧和概念。

美国早期教育界引证了大量研究成果和实例以及它们所产生的负面影响，并对以上两种倾向进行了批判和反思。当下所倡导的是为宝宝提供一种支持性的探索氛围，即一种自由探索与环境限制之间的平衡状态。在这种状态下，不仅婴幼儿感到舒适自在，表现出更多的自信和勇敢，而且家庭成员的相处也会十分融洽。家长为宝宝提供的玩具材料和支持，有利于促使宝宝当前的关键能力发展需要与其兴趣相契合。

为什么要营造支持性的探索氛围？

支持性的探索氛围是宝宝主动学习的沃土。在这种氛围中，宝宝和家长化身为"合作伙伴"，这给双方都带来了发展的可能，特别是能为宝宝的智力和社会交往等多方面的关键能力发展提供动力。

◎ **理由一：共同进步，及时调整！**

在支持性的探索氛围中，成人以宝宝已有的能力为基础，以即将发展的关键能力为导向，鼓励和引导宝宝去探索和讨论他们感兴趣的主题和想法。宝宝是准备好的，更是充满自信的，探索的兴趣和主动性都在持续增强。同时，对于家长来说，在仔细观察宝宝的语言（包括"咿咿呀呀""小儿语"及肢体语言）和行为时，家长能有意识地开始理解宝宝的思考方式，了解宝宝的能力水平，并据此调整自己的教育支持行为，为宝宝下一步的发展提供适宜的支持。

◎ **理由二：积极的社会能力将感染你和我！**

在这一氛围中，家长是耐心的、尊重他人的。成人的积极行为为宝宝树立了良好的榜样示范。宝宝在观察和模仿学习中，会逐渐倾向于用这种主动、积极、友善的方式去和他人交往，更多地表现出同情心以及关心他人的行为，而且也会形成一种对教育的积极态度。同时，这种氛围能够影响到其中的所有人，成人也不例外。积极的行为表现能够带动家庭成员之间的相互关心与支持，并

将这种积极的情绪投入到家庭以外的更广泛的社会交往之中。

◎ **理由三：关键能力带出自信与独立！**

虽然婴幼儿尚无法完全地生活自理，很多情况下都需要家长的帮助和支持，但这并不影响他们变得自信和独立。在支持性氛围中，婴幼儿对成人是信任的，相信成人会照顾他们的需求，但是他们也需要在运用自己的能力去帮助自己和家人的过程中变得越来越自信。举例来说，当宝宝能够做到双手托球走步时，他们已经具备了稳定的持物走步能力，这时成人应该提供机会让宝宝运用这一能力参与家庭服务，如帮妈妈将小本子放到茶几上，帮爸爸把鞋子拿到门口，等等，让宝宝在小小的成就中收获自信与独立。

◎ **理由四：发展中的宝宝，拒绝"判官"！**

婴幼儿处于飞速的发展之中，每一刻都在发生变化。有的成人认为"婴幼儿是难以改变的、淘气的、顽劣的"，这就没有做到用发展变化的眼光来看待宝宝。在支持性的探索氛围中，成人不是站在一个"判官"的角度去评判，而是用发展变化的眼光和态度去理解婴幼儿的行为，从正面引导宝宝的学习，并通过谈话等方式鼓励宝宝参与问题解决的过程。

如何营造支持性的探索氛围？

营造支持性的探索氛围对于每个家庭来说都非常重要，但每个家庭都有自己的特点，如果都按照同一个模式来营造某种氛围，既不现实，也不自然。因此，在营造支持性的探索氛围的过程中，成人可以结合自身的家庭文化和习惯，把握以下几个主要特点。

◎ **特点一：保证教育场所的安全性。**

随着宝宝月龄的增加，他们不会再乖乖地躺在原地等待父母的喂养，而是由翻身到爬行再到行走，活动范围由点到面，然后再扩大到立体空间。宝宝能接触到的事物越来越多，危险性也在增加。因此，为保证教育场所的安全性，我们提出以下几点建议：

（1）成人要对宝宝保持高度的关注，确保他们的安全。

（2）提供容易清洗的玩具，并每天检查玩具的零部件是否松动，特别要及时处理掉带有锋利边缘的玩具和玩具上掉落的小的零部件。

（3）电源插座始终覆盖良好。

（4）将低矮处贴有的标签撕掉。

（5）用开放的大盒子装玩具。避免使用盖子或抽屉，以防宝宝拿取时被夹住，造成伤害。

（6）宝宝经常把玩具放入嘴中，因此要做好随时清洗玩具的准备，以免病从口入。

（7）将家中的危险品，如药品、化学品、锋利物品、带电带火装置等放置在宝宝无法接触到的地方。

（8）为宝宝预留一块可以翻滚、爬行和学步的空间，不要使用学步车，等等。

◎ **特点二：照顾者之间的相互配合。**

宝宝的父母或主要照顾者是支持性氛围的核心要素。0-3岁婴幼儿的智力、体力、社会性和情感发展都处于人的一生中发展变化最快的时期。父母或主要照顾者有责任和义务去主动了解宝宝的发展阶段，主动与宝宝、其他家庭成员和托幼机构的教师进行交流，共同为宝宝设计符合"最近发展区"的学习和活动，悉心观察宝宝成长与发展的线索并开展有效互动。通过良好且一致的榜样示范，引导宝宝的学习进入螺旋式上升的发展路径之中。

◎ **特点三：慈爱且坚定地积极回应。**

宝宝早期的社会交往是从父母或主要照顾者开始的，每一阶段的表现都各有不同，如新生儿会做出某些表示（如哭闹）以请求父母帮助（更换尿布、喂奶等）；更大一些时，宝宝会向家长做出某些表示（如叫喊），以期望自己的某些了不起的成就（如能自如地爬行）能得到父母的赞扬或喝彩；2岁左右，宝宝开始会玩角色游戏和假装游戏（如过家家），而且会逐渐在游戏中越发认真和成熟，这时他/她会邀请父母加入游戏。因此，宝宝通过与主要照顾者的交往而学会人际关系的规则，父母或主要照顾者的回应和做法都将未经修饰地被宝宝直接习得。调查走访的美国家庭情况显示，在宝宝发展良好的家庭中，父母表现得既慈爱又坚定，宝宝对于家庭中"谁有最终权威"没有任何疑问。相反，在宝宝发展不那么顺利的家庭中，各种限度的设定和维持都模糊不清，在意见不一致时，"谁最终说了算"是个让人头疼的大问题。如果主要照顾者习惯于向宝宝"屈服"，或是任凭他/她发脾气，对他/她的不良行为不理不睬，长此以往，就会在3岁时进入一个难以扭转的局面。

营造支持性的探索氛围需要父母或主要照顾者对宝宝的需要予以及时回应，保持可信任的亲子关系。同时，也需要父母或主要照顾者既慈爱又坚定，建立符合社会规范的界限。

宝宝在各个阶段多元领域的关键能力培养，都离不开主动学习、循环强化、榜样示范、家长参与和营造支持性探索氛围这五大理念的助力与支持。本书提供的约300堂适时早教课，从设计初衷到示范形式都渗透着这五大理念的方方面面。家长的用心付出一定能给宝宝带来丰厚的收获。好，让我们在愉悦的氛围中，开始宝宝的关键能力培养练习吧！

实操部分

送给家长的 300 堂
适时早教课

0-1个月 之 紧握小手

"从婴儿降生的第三天开始教育，就迟了两天。"

——苏联生理学家巴甫洛夫

0-1 个月的宝宝会什么？

身体发展方面

0-1 个月新生儿的大肌肉动作主要是反射动作，如吮吸反射、抓握反射、行走反射等。他们仰卧时四肢弯曲，俯卧时膝盖蜷起，不能抬头，但头能转向一侧；俯卧时能稍稍抬起下巴；四肢能上下活动、弯曲、伸展。小肌肉的动作也主要是反射动作，如被直立抱起时会睁眼、遇突然声响会眨眼或睁大眼睛、对突然的声响有惊跳反射、会因突然的亮光而闭眼等。宝宝在母亲的子宫中需要成长数月，随着宝宝日渐长大，子宫环境也变得越来越拥挤，因此，手脚蜷缩便成了宝宝的习惯姿势。当宝宝突然离开子宫的保护来到这陌生的世界时，宝宝难免会感到紧张，因而会习惯性地保持手脚蜷缩、紧紧握拳的"安全"状态，并持续一段时间。

感知觉发展方面

新生儿一出生即具备触觉、嗅觉、味觉、听觉等感知觉能力，但尚处于朦胧期，大脑需要适宜的刺激才能将这些感知觉功能发挥出来。

认知发展方面

0-1 个月新生儿对强光和较大的声音反应灵敏；能分辨出味道，并喜欢甜味；对气味有所感觉，闻到难闻的气味时会转开头；对周围的环境充满好奇，看到新事物的时候会屏着呼吸。总之，宝宝开始对环境中的各种要素感到新奇。此时，宝宝对妈妈的声音辨识敏感，相比陌生人的声音，宝宝更喜欢听到妈妈的声音。

语言发展方面

宝宝强有力的哭声是与生俱来的。细心的家长会发现，宝宝的哭声在音调高低和持续时间上不尽相同。随着宝宝的成长和与母亲的磨合，宝宝的哭声会逐渐分化，以表示其不同的需要。

社会适应方面

宝宝一出生就会注视母亲的脸，并露出短暂的微笑；当被抱起时也往往会停止哭泣。这是宝宝最初的人际交往。在 0-1.5 个月期间，宝宝将逐渐学会通过抓、哭、笑和注视照顾者等方式，来吸引照顾者的注意。

情感发展方面

宝宝刚出生时就已开始出现情感的萌芽。0-1 个月宝宝的哭，除了生理上的原因外，还有心理上的需求与欲望，这是一种正常的情绪表达。0-1 个月宝宝的笑，是生理和心理得到满足后所表现出来的对喜悦情绪的反映，这通常是希望与母亲进行情感交流的自主性反应。

初步感知音乐

目标： 促进宝宝听觉器官的发展。
准备： 摇篮、音乐玩具、轻音乐、音乐播放器。

扫码看
完整视频

方法与步骤

方法一 把宝宝抱在怀中哼唱歌曲，并随着音乐的节奏轻轻地摇摆。

> 妈妈的声音真好听

方法三 让宝宝躺在床上，打开音乐玩具，并随着音乐的节奏轻轻地晃动玩具。

> 欢快的音乐真好听啊！

方法二 将宝宝放到摇篮中，播放轻音乐，并随着音乐的节奏轻轻地摇摆摇篮。

> 音乐柔柔的，真好听！

活动点睛

新生儿对音乐具有天生的感知能力，常常听音乐有助于宝宝听觉器官的发展。同时，听音乐能够起到愉悦心情、舒缓情绪的作用。对于新生儿来说，最喜欢的"音乐"就是妈妈温柔的声音和较为舒缓的轻音乐。母亲多与宝宝说话、经常播放舒缓优美的音乐给宝宝听，都是促进宝宝听觉器官发展的非常好的做法。

练习抓握

目标： 练习抓握，锻炼手部小肌肉群。
准备： 便于抓握的玩具。

扫码看
完整视频

方法与步骤

第一步 抓握手指。轻轻地帮助宝宝张开手，然后将手指放入宝宝的手中，宝宝就会自然抓握。

第二步 抓握玩具。轻轻地帮助宝宝张开手，然后将玩具放入宝宝的手中，同样，宝宝会自然抓握。

活动点睛

抓握，是宝宝与生俱来的条件反射动作之一。新生儿出生一个月内，都紧紧地握住自己的小拳头。您只需帮助宝宝张开手，然后把您的手指或玩具放入宝宝的手中，宝宝就会自然地抓握了。研究表明，精细动作能力直接影响大脑突触的形成。而抓握正是锻炼手部小肌肉灵活性，提高精细动作能力非常有效的活动。需要注意的是，请不要给宝宝戴手套或用被子包裹小手，以免抑制宝宝手部的自由活动。

熟悉妈妈的味道

目标：与妈妈建立联结与依恋。

准备：蘸有妈妈乳汁的小毛巾。

扫码看
完整视频

方法与步骤

第一步 将蘸有妈妈乳汁的小毛巾放在宝宝的近处，让宝宝闻一闻妈妈乳汁的味道。然后，向宝宝做个自我介绍："宝宝，我是妈妈。"

第二步 让宝宝俯卧在妈妈的胸腹部，闻一闻妈妈身体的味道。然后，向宝宝做个自我介绍："宝宝，我是妈妈。"

活动点睛

十月孕育，造就了妈妈与宝宝之间的天然联系，宝宝熟悉妈妈的心跳声、喜欢妈妈的声音。因此，妈妈要多与宝宝亲近，让宝宝熟悉妈妈的味道，从而帮助宝宝熟悉妈妈，建立安全感。当宝宝在闻妈妈的味道时，妈妈要不断地向宝宝介绍自己，让宝宝将这种味道与妈妈联系起来，以建立宝宝与妈妈的联结，形成安全型亲子依恋关系。

轻轻摇摆

目标： 刺激宝宝前庭觉的发展。

准备： 摇篮、浴巾。

方法与步骤

方法一 把宝宝抱在怀里轻轻地摇摆。

方法二 将宝宝放在摇篮里，哼唱歌曲，并跟随音乐的节奏轻轻地摇摆摇篮。

方法三 用浴巾轻轻地摇摆宝宝。具体方法请参考插图。

安全提示：无论哪种方法，摇摆的速度和幅度一定要适中，以宝宝能够适应为准，不要让宝宝感到害怕。

活动点睛

前庭觉是大脑发展最重要的基础，感觉信息的输入必须靠前庭觉过滤、整理和统合，让大脑能正确了解环境的状况。大脑输出的信息，也是由前庭觉来进行轻重缓急的调整，才能很快地让大脑和身体取得协调。研究表明，轻微的摇摆、旋转能够促进婴幼儿前庭觉的发展。为宝宝选择一个"摇摆时间"，每天轻轻地摇摆一会儿，能够刺激宝宝的前庭觉发展，增加宝宝的平衡感体验。

锻炼下肢肌肉

目标： 促进下肢肌肉的发育，为宝宝学习翻身、爬行、站立、迈步打好基础。

准备： 桌子。

方法与步骤

第一步 请您为宝宝准备一张高度适中、表面平整的桌子。

第二步 妈妈扶着宝宝站在桌子上，让宝宝的脚接触桌面。具体方法请参考插图。

第三步 一般情况下，0-1个月的宝宝能主动做出迈步动作，此时您可以夸奖宝宝，并鼓励宝宝继续"向前走"。

● 用拇指支撑宝宝的头部

● 托住腋下

● 接触桌面

活动点睛

迈步反射是宝宝出生头三个月中所表现出来的一种反射动作，当把宝宝竖着抱起，并把宝宝的脚放在平面上时，宝宝就会做出迈步的动作。这个反射在出生10周左右逐渐消失。这一活动，是利用迈步反射锻炼宝宝下肢肌肉的经典活动，也符合此时宝宝的运动兴趣。也有部分研究证实，宝宝在迈步反射期得到一定的下肢锻炼，能够对宝宝将来学步产生积极的影响。需要注意的是，迈步练习不宜过度，每天2-3次，每次8-10步即可。

早教课 "视察"周围的环境

目标：帮助宝宝适应周围的环境，激发宝宝探索周围世界的兴趣。

准备：鲜艳的环境布置、奶瓶、小碗。

方法与步骤

方法一 在环境的布置上多采用鲜艳的颜色，以吸引宝宝观察。

方法二 多与宝宝说话。比如您可以在拿奶瓶喂奶前对宝宝说："宝宝，我们要喝奶喽！"

方法三 为宝宝解释周围的声音。具体方法请参考插图。

方法四 在宝宝的眼前做一些游戏，如有节奏地击掌、在宝宝的周围前后移动、轻轻按按宝宝的下巴或胸前等位置，逗笑宝宝。

> 宝宝别怕，是我们的碗掉到了地上，咣当！

> 什么声音？

> 碗

> 咣当……

活动点睛

宝宝从母体子宫降生开始，就对世界充满了好奇，他们时常会观察这个可爱的世界，调动视听触嗅味等多重感官，来认识和感知周围的环境。家长可以通过辅助的活动，带动宝宝更多地有意识地"视察"周围的环境，从而帮助宝宝提升对环境的适应感，激发宝宝探索周围世界的兴趣。

早教课 锻炼颈背部肌肉

目标：锻炼宝宝的颈背部肌肉，为抬头打下基础。

准备：发声玩具（如铃铛）。

方法与步骤

方法一 宝宝俯卧，用一只手在宝宝的头侧摇动发声玩具，逗引宝宝抬眼观看，以锻炼宝宝的颈背部肌肉。

方法二 在喂奶和换尿布后，让宝宝自然俯卧于妈妈的腹部，妈妈用双手按摩宝宝背部，逗引宝宝抬头，以锻炼宝宝的颈背部肌肉。具体方法请参考插图。

方法三 每次喂奶后，妈妈将宝宝竖直抱起，使宝宝的头部落于妈妈的肩上，然后轻轻地拍打几下宝宝的肩部，让宝宝打个嗝，防止溢奶。打嗝后，让宝宝的头自然竖直4~5秒，以锻炼宝宝的颈背部肌肉。

> 宝宝加油！

> 嗯……嗯……

> 用力地抬

活动点睛

抬起头，不仅使得宝宝的视野开阔了许多，而且还能锻炼颈背部肌肉力量，为日后学习侧翻和翻滚打下良好基础。但能够做到小幅度抬头，也有赖于一定的颈背部肌肉力量。若宝宝无法立刻抬头，家长可以循序渐进地帮助宝宝进行锻炼。此时宝宝还无法翻身，因此在睡觉时不宜采用俯卧位，防止发生窒息危险。

帮助宝宝自己入睡

目标： 帮助宝宝自己入睡。

准备： 婴儿床、小被子或毯子。

方法与步骤

第一步 先让宝宝吃饱，然后让宝宝在您的怀中安静地躺一会儿，并温和地看着宝宝说："宝宝吃饱了，我们要睡觉喽！"

第二步 将宝宝轻轻放在婴儿床中，然后放一段柔和舒缓的睡前音乐，或哼一哼轻柔的摇篮曲，帮助宝宝进入睡眠。

第三步 用柔软的小被子或毯子将宝宝包裹起来，并随着音乐的节奏，轻轻地拍打宝宝或为宝宝按摩身体。具体方法请参考插图。

要轻轻的哦！

好舒服呀！

活动点睛

研究表明，抱睡的宝宝进入深度睡眠的概率低，宝宝身体蜷曲在妈妈的怀中无法自由舒展，全身肌肉得不到良好的休息，影响睡眠质量。同时，长期的抱睡会让宝宝养成不抱不睡的坏习惯，严重时甚至影响宝宝的身心健康。自己入睡，是宝宝养成独立性的重要环节。所以，建议家长们运用健康科学的方法帮助宝宝自己安稳入睡。

让哭闹的宝宝在短时间内安静下来

目标： 安抚宝宝的情绪，建立安全型的亲子依恋。

准备： 纸尿裤。

方法与步骤

方法一 用正确的姿势抱起宝宝，让宝宝舒适地躺在妈妈的怀里。

方法二 轻拍宝宝，和宝宝说说话，抚慰宝宝的情绪。

方法三 发现并解决宝宝的需求，如宝宝尿了或拉粑粑了，需要换纸尿裤等。具体方法请参考插图。

方法四 妈妈爱抚宝宝，并轻轻地为宝宝哼唱歌曲。

活动点睛

很多父母都被宝宝长时间的哭闹所困扰。其实，哭闹是宝宝表达需要的重要途径，只要理解和满足了宝宝的需要，哭闹就会在很短的时间内停止。长时间的大声哭闹，对于宝宝的身心健康不利，比如可能会损伤听觉器官、情绪萎靡不振、探索活动减少等。除了生病等病理上的原因，以上的做法是效果显著的。同时，亲人对宝宝需求的及时回应，还能促进安全型依恋关系的形成。

尽快地适应环境

目标：帮助宝宝尽快适应环境。

准备：合体的衣服、厚度适中的被褥。

方法与步骤

方法一 根据温度，给宝宝穿上大小适中且合体的衣服。充分的活动可以让宝宝感受环境与母体子宫的区别，具体方法请参考插图。

方法二 在宝宝睡觉时，用厚薄和大小适中的被褥将宝宝紧实地包裹起来。紧实的睡眠环境更接近于子宫环境，可以给宝宝更多的安全感。

方法三 帮助宝宝尽快地适应有声音的睡眠环境，否则稍有声响就会影响睡眠。在宝宝睡着时，请您注意以下几点：

1. 您可以小声说话，以帮助宝宝适应适当的声响。

2. 您可以正常做事，不需要因为担心弄出声响而过于小心。

这里和妈妈的肚子里不太一样啊！

踢蹬的小腿儿

挥动的小手

3. 不要悄悄地摸宝宝，以免打扰宝宝的睡眠。

活动点睛

研究发现，新生儿比断奶后的宝宝更少生病。这是因为宝宝出生时天然地从母体获取了抵抗力，日后还不断从母亲的乳汁中持续获得抵抗力的补充，因此，对新生儿的照料应注意避免"过度保护"。减少对宝宝肢体的限制、营造安全熟悉的睡眠环境、保持自然的生活习惯，都能帮助宝宝尽快地适应环境，并对周围的环境产生信任和安全感。较快地适应环境，能保证宝宝的睡眠和活动质量，对身体的健康和发展都大有裨益。

尽情吮吸

目标：充分满足宝宝的吮吸反射，初步建立亲子依恋。

准备：干净的小毛巾。

方法与步骤

方法一 将宝宝温柔地抱在妈妈怀中，让宝宝满足地吮吸妈妈的乳头。

方法二 让宝宝吮吸干净的小毛巾。

方法三 将宝宝的小手洗干净，让宝宝吮吸自己的手指。具体方法请参考插图。

吮吸前，一定要把宝宝的手指洗干净哦。

我有好多手指"糖棍儿"呀，真好吃。

嘻嘻……

手指

活动点睛

新生儿是通过吮吸从母乳中摄取维持生存所必需的营养。如果吮吸能力不佳，不仅营养摄取受到限制，原始口腔欲望也无法得到满足，还可能对情感发展及行为发展造成障碍，并且影响日后的吞咽、咀嚼与说话能力。研究表明，六个月以内充分吮吸的宝宝，以后不容易养成经常吮吸手指的不良习惯。家长应在保证安全与卫生的前提下，让宝宝尽情地吮吸。

有意识地去注视家长的面部

目标： 建立良好的亲子关系。

准备： 无。

方法与步骤

方法一 经常把宝宝抱在怀中，温柔地注视宝宝。建议您的面部距离宝宝的眼睛20cm左右，这样可以促使宝宝去注视和认识您的脸。

方法二 多花些时间陪伴宝宝，并与宝宝进行互动。您可以参考以下几种互动方式：

1. 目光互动。让宝宝躺在小床中，先在小床的一侧温柔地注视宝宝，然后再移动到小床的另一侧温柔地注视。

2. 语言互动。比如有节奏地念童谣给宝宝听。

3. 肢体互动。具体方法请参考插图。

> 宝宝，我们来玩骑自行车喽！

> 妈妈，骑自行车真好玩。

温馨提示： 妈妈的手部力度要轻哦！有趣、温馨的身体接触会促使宝宝有意识地注视您哦！

活动点睛

能够对亲人的面部进行识别，是宝宝与亲人建立安全型依恋关系的重要条件。研究发现，新生儿对人的观看或注视是无差别的，缺乏选择性。因此，需要家长在主动互动中，积极引导宝宝有意识地去注视和观察亲人，通过目光、语言、肢体等多种互动形式，建立起与宝宝的亲密关系，为成为宝宝的"重要他人"奠定基础。

更好地控制自己的注意力

目标： 帮助宝宝更好地控制自己的注意力。

准备： 彩色布球或其他鲜艳的玩具。

方法与步骤

第一步 拿一个宝宝喜欢的玩具，放在宝宝的面前展示。具体方法请参考插图。

第二步 减少玩具的移动，留给宝宝注意的时间。请您在一旁默默地陪伴关注，不要打扰宝宝。

第三步 待宝宝观察一会儿后，请您适当地晃动玩具，再次吸引宝宝的注意。

第四步 让宝宝摸一摸玩具，提升宝宝对玩具的兴趣，以兴趣带动宝宝注意力的发展。

> 宝宝看，这有一个好看的布球哦！

> 布球

> 哇，好漂亮啊！

> 宝宝仰卧

活动点睛

注意力是智力的重要组成部分。研究表明，年龄越小的孩子能维持注意力的时间越短。家长在生活中经常和宝宝进行控制注意力的练习，可以帮助宝宝积累一定的维持注意力的经验，这对宝宝将来形成有耐心、能坚持、爱探索的良好品质很有帮助。

1-2个月之
敏锐的感知觉

"教育根植于爱。"

——中国著名文学家、思想家鲁迅

1-2 个月的宝宝会什么？

身体发展方面

1–2 个月的宝宝脊柱开始出现第一个弯曲，这有利于帮助宝宝保持身体的平衡。出生 6 周后，颈部肌肉力量得到发展，宝宝能够在被抱着立起时，使头部保持竖直稳定几秒钟的时间。小肌肉的发展主要表现在宝宝开始发现自己的手，喜欢把双手放到眼前抓握玩耍，手指能打开并合拢。

感知觉发展方面

初生的宝宝感知觉十分敏锐，感知觉在环境的不断刺激下丰富着宝宝对世界的认识。6 周左右的宝宝能够看清 30–60cm 远的物体，视野范围超过 90°，开始出现头眼协调。此外，宝宝初步具备了双眼视觉，即能够利用两眼与物体距离的不同来判断物体的远近。

认知发展方面

1–2 个月的宝宝能看清照料者的脸，能够识别照料者。同时，宝宝能辨别较明显的形状差异，注意大玩具的时间增长，喜欢有声音并能活动的玩具。宝宝对色彩鲜艳的物体有所偏爱，能盯着眼前晃动的玩具看，能在成人看着他/她说话时也注视成人的眼睛，有时还会挥手蹬脚，甚至微笑和"咿咿呀呀"发出声音。

语言发展方面

1–2 个月的宝宝会有兴趣地挥舞拳头，有时还能拍打手掌，而且很喜欢听自己拍打小手发出的声音。宝宝在视听统合上有了一定的发展，能够较为准确地找到发出声音的人。宝宝对声音很感兴趣，开始注意听他人的说话声、玩具声、铃声等，并能在有声音发出时停止哭泣。宝宝能对成人的逗弄或在语言刺激下报以微笑，用声音或者身体的同步动作给予应答。宝宝还能发出一些简单的音节，多为单音节和韵母发音，但声母较少，主要是"h"音，有时是"m"音。

社会适应方面

从第 5 周起，宝宝开始出现社会性微笑，这种微笑是出于人际交往的需要，而非单纯的生理反应。此时，宝宝的自我意识开始萌芽，开始逐渐认识自己。

情感发展方面

主要照顾者的情绪对宝宝的情绪有着重要影响，1–2 个月宝宝的情感变化与照顾者的情绪及语言声调变化相吻合。随着感知觉发展，宝宝容易被黑暗、阴影或独处等因素影响而产生恐惧感。另外，也有可能在巨大的响声、不熟悉的人和物品等因素出现时加深这种恐惧。

感知形状

扫码看
完整视频

目标：感知形状，提高辨别形状差异的能力。
准备：正方形图卡、三角形图卡、圆形图卡。

方法与步骤

方法一 请您先挑选出一种形状的图卡，如正方形，让宝宝感知。

方法二 握着宝宝的手，帮助宝宝用手触摸形状的边。请注意一定要保证图卡的边缘是光滑的，以免划伤宝宝的小手。

方法三 帮助宝宝用手触摸形状的面。

这是什么呀？

方法四 展示形状，并告诉宝宝形状的名称。

方法五 重复运用以上方法，让宝宝感知三角形和圆形。

圆圆的

活动点睛

研究发现，1~2个月的宝宝已经形成了感知和辨别较明显形状的基本能力了。在日常活动中，尽量多地为宝宝提供具有明显形状差异的物体，让宝宝充分感知不同的形状，对宝宝提高辨别形状差异的能力很有帮助。

身体碰一碰

目标： 建立亲子依恋。
准备： 无。

扫码看
完整视频

方法与步骤

方法一 和宝宝玩对对碰：碰碰脑门，碰碰鼻子，碰碰脸蛋儿，碰碰下巴。

方法二 帮宝宝活动一下手臂，做做操。

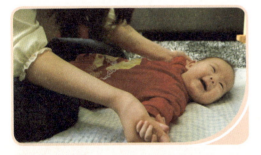

方法三 用宝宝的小脚丫踢踢小屁屁。

方法四 用双手在宝宝的胸前爬楼梯。

方法五 握着宝宝的小手，帮助宝宝为自己鼓鼓掌。

活动点睛

儿童心理学研究表明，当宝宝获得更多的表示喜爱的身体接触时，会相应产生更多的信任和安全感。安全感的形成有助于宝宝情绪上的稳定，从而为探索活动的开展提供可能。建议家长们多与宝宝进行情感沟通，成为宝宝信任的贴心人。

1/2

小脚丫可以带宝宝去很多地方哦！

识别照料者

目标： 帮助宝宝初步识别照料者，促进亲子依恋的形成和宝宝认知的发展。

准备： 纸尿裤、衣服、按摩油、毛巾、玩具。

方法与步骤

方法一 提高照顾宝宝的频率，多给宝宝喂奶、换纸尿裤、穿衣服等。

温馨提示：母乳喂养的妈妈因为奶香、心跳和体温等因素，会使宝宝非常容易形成安全感，并加快宝宝对妈妈的认识。

方法二 为宝宝做按摩时，与宝宝进行情感交流和语言互动。具体请参考插图。

方法三 当宝宝哭闹时，请您一定要及时赶过来，并在赶过来的过程中给宝宝一些语言安慰，如"妈妈来了，你找妈妈是吗？"让宝宝知道自己的需要已经得到了关注，并逐渐熟悉您的声音。请注意不要频繁更换照料者，否则会影响宝宝识别照顾他/她的人哦！

脚底分推式按摩

● 按摩油

● 玩具 ● 毛

温馨提示：按摩前，请家长一定要把双手洗干净，并准备好要用到的物品哦！

活动点睛

识别照料者，是宝宝记忆力发展的最初阶段，对宝宝的认知发展有着重要意义。研究表明，宝宝从出生到3个月前，对人的反应是没有区别的，这个阶段被称为无差别的社会反应阶段，但这并不阻碍宝宝能够初步识别照料者，您可以通过日常生活中与宝宝的接触、交流和互动，逐步成为宝宝心中的"重要他人"。

促进听觉发育

目标： 促进宝宝的听觉发育。

准备： 音乐、发声玩具。

方法与步骤

方法一 每天与宝宝多说话，在不同的时间和情境下，使用多种语气和语调与宝宝说话。

方法二 让宝宝每天在固定的时间听一听音乐，舒缓的、欢快的都可以。每次播放一首乐曲，持续5-10分钟即可。

方法三 在宝宝的床头系上能发出不同音质或音调的发声玩具，让宝宝边听边玩。具体方法请参考插图。

汪汪……

哈哈……

活动点睛

1-2个月是促进宝宝听觉发育的关键时期。研究表明，音量适中的说话声、优美的音乐声、悦耳的玩具声都能刺激宝宝的听觉神经，促进宝宝的听觉发育。但请注意，音乐的声音不要太突然，音量不能过大哦！

学习俯卧抬头

目标： 学习抬头，促进胸廓发育。

准备： 宝宝喜欢的玩具。

方法与步骤

方法一 帮助宝宝俯卧在床上或地垫上，然后在宝宝头部的上方欢快地摇动玩具，逗引宝宝抬头观看。

方法二 让宝宝趴在您的胸腹部，练习俯卧抬头。具体方法请参考插图。

方法三 让宝宝趴在您的肩上，然后小心地将宝宝移开

肩膀，用温柔的语言鼓励宝宝保持头部直立3秒钟左右。

> 宝宝、宝宝，妈妈在这儿，抬头、抬头、加油哦！

> 嗯……嗯……我看到妈妈啦！

● 放在头侧

努力抬头

● 趴在胸腹部

活动点睛

俯卧抬头能够帮助宝宝开阔视野，促进宝宝背部肌肉及前臂肌肉的发育，提高对脊柱的支撑力，促进胸廓发育。为了保护肌肉不被拉伤，抬头练习不宜过多，每天2-3次即可。当宝宝无法继续支撑头部的重量时，您一定要及时地让宝宝靠到您的肩上，以免宝宝颈部受损。

建立安全型的亲子依恋

目标： 帮助宝宝与妈妈或其他照料者建立安全型的亲子依恋。

准备： 纸尿裤、玩具、浴盆、浴带等。

方法与步骤

在日常生活中，您可以经常与宝宝进行有规律的亲子活动，如喂奶、换纸尿裤、唱歌、

抱抱、亲亲、对视、洗澡、游戏等。具体方法请参考插图。洗澡时，请注意水的温度不要过高，也不要过低哦！

> 宝宝，我们来洗澡喽！

> 真舒服

浴带

活动点睛

出生后的前几个月，是宝宝形成安全型亲子依恋的关键时期。每天和宝宝进行有规律的亲子活动，宝宝就会充分感受到来自妈妈的爱，这是建立起安全型依恋关系最为有效的途径。安全型依恋关系，是宝宝对他人和周围环境建立信任的基础，对宝宝今后发展人际关系和社会适应能力有重要影响。

1 / 2

玩小手

目标： 促进手部发育和手眼协调能力的发展。

准备： 松紧带、彩色的珠子。

方法与步骤

第一步 将松紧带穿入若干个彩色的珠子中，制作成彩色手镯给宝宝看，以吸引宝宝的注意力。

第二步 将手镯戴在宝宝的手腕上，并把小手放在宝宝的最佳视线范围之内，吸引宝宝看手镯，从而吸引宝宝看向自己的小手。具体方法请参考插图。

第三步 拉着宝宝的小手轻轻地挥舞，并用温柔的语言鼓励宝宝尝试自己挥动小手。

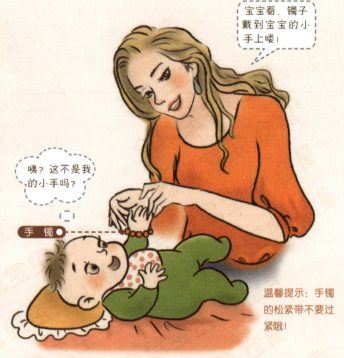

温馨提示：手镯的松紧带不要过紧哦！

活动点睛

1-2个月时，宝宝紧握的小手渐渐松开，手部开始参与到探索周围世界的活动中。宝宝的小手是宝宝认识自我的重要途径，挥舞小手、吮吸手指、观察小手、探索小手……都是宝宝对自我的探究。此时不应因过度担心宝宝抓脸，而将宝宝的小手包起来，而应开展一些辅助活动，引导宝宝发现小手、喜欢小手、乐玩小手。

眼睛随移动的人转动

目标：锻炼眼部肌肉，预防斜视和近视。

准备：音乐玩具、普通玩具。

方法与步骤

方法一 在宝宝的床头挂一个音乐玩具，然后缓慢旋转玩具，并经常变换玩具的位置，使宝宝的视线随之移动，锻炼眼部肌肉。

方法二 将一个玩具举在宝宝的眼前，然后哼唱儿歌，并随着音乐的节奏将手里的玩具上下左右地轻微晃动，使宝宝的视线随着玩具移动。

方法三 在宝宝的视线范围内来回走动，使宝宝的眼睛随您移动。具体方法请参考插图。

我要换位置喽！

妈妈，我看到你啦！

宝宝开心极了

活动点睛

随着宝宝视觉的发展，1-2个月时家长可以帮助宝宝锻炼眼部肌肉。眼部的活动是精细运动的重要方面，不仅能促进视觉的发展，对于脑部发育和注意力的形成与发展也具有促进作用。

对于六周以内的宝宝，您可以在宝宝仰卧时，在其周围摆弄发声玩具或用手指加以逗引。玩具或手指应放在离宝宝30cm以内的地方，视野范围不要超过90°。对于六周以上的宝宝，您可以将玩具或手指放在离宝宝30-60cm的地方，视野范围可超过90°，但每次移动的幅度要小于5-7cm，频率要慢，每秒1次。如果3个月大的宝宝仍不能做到眼睛随移动的人或物转动，请您及时带宝宝到医院检查视力。

1/2

早教课 玩转音乐

目标：感受音乐的节奏，刺激听觉。

准备：不同节奏类型的音乐，如欢快的音乐、舒缓的音乐。

方法与步骤

方法一 音乐按摩。根据音乐节奏的快慢强弱，为宝宝进行按摩。具体方法请参考插图。

方法二 音乐舞步。为宝宝播放一首欢快的音乐，然后用双手协助宝宝跟随音乐挥动手臂和腿，引导宝宝通过肢体动作来感受音乐。

方法三 音乐时间。在不同的生活环节为宝宝播放不同的音乐，如吃饭的音乐、起床的音乐、玩耍的音乐等，引导宝宝通过不同的生活事件感受音乐。

宝宝，音乐变快喽！

咦？妈妈按得也快了，真好玩！

节奏强的音乐

活动点睛

音乐活动不仅是感觉统合中的重要内容，还是宝宝艺术能力的启蒙。舒缓的音乐、欢快的音乐、强烈的音乐可以存在于我们生活中的每一个角落。经常听音乐、玩音乐，不仅能使宝宝的节奏感强、动作灵活，还能帮助宝宝建立感觉与声音之间的联系，培养宝宝活泼开朗的性格。

早教课 丰富触觉体验

目标：刺激宝宝的触觉，丰富宝宝的触觉体验，锻炼抓握能力。

准备：宝宝可以触摸的安全的物品若干。

方法与步骤

第一步 为宝宝准备一些不同质地和不同形状的物品。如积木、毛绒玩具、苹果等。具体请参照插图。

第二步 鼓励并协助宝宝触摸物品，并告诉宝宝触摸时的感觉。比如您可以对宝宝说"小积木，硬硬的。"

宝宝，踢！

宝宝看，这有很多东西哦！

哇，这些都是什么呀？真想摸一摸！

活动点睛

触觉是宝宝感知世界的重要知觉。对于1~2个月的宝宝来说，丰富的触觉体验有助于更好地认识和了解周围的环境。手部的感知觉通过触摸得以进一步激活，从而刺激宝宝的抓物欲望，对大脑发育产生重要的促进作用。宝宝年龄较小，活动的节奏一定要尽量放慢一些哦！

1/2

主动发声笑

目标：初步塑造宝宝乐观开朗的性格，为社会交往能力的发展打下基础。

准备：无。

方法与步骤

方法一 找到一个让宝宝笑的方法，经常逗宝宝笑一笑，如妈妈拍手宝宝笑。具体方法请参考插图。

方法二 您和家人可以有意识地在宝宝的面前大声笑，宝宝感到好奇和开心，就会主动模仿您和家人大声笑。

方法三 在日常生活中，营造欢乐愉快的家庭氛围，让宝宝经常听到家人的笑声，感受到笑是十分令人开心的情绪。

这个好玩儿！

拍手 ●

活动点睛

研究表明，愉快的情绪有利于宝宝的身心发展和健康。多引逗宝宝笑，可以帮助宝宝形成乐观开朗的性格。同时，爱笑的宝宝往往更能得到周围成人的喜欢，得到与成人互动的机会和更多的微笑回应，也就更能感受到周围的关怀，这是宝宝参与社会交往的基础。家长可以在生活中通过主动逗引的方式让宝宝多发出笑声。

练习踢蹬彩球

目标：学习踢蹬，锻炼宝宝的腿部肌肉力量。

准备：彩球。

方法与步骤

第一步 帮助宝宝仰卧在摇篮中，然后请您在宝宝腿部上方适宜宝宝踢蹬的高度挂3个颜色鲜艳的彩球。

第二步 引导并协助宝宝踢蹬彩球。具体方法请参考插图。

第三步 鼓励宝宝自己踢蹬彩球。

宝宝，踢！

嘿嘿，真好玩！

双腿上抬

活动点睛

踢蹬动作，能够很好地锻炼宝宝的腿部和腹部肌肉力量。宝宝通过蹬踢使彩球滚动，使宝宝体会到自身力量对其他物品产生的影响，因此宝宝在玩这个游戏时会非常开心。变换彩球的位置，能够将宝宝的手也调动起来，促进手臂肌肉力量发展和手眼协调能力的提高，还能够防止宝宝眼睛斜视。在宝宝的动作尚不熟练时，每次练习，您都可以给予宝宝适当的协助，以增强宝宝的自信心哦！

2-3个月 之 咿咿呀呀

"儿童在其敏感期里将很容易学会自我调节并掌握某些能力。在这一时期，他们容易地学会每样事情，对一切都充满了活力和激情。"

——意大利儿童教育学家蒙台梭利

2-3 个月的宝宝会什么？

身体发展方面

2-3 个月的宝宝颈部肌肉力量增强，表现在扶坐时头能竖直，背颈部位稳固，但腰（背部以下）仍很柔弱。在小肌肉发展方面，宝宝的手指已经能够抓挠自己的身体和头发了。比起初生时的紧紧握拳，现在的宝宝已经几乎可以完全松开手了。

感知觉发展方面

2-3 个月的宝宝开始能够初步翻转身体、转头注视物体，并能与物体建立稳固的视觉联系，宝宝的视线范围进一步扩大。

认知发展方面

2-3 个月的宝宝分辨彩色与非彩色的能力得到进一步发展，仍然非常喜欢颜色鲜艳的物品。同时，宝宝见到大玩具时会自然地手舞足蹈。宝宝开始识别家庭成员，并且喜欢让熟悉的人抱，吃奶时会发出高兴的声音。宝宝会较长时间观察手、脚，会不断重复能引起肢体快感的动作，如吮拇指、挥动手臂、玩脚掌和脚趾等。

语言发展方面

2-3 个月的宝宝能更多地发声了，出现"咿咿""呀呀""哦哦"等叠音和一些简单音节，并会使用"咿咿呀呀"的声音与大人交流。宝宝开始建立起说话的声音与人脸之间的伴随关系，逐渐明白人类语言的独特性。宝宝在与成人面对面进行"交谈"的时候，产生了进一步的交际倾向。

社会适应方面

2-3 个月的宝宝对熟悉的情境或日常惯例有愉悦的反应，如喜欢某种习惯的行为、在固定的时间做固定的某些事情等，这表明宝宝正在积极适应周围的环境。宝宝逐渐能够认识母亲或照顾者，看到熟悉的脸时会很高兴，表现出希望交往的初步倾向，而且会更明显、更频繁地出现有差别、有选择的社会性微笑。

情感发展方面

宝宝对熟悉的情境或惯例有愉悦的反应，表明宝宝在情感上对周围环境产生了认同。宝宝逐渐能够认识母亲或照顾者，并出现有差别、有选择的社会性微笑，初步展现了宝宝在情感上出现的交往欲望。同时，宝宝开始形成最初的"双向情感"，不仅乐于向母亲或主要照顾者发出信息，还乐于接受母亲或照顾者对自己的回应。对于喜欢的人或事物，宝宝会欣然接受，甚至紧抓不放；对于所排斥的人或事物，宝宝会立刻哭闹。

本阶段课程

导教课 侧翻准备练习

目标： 锻炼颈部肌肉力量和脊柱支撑力，为学习侧翻奠定基础。
准备： 宝宝喜欢的玩具。

扫码看
完整视频

2 / 3

方法与步骤

第一步 帮助宝宝仰卧在床上，然后用玩具在宝宝头部的一侧逗引宝宝，吸引宝宝向这一侧转头。

第二步 用玩具在宝宝头部的另一侧逗引宝宝，吸引宝宝向另一侧转头。当宝宝成功转头时，您一定要及时地夸奖宝宝哦！

活动点睛

侧翻能力是宝宝颈部、腿部、腹部、手臂力量以及脊柱支撑力发展到一定程度时形成的新的运动技能。侧翻将宝宝活动的范围由点扩大到面，视野范围由原来的约 90°扩大为当前的 180°，因而这是一个具有里程碑意义的发展关键点。大量的新生儿统计数据显示，宝宝的侧翻能力在 3 周到 5 个月内形成都属正常范围。初次练习时，家长可在不同的位置逗引宝宝转头，使宝宝的颈部肌肉得到锻炼，为宝宝将来的动作学习做好准备。侧翻能力的内涵广泛，包括有侧翻倾向的转头动作、由平躺向右侧或向左侧的翻身动作、由向右或向左的侧身状态翻身至平躺的动作、由右向左或由左向右的 180°翻身动作等。

感知色彩

目标： 丰富视觉刺激，提高辨色能力。
准备： 彩色布球。

扫码看
完整视频

方法与步骤

方法一 帮助宝宝仰卧在地垫或床上，将布球举在宝宝的眼前，引导宝宝看布球上的颜色，并指着不同的颜色为宝宝介绍："这是红色，这是黄色，这是蓝色！"

好多漂亮的颜色啊！

方法二 举着布球在宝宝的视线范围内，慢慢地来回移动，边移动边说："宝宝看，布球在这里！""布球又跑到这里来了。""布球又跑喽！""好看的颜色动起来喽！"等，以增加活动的趣味性。

活动点睛

2-3月龄段的宝宝喜欢体积稍大的玩具，并且已经具备了分辨出彩色与非彩色的能力。喜欢丰富的色彩是学龄前儿童的共性特点。各种明亮的颜色刺激了宝宝的视觉器官，满足了视觉体验，愉悦了宝宝的心情。

早教课 了解爸爸

目标： 促进安全型亲子依恋的建立。

准备： 图书。

2/3

方法与步骤

方法一 让宝宝摸一摸爸爸的胡须。

啊，有点扎手！

方法二 让宝宝闻一闻爸爸的气味。

嗯！好像是爸爸的味道！

方法三 再让宝宝听一听爸爸的声音。

今天爸爸给我讲个故事……

方法四 下班回家后，爸爸要经常地抱一抱宝宝。

活动点睛

　　父亲在学前教育中的重要价值已在国际上得到了广泛认可与重视。了解和喜爱爸爸，也是宝宝情感发展非常重要的一个方面。了解爸爸与妈妈的不同，充分体验父爱与母爱，感受到自己是家庭中重要的一员，宝宝在和谐温馨家庭中的这些成长经历，会使宝宝终生受益。

练习拍打和抓握

目标： 练习拍打和抓握，锻炼手部肌肉群。
准备： 玩具。

扫码看
完整视频

方法与步骤

方法一 练习拍打。

1. 将玩具吊在宝宝便于拍打的位置，让宝宝触摸玩具。

2. 握着宝宝的小手，协助并引导宝宝拍打玩具。练习时，请您给予宝宝适当的鼓励，如说："宝宝真棒，继续加油！"

方法二 练习抓握。

1. 将玩具放在宝宝的手边，引导宝宝自己张开小手。

2. 将玩具放入宝宝的手中，宝宝自然抓握。

您可以鼓励宝宝坚持几秒钟再松手哦！

活动点睛

2-3 个月的宝宝手腕和手指的力量都有了进一步的发展，能够进行有目的的拍打活动和练习进一步抓握了。拍打和抓握能够让宝宝感受到自己能够对身体进行控制，能够与周围的环境互动，并对其他物体产生影响，这为宝宝探索世界奠定了基础。

爱抚和亲吻

目标：建立安全型亲子依恋关系。

准备：无。

方法与步骤

第一步 尝试理解宝宝的表情、声音和肢体语言，并根据理解判断出宝宝在不同时刻的不同需要。如：

1. 宝宝大哭表示饿了。

2. 宝宝满脸通红地用力表示想大便。

3. 宝宝打开双臂表示想让妈妈抱抱。

第二步 在理解宝宝的基础上，选择合适的时间和方式给予宝宝爱抚和亲吻。如：

1. 当您和宝宝在一起玩得很开心的时候，您可以用亲吻、拥抱及语言来向宝宝表达您的喜悦。

2. 当宝宝心情不好时，您也可以通过温柔的爱抚来给宝宝暖心的安慰。具体请参考插图。

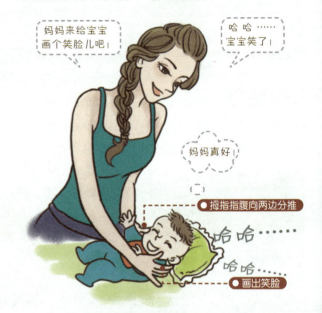

妈妈来给宝宝画个笑脸儿吧！

哈哈……宝宝笑了！

妈妈真好！

● 拇指指腹向两边分推

哈哈……
哈哈……

● 画出笑脸

活动点睛

研究表明，亲吻和爱抚有助于建立安全型依恋关系，能够给宝宝带来愉悦的情绪体验。同时，能够理解和及时回应宝宝的需要，是宝宝对照顾者形成信任的基础，从而对主要照顾者和周围环境产生安全感，加深情感联结。

飞毯游戏

目标: 刺激前庭觉的发展。

准备: 床单。

方法与步骤

第一步 在床上或地垫上铺一个床单,然后帮助宝宝仰卧在床单的中间位置。

第二步 爸爸和妈妈一起抓紧床单的四个角,将床单提到离床面或地垫10cm的高度,并用开心的语气提醒宝宝"宝宝准备好,飞毯要飞喽!"

第三步 爸爸和妈妈前后左右地摇晃床单,并利用床单帮助宝宝保持身体平衡。具体请参考插图。请注意,游戏时使用的床单一定要结实,爸爸妈妈一定要抓紧哦!

宝宝准备好,飞毯要飞喽!

哇!

10cm

结实的床单

活动点睛

前庭觉是大脑发展最重要的基础,感觉信息的输入必须靠前庭觉过滤、整理和统合,从而使大脑能正确了解环境的状况。飞毯游戏,不仅可以刺激宝宝的前庭觉,还可以锻炼宝宝的胆量。您可以为宝宝预留一个"飞毯时间",让宝宝在最佳的状态下进行飞毯游戏,以防宝宝产生排斥心理。

早教课 ## 提升亲子互动质量

目标：发展亲子互动，初步理解语言的信息传递和沟通功能。

准备：视具体情况准备物品。

2/3

方法与步骤

方法一 在日常生活中多与宝宝开展对话交流，让宝宝关注到语言所带来的信息。如：为宝宝喂奶前，您可以说："宝宝，我们要吃奶了，吃——奶——"

方法二 配合使用面部表情、说话语气、目光神态与宝宝交流，以传递更多的情感信息。具体请参考插图。

宝宝！小兔子来抱你喽！

哈哈……

哈哈……

充满笑声
语调高扬
目光慈爱

玩具小兔

活动点睛

帮助宝宝平静地参与到亲子互动中，是亲子互动发展的第一阶段。语言在亲子互动中发挥着重要作用，虽然宝宝无法听懂语言表达的内容，但语音语气语调都在传达信息，能够帮助宝宝初步理解语言的信息传递和沟通功能。同时，眼神、动作、表情等非语言要素也传递着诸多的含义。因此，亲子互动中的语言和非语言要素都值得关注。

铃铛游戏

目标： 帮助宝宝感知动作与结果之间的联系。

准备： 铃铛彩球（即系有铃铛的彩球）。

方法与步骤

第一步 帮助宝宝仰卧在婴儿床中，然后把铃铛彩球吊在宝宝能看到的地方，轻轻地晃动，并为宝宝介绍铃铛彩球，以吸引宝宝的注意。

第二步 拉一根绳子，把绳子的一头系在铃铛彩球上，另一头系一个松紧环，然后把松紧环套在宝宝的手腕上。请注意松紧环一定不要太紧。具体请参考插图。

第三步 握着宝宝的手左右摇动，以牵动铃铛彩球作响，帮助宝宝感知动作与结果之间的联系。

第四步 松开宝宝的手，让宝宝自己尝试用身体动作牵动铃铛彩球作响，这样宝宝就会知道，挥动手臂就能使铃铛发出声音。

> 咦？这不是我的小手吗？

> 宝宝，妈妈要把这个松紧环套在你的手腕上哦！

> 绳 子

> 松紧环

活动点睛

对动作与结果之间关系的理解，是逻辑思维形成与发展的重要方面。铃铛游戏，能够很好地引导宝宝建立起对这类关系的理解基础。家长们可以根据铃铛游戏的基本原理拓展这类游戏的范围，从而为宝宝提供更多感知和发现动作与结果之间关系的机会，激发宝宝的探索欲。您还可以把松紧环套在宝宝的脚踝上，让宝宝自己在踢蹬之中去尝试和探索。

以轻松愉快的心情迎接家长回家

目标： 促进安全型亲子依恋的建立。

准备： 无。

方法与步骤

第一步 在您上班前，如果宝宝已经醒来，请记得轻轻地爱抚宝宝，并对宝宝说再见，告诉宝宝您会按时回家。

第二步 尽可能保证每天在某一固定的时间准时回到家，兑现对宝宝的承诺。时间上的秩序感能够有效增加宝宝对您的安全依恋。

第三步 回到家后，请您在第一时间问候宝宝，告诉宝宝："爸爸回来了！"并亲亲、抱抱宝宝，让宝宝感受到您的关怀和爱意。

第四步 充分地陪伴宝宝，与宝宝互动游戏，享受下班后温馨、愉悦的亲子时光。具体请参考插图。

藏……猫……猫！

哈哈……

开心地游戏

活动点睛

建立了安全型依恋关系的宝宝，能够在家人出现的时候表现出特别的兴奋反应。安全型依恋对于宝宝建立对家庭的安全感和归属感十分重要，会直接影响到宝宝对他人和周围世界的信任感。爱抚、有规律的生活节奏和游戏互动等做法，能够帮助宝宝尽快建立起安全型依恋。

学习俯卧时用肘撑起

目标： 锻炼臂力和颈力。

准备： 可移动的小镜子。

方法与步骤

第一步 照镜子。利用镜子中的影像吸引宝宝抬头。因为宝宝喜欢看镜子中的自己，所以就会主动地努力把上身撑起来。具体请参考插图。

第二步 看准机会，在宝宝努力撑起上身的时候，顺势帮助宝宝把一侧的肘部撑起、放好。当您帮助宝宝放好一侧的肘部后，宝宝就会主动地把另一侧的肘部也放好，使整个胸部都撑起来，完成俯卧时用肘撑起的动作。此时，您一定要及时地夸奖宝宝哦！初次学习时，如果宝宝的臂力或颈力无法支撑，您可以在宝宝的胸前垫一个较低的小枕头，鼓励宝宝慢慢尝试，切勿急于求成，以避免宝宝肌肉损伤。

宝宝看，你跑到镜子里来喽！

嘿嘿，是我

活动点睛

研究表明，学习俯卧时用肘撑起，能进一步提高宝宝俯卧抬头的能力。这一动作使宝宝在臂力的帮助下，将头部抬高，进一步扩展视野范围。手臂力量的形成和发展能够帮助宝宝更好地学会和适应侧翻及连续翻滚动作，为学习爬行打下良好的基础。

多种声音的刺激

目标：刺激听觉，提高宝宝对听声的兴趣。

准备：拨浪鼓、发声玩具2-3个。

方法与步骤

方法一 将宝宝温柔地抱在怀里，在慢慢走动的过程中不时地停下来，让宝宝听一听周围的声响，并告诉宝宝："这是电话铃声""这是炒菜声""这是小鸟的叫声"等。

方法二 在宝宝的面前摇动拨浪鼓使其发出声音，然后将拨浪鼓放到宝宝的手中，协助并鼓励宝宝自己摇一摇，听一听。

方法三 在宝宝的面前放一些发声玩具，然后使用遥控器使其中一个玩具发声，并引导宝宝找一找声音的来源。您可以让玩具反复响几次来提示宝宝，提高宝宝找到发声玩具的概率。具体请参考插图。

> 这是什么声音呢？宝宝找一找吧。

> 什么声音？

> 嘀！嘀！嘀！

活动点睛

研究表明，出生后的前三个月是宝宝听觉器官发展的飞速时期。在这一时期，如果您能让宝宝更多地听到环境中发出的各种声音，并引导宝宝主动寻找声音的来源，宝宝听音辨音的能力将会大大加强，对声音的兴趣也将显著提升。值得注意的是，一定要避免让宝宝听到突然的、刺耳的或太响的声音，以防损伤宝宝的听觉器官。如果3个月的宝宝对周围或玩具的声音还没有任何反应，请及时就医。

形成对周围物品的初步认知

2/3

目标： 帮助宝宝形成对周围物品的初步认知。

准备： 三个颜色不同但形状、大小相同的彩色小环、布质娃娃、木质娃娃、毛绒娃娃、风铃、拨浪鼓、拍掌玩具。

方法与步骤

方法一 在宝宝的眼前轻轻地摆动2-3个颜色不同但形状、大小相同的小环。然后观察宝宝的反应，并根据宝宝的不同反应，将宝宝喜欢的小环递到宝宝的手中。具体请参考插图。

方法二 和宝宝玩几个不同质地的娃娃，如布质娃娃、木质娃娃和毛绒娃娃，用这些娃娃分别逗引宝宝。然后，将宝宝喜欢的娃娃递到宝宝的手中，帮助宝宝抱住娃娃，并夸奖宝宝。

方法三 给宝宝提供2-3种发声玩具，如风铃、拨浪鼓和拍掌玩具，观察宝宝喜欢哪种玩具发出的声音。然后，多次发出宝宝喜欢的声音，满足宝宝想要多听这种声音的需求。

宝宝看，这有好多小环哦！哪一个是你喜欢的呢？

红色的小环 ● 蓝色的小环 ●
黄色的小环

嗯嗯……哦哦……

温馨提示：玩具摆动的速度不要太快、幅度不要太大哦！

活动点睛

研究表明，帮助宝宝形成对周围物品的初步认知，有助于宝宝区别对待物品，初步形成自己对物品的意见。宝宝接收到的刺激越多，得到的尝试机会越多，对扩大宝宝的接触面，形成对周围物品的初步认知越有利，还能在认识物品的基础上形成比较明显的喜恶感。这是宝宝认知发展上的重要里程碑，也是宝宝形成主见的开端。

3-4个月之 开始翻身

"父母对子女的早期教育绝不是一种无效劳动，虽然在某些年月时，被教育者好像处于沉睡状态，教育难以见到效应；但是，到后来终有一天，所有的好处都会看得见。"

——英国作家丹尼尔·笛福

3-4个月的宝宝会什么？

早教关键词

身体发展方面

3-4个月是宝宝学习翻身的关键时期。此时，宝宝开始出现被动翻身倾向，到6个月大时才能翻身自如。颈部肌肉力量进一步提高，逐渐可以支撑正常的头部重量。手部发育大有长进，喜欢摸一切摸得到的东西，而不是仅仅接受大人塞给他们的东西，但手指抓握的能力仍比较弱。

感知觉发展方面

在视听觉发展上，3-4个月龄的宝宝开始具备声音定位能力。宝宝开始意识到，物体是三维立体的而不是二维平面的。视网膜发育更成熟，能由近看远，由远看近，也能辨别彩色和非彩色，喜欢明亮鲜艳的颜色。同时，宝宝对律动有了初步的感知，喜欢听音乐和儿歌。

认知发展方面

3-4个月的宝宝偶然会注意一些较小的物体，对物体的大小感知能力进一步提高。宝宝能够持续关注某些物品达到5秒，并能初步控制注意力的转移。宝宝出现了最初的视觉偏好，并对照料者脸的消失有了一定的反应。

语言发展方面

3-4个月宝宝的发音增加了很多重复的、连续的音节，产生"咿咿呀呀"等类似说话的声音。宝宝发音的内容以辅音和元音相结合的音节为主，并且有一个从单音节发声过渡到重叠多音节发声的过程。

社会适应方面

3-4个月的宝宝与人交往的能力增强，表现出与家长的同步互动。此时，宝宝的自我意识也在逐步加强。

情感发展方面

3-4个月的宝宝已经具备了初步的移情能力，并开始形成依恋感。良好亲子依恋的宝宝，会经常欢笑而少哭闹，情绪积极健康，个性活泼开朗，这对宝宝形成最初的信任感和依赖感有重要的影响。

本阶段课程

藏猫猫游戏

目标： 初步感知客体永久性的概念。

准备： 手绢。

扫码看
完整视频

方法与步骤

方法一 在宝宝的视线内，用双手遮脸，然后快速打开双手，逗笑宝宝。

猫儿——

方法三 妈妈抱着宝宝，爸爸躲在门后，慢慢地将门打开，突然露出脸，逗笑宝宝。

方法二 在宝宝的视线内，用手绢遮脸，然后突然放下手绢，逗笑宝宝。

猫儿——

活动点睛

客体永久性概念，就是人或物不在眼前也依然知道其存在，如妈妈暂且离开不在眼前，也知道妈妈还会回来而不是消失不见了。研究表明，3-4 个月左右的宝宝还未萌发"客体永久性"概念，因此，当藏起的脸再次出现的时候，宝宝就会十分惊喜。藏猫猫游戏，是让宝宝初步感知"客体永久性"的好方法，是家长与宝宝交流互动的好途径。

感知大小

扫码看
完整视频

目标： 感知大小。
准备： 一大一小两个球。

方法与步骤

方法一 物品感知。以大球和小球为例，引导宝宝从视觉和触觉两个方面来感知大和小。

1.视觉感知。将大球和小球同时放在宝宝的眼前，然后将大球向前举一下，告诉宝宝："这是大球。"再将小球向前举一下，告诉宝宝："这是小球。"

2.触觉感知。将大球和小球同时放在宝宝的面前，然后将大球递给宝宝，让宝宝摸一摸、抱一抱，告诉宝宝："这是大球。"再将小球递给宝宝，让宝宝摸一摸，告知宝宝："这是小球。"

方法二 身体部位感知。以大手和小手为例，引导宝宝从视觉和触觉两个方面来感知大和小。

1.视觉感知。将您和宝宝的手同时放在宝宝眼前，然后将您的手向前举一下，靠近宝宝，并告诉宝宝："这是妈妈的大手。"再将宝宝的小手举给宝宝看，告诉宝宝："这是宝宝的小手。"

2.触觉感知。先让宝宝摸一摸妈妈的大手，告诉宝宝："这是妈妈的大手。"再引导宝宝摸一摸自己的小手，告诉宝宝："这是宝宝的小手。"

活动点睛

3-4个月左右的宝宝已经能够偶然注意较小的物体了。这一活动，可以刺激宝宝的视觉和触觉发展，同时能够巩固和发展宝宝对物体大小的认知，发展空间知觉能力。

练习拉坐

早教课

目标：锻炼宝宝的腰背力量，为宝宝学坐打下基础。
准备：无。

扫码看
完整视频

方法与步骤

练习前，先对宝宝进行颈部肌肉力量测试。方法是：宝宝仰卧，轻轻地将宝宝拉起一点点，如果宝宝的头部没有后仰，就说明宝宝的颈部肌肉有力，可以进行拉坐练习。如果宝宝的头部出现后仰的动作，就说明宝宝的颈部肌肉无力，您需要立即用手扶住宝宝的头部，轻轻地将宝宝放回仰卧位，切勿强行练习哦！

第一步 扶住宝宝的双肩，慢慢地拉起宝宝，帮助宝宝坐好，并保持 5 秒钟左右。此时的宝宝不需要完全坐稳哦！然后，慢慢地将宝宝放回，让宝宝躺下休息一会儿。

第二步 扶住宝宝的双肘，慢慢地拉起宝宝，帮助宝宝坐好，并保持 5 秒钟左右。然后，慢慢地将宝宝放回，让宝宝躺下休息一会儿。练习中，请适当地夸奖和鼓励宝宝哦！

第三步 将您的两个大拇指放入宝宝的手中，并引导宝宝握住您的手指。您可以借助宝宝的力量，慢慢地拉起宝宝，帮助宝宝坐好，并保持 5 秒钟左右。然后，请爸爸协助将宝宝慢慢放回，让宝宝躺下休息一会儿。

活动点睛

练习拉坐，可以有效锻炼宝宝的手臂、腹部和腰背部力量，发展宝宝的身体协调性和平衡能力，是宝宝学会坐的基础性活动。坐的姿势能够扩大宝宝的视野，使宝宝活动的空间在垂直方向上得以扩展。但请注意，您一定要在宝宝能够做到前面的步骤后，再进行后面步骤的练习，切勿急于求成。

手指、脚趾游戏

目标： 提高宝宝听音、发音的积极性，促进语言发展。

准备： 无。

扫码看
完整视频

方法与步骤

方法一 玩手指游戏。把宝宝抱在怀中，将宝宝的小手举在宝宝的视线范围内，点数宝宝的五个小手指，边数边念儿歌：

"一只小猪、两只小猪、三只小猪、四只小猪、五只小猪，五只小猪一起来，大家上街玩！"

最后，再随着儿歌的节奏轻轻地拍打几下宝宝的小手。

方法二 玩脚趾游戏。把宝宝抱在怀中，将宝宝的小脚举在宝宝的视线范围内，点数宝宝的五个小脚趾，边数边念儿歌：

"一只小猪、两只小猪、三只小猪、四只小猪、五只小猪，五只小猪一起来，大家上街玩！"

最后，再随着儿歌的节奏轻轻地拍打几下宝宝的小脚。

活动点睛

捏揉宝宝的小手指和小脚趾，可以活络手脚经脉，刺激小肌肉触觉发展。语言歌谣的音律和节奏感也是宝宝语言发展初期最喜欢且容易接受的要素。这一活动将揉捏活动和语言儿歌结合起来，不仅可以激发宝宝对语言的兴趣，还能提高宝宝听音和发音的积极性。

提高注意控制能力

目标： 提高宝宝的注意控制能力，增强反应力。

准备： 手偶玩具、拨浪鼓。

方法与步骤

方法一 帮助宝宝躺在婴儿床上，爸爸妈妈坐在床的两边，分别拿着手偶玩具逗引宝宝。

1. 妈妈先戴着小猴子的手偶，边舞动边发出声音："嗨，我是小猴子，宝宝看过来！"

2. 然后，爸爸再从宝宝的另一侧舞动小狗的手偶，并发出声音，以此来吸引宝宝的注意力。具体请参考插图。

方法二 在宝宝额头的上下左右几个不同的方位击掌或摇动拨浪鼓，以此来吸引宝宝的注意力，进一步提高宝宝的注意控制能力。请注意，这一方法要在宝宝能熟练完成方法一的基础上进行练习哦！

嗨，我是小狗狗，宝宝看过来！

嘻嘻，狗狗！

● 保持不动

温馨提示： 两个手偶的位置都要在宝宝仰卧视线的 90°范围内，且一方晃动时另一方要保持不动。

活动点睛

3-4 个月的宝宝对注意力的控制能力较新生儿有了进一步的提高。注意控制能力是宝宝发展自我控制能力的重要方面，对宝宝将来的反应速度和思维灵活性存在一定程度的影响。这一活动不仅能够增加亲子互动频率，还能在欢笑声中锻炼宝宝的注意控制能力。

提升宝宝对照顾者的脸部认知

目标： 加深依恋关系，提高宝宝对照顾者的脸部认知。

准备： 轻盈的小手帕。

方法与步骤

第一步 和宝宝玩遮脸游戏。先用一条轻盈的小手帕将宝宝的脸遮住，并说："宝宝呢？妈妈找不到宝宝了！"然后，再轻轻地拿开手帕，让宝宝看到您的脸，并惊喜地对宝宝说："哈，原来宝宝在这里啊！"

第二步 和宝宝玩"快闪"。先让宝宝看到您的脸，并对宝宝说："宝宝，妈妈在这里哦！"然后快速地走开，让宝宝看不到您的脸，最后，再快速地回来，让宝宝再次看到您的脸，并说："宝宝，妈妈回来喽！"相信宝宝一定会玩得非常开心的。具体请参考插图。

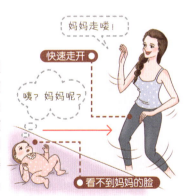

妈妈走喽！

快速走开

咦？妈妈呢？

● 看不到妈妈的脸

活动点睛

宝宝对人脸部五官的认识是从认识父母或主要照顾者开始的。认识人脸对于宝宝自我意识的形成非常重要，是宝宝建立自我与他人界限的基础。这一活动能够引导宝宝有意识地观察人的五官，逐渐提高对人脸部的认知，同时还能加深亲子依恋关系。

3 / 4

帮助宝宝形成视觉偏好

宝宝看，这是蝴蝶。小蝴蝶会在花丛里飞来飞去，有时候还会飞到宝宝的头上哦！

嘻嘻……蝴蝶！？

黑底白蝴蝶

好奇地看着

目标：进行简单的视觉判断和一定的选择性注视，帮助宝宝形成视觉偏好，发展认知能力。

准备：各类黑白卡。

方法与步骤

第一步 引导宝宝注视黑白卡，每天1~2次，每次注视7~10秒钟左右。具体请参考插图。

第二步 待宝宝看熟一张图以后，可以将这张图片的注视时间缩短到3~4秒钟。然后，再更换另一张新的图片。宝宝注视新图的时间越长，说明宝宝的智力发展得越好。

温馨提示：当宝宝注视时，请您边说话边逗笑宝宝，这样做不仅可以增强宝宝的视觉分辨和视觉记忆能力，还可以培养宝宝的专注力。

活动点睛

产生视觉偏好是宝宝视觉发展的重要环节。视觉偏好的产生，使得宝宝能够发现画面所呈现出的区别，是宝宝认知发展进步的重要表现。在日常活动和生活中，简单的视觉判断游戏、选择性注视游戏，都能够达到刺激宝宝视觉发展的作用。

为学习翻身做准备

宝宝，用你的手臂支撑住身体哦！妈妈相信你能做到。

彩球

嗯，没问题。

认真的样子

目标：锻炼臂力，为学习翻身做准备。

准备：大彩球、吊绳。

方法与步骤

第一步 在婴儿床的上方约60cm处悬挂一个色彩鲜艳的大彩球。帮助宝宝仰卧在婴儿床上，然后站在床边，轻轻地晃动彩球，吸引宝宝观看，以引起宝宝对彩球的兴趣。

第二步 让宝宝俯卧，帮助宝宝两臂向下支撑身体。具体请参考插图。

第三步 轻轻摇动宝宝头部前上方的大彩球，并说："宝宝，大彩球在这里哦，赶快来看一看吧！"您可以尽量吸引宝宝看得时间长一些，待练习多次以后，宝宝的支撑时间就能够达到2分钟左右了。

活动点睛

宝宝在翻身时需要一定的手臂力量牵引和支撑。因此，适当的臂力训练是宝宝学习翻身的基础。利用宝宝对周围世界的兴趣是很好的引导和推动方法。这一活动要根据宝宝臂力发展的实际情况进行，如果臂力还不足以支撑身体，请家长们不要强行训练，以防对宝宝造成伤害。

促进宝宝表达自己的情感

目标： 巩固和发展宝宝对喜恶的认识，促进宝宝认知和表达自己的情感。

准备： 宝宝喜欢的玩具。

方法与步骤

第一步 在日常活动中细心观察宝宝的喜好。例如：

1. 宝宝在某个玩具出现的时候能保持更长的注意力，就说明宝宝喜欢这个玩具。

2. 宝宝在您的怀中比在摇摆的摇篮中更容易安静下来，说明宝宝喜欢您的怀抱。

第二步 用宝宝喜欢的事物或动作，多与宝宝展开交流。例如，当宝宝关注小熊玩具时，您可以说："宝宝喜欢小熊玩具，对吗？"然后，拿着小熊玩具逗引宝宝。具体参考插图。

第三步 鼓励宝宝用表情和动作来表达自己的情感。例如：当小熊玩具多次出现后，您可以鼓励宝宝对着小熊笑一笑、抱一抱。如果宝宝还不能主动拥抱，您可以帮助宝宝完成拥抱动作。

拿着小熊前后移动

宝宝看，小熊跑到这儿来喽！

小熊和宝宝顶牛牛

宝宝和小熊顶牛牛喽！

哈哈……

高兴的样子

温馨提示： 以上做法能够加深宝宝对小熊玩具的喜爱，巩固和发展宝宝对自己喜好的认识。

活动点睛

情感表达能促进宝宝与亲人间进行情感交流，分享喜悦、疏解痛苦。学会用正确且恰当的方法表达情感，能够为宝宝将来的情绪认知、理解和控制能力打下良好基础。建议家长们多与宝宝开展交流，巩固和发展宝宝对自己喜恶的认识，促进宝宝认知和表达自己的情感。

合理疏导宝宝的愤怒情绪

目标： 帮助宝宝合理疏导愤怒情绪，为宝宝更好地管理自己的情绪打下基础。

准备： 无。

方法与步骤

第一步 在生活中多多关注宝宝的表情、肢体动作、发出的声音等，以此来判断宝宝愤怒时的表现。有的宝宝会在愤怒时很暴躁，而有的则很沉默，但会表现出一种僵持和抵抗的态度。

第二步 当发现宝宝愤怒时，请您不要惊慌，更不要被宝宝的愤怒所激怒，而是要努力地控制好自己的情绪，温柔地对宝宝说："宝宝乖，妈妈知道宝宝生气了。"您与家人温和、稳定的情感态度，是给宝宝最好的控制情绪的示范，同时也能够安抚宝宝的情绪。

第三步 排查宝宝愤怒的原因，比如宝宝是不是在睡眠的过程中被惊醒了，是不是您没有及时回应宝宝而让宝宝受到冷落了，是不是饿了等。

第四步 根据宝宝愤怒的原因，给予宝宝适当的满足，如喂奶、喝水等，视具体情况而定。

第五步 在满足宝宝需求的同时，给予宝宝温和而有节奏的爱抚。温柔的反馈能够有效平息宝宝的愤怒。

第六步 如果宝宝哭了，请不要盲目地制止或训斥宝宝，而是要尝试用温柔的语言轻声地安抚宝宝。具体请参考插图。宝宝眼泪过多时需要竖抱，尽快将眼泪擦干，以免眼泪流到宝宝耳朵里造成耳内发炎。

哦……哦……宝宝乖，妈妈在！

●擦干眼泪

温馨提示： 当宝宝大声哭泣时，妈妈要竖抱宝宝，或是尽快将宝宝的眼泪擦干，以免眼泪流到宝宝的耳朵里，造成耳内发炎。

活动点睛

愤怒，是一种正常的情绪，我们每个人都有愤怒的时候。接纳宝宝的愤怒情绪，给宝宝一个情绪疏导的窗口，对于宝宝的身心发展是大有裨益的。家长在这一时期的情感帮助，会有利于帮助宝宝正确地认识、表达与接纳自己的情绪，为宝宝将来发展情绪管理的能力奠定基础。

转移宝宝的注意力

目标： 指导家长巧妙地转移宝宝的注意力。

准备： 鲜艳的布球、拨浪鼓。

方法与步骤

方法一 视觉转移法。将一个颜色鲜艳的布球举在宝宝的眼前，用动作和语言吸引宝宝，从而巧妙地转移宝宝的注意力，使宝宝停止当前的动作。

方法二 听觉转移法。用一个拨浪鼓，在宝宝的一侧晃动几下，然后在宝宝的另一侧再晃动几下，转移宝宝的注意力。具体请参考插图。

在一个位置晃动

吮吸的手指

咦，什么声音？

活动点睛

在生活中，有的宝宝会有意无意地养成某些不益于健康的习惯，如长时间地吮吸自己的手指。研究表明，6 个月内的宝宝得到充分吮吸的机会，会对其后的发展有好处。但"充分"不等于"过度"，如果宝宝过度吮吸手指，可能会造成宝宝指甲外翻、手指蜕皮等有损健康的情况。此时，家长不宜采取呵斥、强行制止等做法，这会引起宝宝情绪上抵抗，有时甚至会加重这一习惯。采用巧妙地转移宝宝注意力的方法，让宝宝在不知不觉中改掉坏习惯，是值得推荐的更好的选择。

提高追视能力

目标： 提高宝宝的追视能力，促进视知觉发展。

准备： 桌子、球。

方法与步骤

第一步 准备一个色彩鲜艳且大小适中的球，放在宝宝的面前，以吸引宝宝的注意。然后引导宝宝用手去触碰球，让宝宝发现球是会动的。

第二步 把球从桌子的中间滚向一侧，再滚回。具体请参考插图。

第三步 将球从桌子的中间再滚向另一侧，然后再滚回来，以吸引宝宝练习另一侧追视。滚球的速度一定要慢，这样宝宝才能关注到。练习的时间也不宜过长，以防止宝宝视觉疲劳。

嘿，球跑到那里去了！

活动点睛

视知觉是宝宝形成专注力的基础，我们常常能看到做事专注的人往往可以做到目不转睛，其实就是这个道理。追视能力是视知觉能力的重要方面，也是宝宝健康成长过程中必不可少的能力之一。这一活动以宝宝喜爱的彩球为依托，在宝宝视觉能力发展的基础上逐渐增加追视难度，是非常有趣又有效的练习方法。

4-5个月 之 大把抓

"只有当下的发展阶段得到充分的发展，才能推动和引起后继阶段上的充分和完满的发展。"

——苏联生理学家巴甫洛夫

4-5 个月的宝宝会什么？

早教关键词

身体发展方面

4-5 个月宝宝的手臂力量、颈部力量和背部力量都有了进一步的提高，在头部支撑、翻身等动作上表现得更加熟练和稳定。小肌肉的发展方面，主要表现在宝宝能够完成类似伸手拿玩具的"大把抓"动作，开始尝试着通过控制自己的身体来满足自己的需要。

感知觉发展方面

4-5 个月的宝宝听觉得到加强，并能够开始学认某种东西。

认知发展方面

4-5 个月的宝宝"客体永久性"概念开始萌芽，即人或物不在眼前也依然知道其存在，如妈妈暂时离开不在眼前，也知道妈妈还会回来而不是消失了。宝宝开始会主动寻找声源，并且非常喜欢看电视等图像与声音配合的屏幕闪动画面，偶尔能认出熟悉的物品。宝宝对物体间初级的因果关系的理解逐渐加深。同时，宝宝对周围环境的探索能力进一步拓展，能积极探索和操作物体，最突出的表现就是探索自己的小手。

语言发展方面

宝宝能逐渐辨别一些语调、语气和音色的变化，能"叫"或发出好听的声音，且"咿呀"的声音被拉得越来越长。宝宝在与成人交往中出现学习"交际规则"的雏形，如宝宝对成人的话语逗弄给予语音应答；宝宝用语音与成人"对话"时，出现与成人轮流"说"的倾向；一段"对话"结束后，宝宝会又发一个或几个音来主动地引起另一段"对话"，使交流延续等。4-10 个月间，宝宝逐渐学会使用不同的语调来表达自己的态度。

社会适应方面

4-5 个月的宝宝能够认识亲人，见到熟悉的人时能微笑示好，开始出现主动的社会交往行为。宝宝非常喜欢被人抱起，吃奶时会把双手放在妈妈的乳房或奶瓶上轻轻地拍打。此时，宝宝开始建立起自我界限，能进一步明白自己与他人及周围环境的区别。

情感发展方面

4-5 个月的宝宝见到熟悉的人时能自发微笑，会对叫他 / 她名字的人笑，能够主动表达自己的喜悦或气愤。此时，宝宝的好奇心萌发，喜欢发掘新玩具、新声音、新的人，看到乳房或奶瓶会很兴奋。但宝宝最感兴趣的还是自己的身体，经常会舔拳头，或者盯着自己的小手注视良久。

4
/
5

练习靠坐

目标：练习靠坐，锻炼腰背部肌肉，为学坐打下基础。

准备：靠枕。

扫码看
完整视频

方法与步骤

第一步 为宝宝准备一个靠枕，并将靠枕放在床头处。

第二步 帮助宝宝靠坐在床头的靠枕处。

练习中，当宝宝因蹬来蹬去而导致身体下滑时，您需将宝宝扶起，帮助宝宝再次坐稳。当宝宝因身体重心不稳而倾斜时，您也需要将宝宝扶正，帮助宝宝再次坐稳。

当宝宝成功靠坐时，请您一定要及时地夸奖宝宝哦！

活动点睛

4-5个月左右的宝宝就可以开始练习靠坐了。靠坐是宝宝学坐的基础环节。由于视野得到扩大，互动更为自如，所以靠坐活动深得宝宝的喜爱。但因为宝宝尚未完全形成坐姿中的身体平衡能力，因而有时候会出现"一边倒"的现象，这时，家长们可以帮把手，帮助宝宝感知"靠坐"的正确姿势。需要注意的是，宝宝初次学靠坐的时间应控制在3-5分钟为宜，熟练后也不宜超过10分钟。适宜的练习强度有利于保护宝宝的腰背部肌肉和正在形成的脊柱。

练习从仰卧翻至侧卧

目标： 帮助宝宝学习从仰卧翻至侧卧的技能，锻炼宝宝的身体协调能力与四肢力量。

准备： 发声玩具。

扫码看
完整视频

方法与步骤

方法一 动作辅助。宝宝仰卧，请您帮助宝宝两腿交叉，一手扶住宝宝的腿部，另一手轻轻地推一下宝宝的肩部，帮助宝宝完成一个方向的侧翻。

方法二 玩具逗引。宝宝侧卧，请您用发声玩具逗引宝宝向一侧翻身。先练习熟悉的一侧，再练习不熟悉的一侧。初期练习时，您可轻轻地推动宝宝的肩部，帮助宝宝完成翻身。

活动点睛

随着手臂、腰背部、腹部和腿部力量的增强，宝宝的翻身动作会越来越熟练。这一活动，能够让宝宝在家长的帮助下，充分感受从仰卧状态翻至侧卧状态时所需要的身体各部分的用力规则，是非常好的练习方法。

认识第一个身体部位

目标：认识手，促进认知发展。
准备：无。

扫码看
完整视频

方法与步骤

让宝宝靠坐在妈妈的怀中，然后引导宝宝与他人握手，提示宝宝伸手。

1.鼓励宝宝和爸爸握手："宝宝，伸手！"

3.鼓励宝宝和同伴握手："宝宝，伸手！"

2.鼓励宝宝和奶奶握手："宝宝，伸手！"

4.鼓励宝宝和妈妈握手："宝宝，伸手！"

活动点睛

小手是宝宝探索世界的"主要工具"。4-5个月的宝宝在活动中会逐渐发现自己的小手，并开始探索小手。家长们可以利用这一点，顺水推舟地帮助宝宝认识"第一个身体部位"，帮助宝宝逐渐建立自我意识。

提线木偶

目标：帮助宝宝初步认识因果关系。
准备：提线木偶。

扫码看
完整视频

方法与步骤

第一步 引导宝宝握住木偶的提线，并拽一拽："宝宝，你来拽一拽线吧！"

第二步 引导宝宝看看木偶哪里动了："宝宝，看看木偶哪里动了？"

第三步 再引导宝宝拽一拽木偶的另一个根线："宝宝，再拽一拽另一根线！"

第四步 提示宝宝看一看这次木偶动的地方和上一次有什么不同："宝宝，看看木偶哪里又动了？"

活动点睛

对因果关系的理解是逻辑思维能力发展的重要方面。在提线木偶游戏中，由于小木偶的四肢都各由一根线连接，肢体的运动是因为人为地提起了线。游戏所包含的因果联系简单明确，有助于宝宝在游戏中初步认识因果关系。

妈妈是最好的早教老师

我的脸，你的脸

目标： 帮助宝宝初步认识自己与他人的不同。
准备： 无。

扫码看
完整视频

方法与步骤

第一步 用宝宝的小手依次摸一摸妈妈的眼睛和宝宝的眼睛，并依次为宝宝做介绍："这是妈妈的眼睛""这是宝宝的眼睛"。

第二步 用宝宝的小手依次摸一摸妈妈的鼻子和宝宝的鼻子，并依次为宝宝做介绍："这是妈妈的鼻子""这是宝宝的鼻子"。

第三步 用宝宝的小手依次摸一摸妈妈的嘴巴和宝宝的嘴巴，并依次为宝宝做介绍："这是妈妈的嘴巴""这是宝宝的嘴巴"。

第四步 用宝宝的小手依次摸一摸妈妈的脸和宝宝的脸，并依次为宝宝做介绍："这是妈妈的脸""这是宝宝的脸"。

活动点睛

认识自己与他人的不同，是宝宝建立自我意识的重要方面。宝宝认识自己可以从认识自己的五官、肢体等方面着手。通过与他人的五官、肢体进行比较，能够加速对自我的认识与认同。

握手指游戏

目标： 锻炼宝宝的手部肌肉群，提升宝宝与人交往的能力。
准备： 无。

扫码看
完整视频

方法与步骤

第一步 帮助宝宝抓握手指。

首先，在宝宝的面前伸出食指，并说："宝宝，这是妈妈的手指哦！"

然后，将手指放入宝宝的手中，让宝宝体会抓握的喜悦："宝宝抓到妈妈的手指了，好棒！"

第二步 诱导宝宝抓握手指。

在宝宝的面前伸出食指，并说："这是妈妈的手指，宝宝能抓到吗？"当宝宝成功地抓到您的手指时，请您及时地夸奖宝宝。

然后，您可以稍稍用力地将手指从宝宝的手中拔出（假装用力拔出手指，会产生游戏般的愉快体验），逗宝宝开心。

活动点睛

手指抓握能力是 6 个月内的宝宝需要经常锻炼的重要能力。抓握练习不仅能锻炼手部小肌肉力量和手指的灵活性，还能有效促进大脑发育。同时，这一活动还提供了一个家长与宝宝亲密互动的机会，能够提升宝宝与人交往的能力。

练习大把抓

目标： 提高手部肌肉的力量和灵活性，促进大脑发育。

准备： 拨浪鼓。

方法与步骤

方法一 把拨浪鼓拿到宝宝的面前摇晃，然后再将拨浪鼓放到宝宝胸前伸手即可抓到的地方，诱导宝宝去碰和抓。当宝宝成功地抓到拨浪鼓时，请您一定及时地夸奖宝宝。具体请参考插图。

方法二 如果宝宝抓了几次都没有抓到，您可以直接帮助宝宝打开小手，让他/她抓住拨浪鼓，然后放开您的手，鼓励宝宝保持抓握姿势。

方法三 如果宝宝只看拨浪鼓而不去伸手抓，您可以用拨浪鼓去触碰宝宝的小手，逗引宝宝伸手抓。或者把拨浪鼓放到宝宝的手中，并晃动宝宝的小手，让拨浪鼓发声，引起宝宝抓握的兴趣。如果宝宝对拨浪鼓不感兴趣，您也可以选择类似的有把儿的物品让宝宝抓握，以提升宝宝的抓握兴趣。

温馨提示：请为宝宝选择小而轻的拨浪鼓。

活动点睛

大把抓是4～5个月宝宝喜欢的动作，也是练习手部肌肉群、促进手部小肌肉发展的关键动作之一。练习大把抓，不仅可以提高宝宝手腕、手指活动的灵活性，促进大脑发育，还能促进宝宝观察小手，通过小手来认识自己，促进自我意识的形成。

练习从侧卧翻至仰卧

目标： 帮助宝宝学习从侧卧翻至仰卧的技巧，锻炼宝宝的四肢力量，提升身体的平衡能力。

准备： 玩具。

方法与步骤

方法一 动作辅助。宝宝侧卧，将宝宝的腿前后分开，稍用力向宝宝背后的方向推肩，帮助宝宝完成侧翻。活动时，请确保宝宝的衣服不会影响宝宝侧翻，且宝宝的手臂没有被压在身体下面。具体请参考插图。

方法二 玩具逗引。宝宝侧卧，将玩具放在宝宝能看到，但够不到的位置，然后慢慢地移动玩具，吸引宝宝从侧卧翻至仰卧。当宝宝成功翻至仰卧后，您一定要及时地夸奖宝宝，并将玩具递到宝宝的手中。请引导宝宝先练习熟练的一侧，再练习不熟练的一侧。

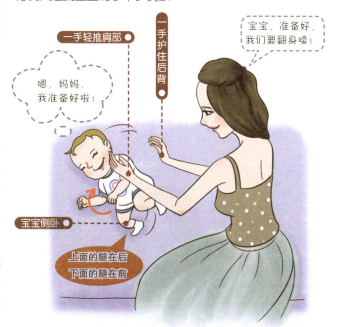

一手轻推肩部

一手护住后背

宝宝，准备好，我们要翻身喽！

嗯，妈妈，我准备好啦！

宝宝侧卧

上面的腿在后
下面的腿在前

活动点睛

学会翻身是宝宝身体发展的一个重要里程碑。通过翻身，宝宝的视野范围由原来平躺着的 90° 左右扩大为 180° 。宝宝对翻身的热情非常高，若家长们能在这个时候帮把手，在活动中帮助提高宝宝躯干的肌肉力量和身体控制能力，让宝宝逐步掌握翻身的用力规则，对宝宝的身体发展是非常有益的。翻身，有从仰卧翻至侧卧，以及从侧卧翻至仰卧两种基本形式。宝宝在掌握了从仰卧翻至侧卧的技能技巧的基础上，学习倒过来——从侧卧翻至仰卧，不仅能够使得自身的翻身能力发展得更加成熟和灵活，还能够在此过程中使空间感知能力得到锻炼。

早教篇 **循声找物**

目标：促进宝宝视听统合的形成。

准备：铃铛、钟表、门铃、电话玩具、遥控汽车、拨浪鼓等发声玩具中的任意一种或几种。

方法与步骤

方法一 引导宝宝寻找在眼前掉落的物品。我们以铃铛为例。

首先，请您抱着宝宝坐在矮凳上，和宝宝一起玩发声玩具，例如铃铛。在玩的过程中，将铃铛越放越低。具体见插图。最后，让铃铛掉到地上发出声音，并引导宝宝寻找，看宝宝是否会用眼睛去寻找铃铛。如果宝宝用眼睛寻找了，请您夸奖宝宝。如果宝宝不用眼睛寻找，您可以再次让铃铛发声，并引导宝宝寻找，直至找到为止。

方法二 在若干玩具中，找到正在发声的声源玩具。

首先，在宝宝面前摆放若干玩具，例如钟表、门铃、电话玩具、遥控汽车等。然后，用遥控汽车的遥控器，让汽车发出一到两次"嘀嘀"声，并面带疑惑地寻找声音的来源，带动宝宝一起寻找。如果宝宝没有找到，您可以让声音再响一次，并引导宝宝寻找，直至宝宝找到声源玩具为止。

方法三 直接听声找物。妈妈抱着宝宝坐在沙发上，爸爸在沙发的一侧宝宝看不到的地方，晃动拨浪鼓使其发声，妈妈引导宝宝寻找声源。当宝宝看向发声方向，并作出寻找姿态时，即为寻找成功。此时，爸爸要马上出来，告诉宝宝刚才是什么在发声，并夸奖宝宝。

宝宝，铃铛要跑喽……

铃铛，别跑！

铃，铃，铃……

越放越低

活动点睛

能循着声音的方向主动寻找物品，是宝宝形成了初步的视听统合能力的典型表现。这一活动利用宝宝喜欢的玩具和玩具发出的悦耳声音，引导宝宝在活动中主动将视觉和听觉配合起来，以促进感知觉的整体发展。

模仿大人的表情

目标：提高宝宝识别他人、理解他人的能力。

准备：情绪类的绘本。

方法与步骤

情况一 当宝宝脸上出现一些典型的表情时，如委屈大哭、开心大笑等，您可以模仿宝宝的表情，让宝宝对这些表情产生关注和兴趣。具体请参考插图。

情况二 与宝宝一起玩耍时，可以有意做一些比较夸张的表情，例如开心大笑。然后对宝宝说："宝宝，你也来笑一笑吧！"让宝宝在模仿中理解各种情绪。

情况三 与宝宝一起观看图片或欣赏绘本时，可以模仿画中人物的表情给宝宝看，比如您可以说："小仓鼠生气了。宝宝看，它生气的样子是不是这样的？"当宝宝对您的做法产生兴趣时，就会跟着您一起模仿哦！

哇……哇……

咦？妈妈哭了？！

停止哭泣

好奇地看着妈妈

活动点睛

研究表明，模仿表情是宝宝情绪认知的重要开端。通过模仿，宝宝能够初步"感同身受"地理解他人的情绪。对于宝宝的表情模仿，家长要正确理解，积极鼓励和支持，不要以模仿得是否相像作为评价的依据，与宝宝投入情绪互动更重要。

如何向宝宝介绍家庭成员

目标：学习称呼家人，增加词汇量。

准备：无。

方法与步骤

方法一 全家人围坐在一起，妈妈依次为宝宝介绍家庭成员。如："这是爸爸""这是奶奶""这是爷爷"等。

方法二 为宝宝介绍正在靠近的家庭成员。具体请参考插图。

方法三 为宝宝介绍正在和宝宝互动的家庭成员。例如，当爸爸给宝宝洗澡时，妈妈可以对宝宝说："爸爸给宝宝洗澡喽！"

嗨，宝宝！

宝宝，爸爸来了！

爸爸……

活动点睛

认识家庭成员，不仅可以帮助宝宝积累词汇量，还能提升亲子关系，融洽家庭氛围。在日常生活中，无论家人在为宝宝做什么，您都可以随时抓住机会对宝宝强调家人称呼的两字发音，帮助宝宝认识家人，为更多的主动的亲子间互动奠定基础。

4/5

早教课 简单的对话

目标：帮助宝宝积累词汇，促进语言发展。

准备：浴带（请根据具体情况而定）。

方法与步骤

在日常生活中，不断重复宝宝所能接触到的事物，多与宝宝交流。以下面这三种情况为例：

情况一 当宝宝要吃奶时，您可以在喂奶前，温柔地对宝宝说："宝宝要吃奶喽！吃完奶，小肚子饱饱的，宝宝就不饿喽！"

情况二 当宝宝要洗澡时，您可以在洗澡前，温柔地对宝宝这样说："宝宝要洗澡喽！洗一洗，香喷喷，身体干净又舒服！"具体请参考插图。

情况三 当宝宝要睡觉时，您可以将宝宝放在婴儿床中，

温柔地说："宝宝要睡觉喽！小床舒服又暖和，宝宝，做个好梦吧！"然后，轻轻地拍一拍宝宝，为宝宝唱一首

摇篮曲，帮助宝宝进入梦乡。需要注意的是，与宝宝说话的句子要短，吐字要清晰，音调要放高，口型要夸张。

宝宝要洗澡喽！洗一洗，香喷喷，身体干净又舒服！

嘻嘻……

婴儿浴带

活动点睛

4-5个月是宝宝积累词汇的关键时期。在日常生活中，高频次的沟通与交流能够增加对宝宝语言发展的刺激。使用短小的词句，能够帮助宝宝集中注意力；清晰的吐字和上扬的音调，方便宝宝听音辨音；夸张的口型，有助于提高宝宝模仿的准确度和兴趣。

探索小手

目标： 引导宝宝发现小手、探索小手。

准备： 动物指套。

方法与步骤

方法一 按摩小手。

首先，轻轻点数并介绍宝宝的每根手指。具体请参考插图。然后，您可以帮助宝宝五指合一，轻轻地抓握一下宝宝的小手，促进宝宝的手部感知。

方法二 给宝宝戴上可爱的动物指套，用指套上的小动物和宝宝进行互动，吸引宝宝关注小手，探索小手。

方法三 引导宝宝和您拍拍手、拉拉手，让宝宝感知手的功能。

大拇哥，二拇弟，高个子，四小弟，小妞妞去看戏……

宝宝的中指

嘻嘻……真有趣！

● 一手扶手腕，一手按摩

活动点睛

手是人类认识事物某些特征的重要器官，能够使用和创造工具。通过手的运动，可使婴幼儿认识事物的各种属性和联系，这对宝宝形成知觉的完整性和具体思维能力非常有益。宝宝通过探索小手，逐渐发现双手的能力，为独立进行更大范围的探索打下基础。需要注意的是，当宝宝津津有味地咬自己的手指时，请您不要强行地去阻止。只要在宝宝吃手前，将宝宝的小手洗干净，并在宝宝吃手时，及时地为宝宝擦掉口水即可。吮吸手指和拳头是 4 个月的宝宝最喜欢的"业余爱好"之一哦！

早教课 学认第一种物品

目标： 学认第一种物品，建立视觉记忆与听觉记忆的联系，促进认知发展。

准备： 闹钟。

方法与步骤

第一步 在宝宝面前摆放 2-3 种物品，看宝宝对哪种更感兴趣，就可以引导宝宝先认识哪种物品。此活动以闹钟为例。

第二步 将闹钟拿到宝宝的面前，告诉宝宝"这是闹钟"，并引导宝宝摸一摸。刚开始指认时，宝宝可能不看闹钟而是只看着您的脸，不要着急，宝宝不久就会被一会儿响，一会儿不响的闹钟所吸引哦！

第三步 当着宝宝的面，将闹钟调到提前设定好的响铃的时间。当铃声响起时，告诉宝宝："闹钟响了"。具体请参考插图。

第四步 直接将闹钟铃声关掉，告知宝宝："闹钟停了"。

反复进行"闹钟响了与停了"的动作 2-3 次，以吸引宝宝关注闹钟，认识闹钟。

第五步 抱着宝宝离开闹钟，并在离开时询问宝宝："闹钟呢？"看宝宝是否能用眼睛去看闹钟的方向。如果宝宝看向闹钟，就说明宝宝已经成功地认识了闹钟这种物品。如果宝宝没有看，也请您不要着急，宝宝的认知有早有晚，只要您使用以上方法继续耐心地引导，相信宝宝一定会给您带来惊喜的。

宝宝听，闹钟响了！

闹钟？！呀，真的响了！

响动的闹钟

惊讶的样子

温馨提示：请您事先设定好闹钟响起的时间，并将分针调至所设定的时间的附近，以便灵活控制闹钟的响与停。

活动点睛

研究表明，当宝宝能够认识至少一种物品时，就说明宝宝对该物品不仅形成了实体上的视觉记忆，而且形成了名称上的听觉记忆，并能够将二者联系起来，这是宝宝认知发展上的一大进步。这一活动，能够帮助宝宝学认生活中的各种物品，促进宝宝的认知发展。

4/5

引导宝宝进行探索

目标：引导宝宝开动脑筋，激发宝宝的探索欲望。

准备：玩具车、衣服、幼儿图卡、拨浪鼓。

方法与步骤

第一步 为宝宝准备多种不同的物品，如玩具车、宝宝的衣服、幼儿图卡、拨浪鼓等，鼓励宝宝进行探索。

第二步 引导宝宝调动视、听、触、嗅等感官，以及眼、耳、手、鼻等身体器官，开始有趣的探索。妈妈先示范，宝宝再模仿。比如：

　　1.摸一摸、听一听玩具车。

　　2.闻一闻、摸一摸衣服。

　　3.看一看、拍一拍图卡。具体请参考插图。

　　4.摇一摇、敲一敲拨浪鼓。

妈妈示范 宝宝模仿

宝宝看，这是小仓鼠。

小仓鼠？

你来拍一拍小仓鼠。

宝宝会拍一拍了，真棒！

拍拍……哈哈……

活动点睛

当宝宝开始对物品进行探索时，大脑便进行着高速的运转，对周围世界的认知也在不断地构建和丰富。在日常生活中，为宝宝提供丰富的资源，对于支持宝宝的探索活动是非常必要的。同时，如果能有意识地引导宝宝调动不同的感觉器官对事物进行多方面的探索和全方位的了解，对于宝宝积累探索经验是非常有帮助的。

5-6个月之 双手协作

"活动是认识的基础，智慧从动作开始。"

——苏联生理学家巴甫洛夫

5-6 个月的宝宝会什么？

身体发展方面 ▶

5-6 个月的宝宝手臂力量、颈部力量和背部力量已经能够支持自己在仰卧时抬头和挺肩，在俯卧时用手支撑起上身。同时，宝宝的腿蹬踢有力，而且喜欢在成人辅助时站立蹦跳。5-6 个月是宝宝双手协作能力发展的关键期。双手协作能力主要是指手臂与手指的协调配合，可以帮助宝宝更好地用双手感知和探索世界。此外，宝宝小肌肉的发展还突出表现在拇指能力的发展上，宝宝逐渐可以将拇指的能力与其他指头区分开来，发现拇指的巨大功能。

感知觉发展方面 ▶

视觉发展上，5-6 个月的宝宝能注视远距离物体，形成深度知觉，且能对鲜艳的玩具保持 30 秒钟的注视。听觉发展上，宝宝开始能区别爸爸或妈妈的声音，也能欣赏玩具发出的优美音乐。

认知发展方面 ▶

5-6 个月的宝宝能够逐步感知物体数量"多和少"的不同，并做出不同的反应；宝宝对不远处的物体能尝试抓够，并表现出一定的坚持性。宝宝非常喜欢玩游戏，如藏猫猫。同时，宝宝的自我意识进一步建立，能逐步区别真实的自己和镜中的自己，对镜子中自己的影像有所反应。

语言发展方面 ▶

5-6 个月的宝宝对"叫"非常有热情，并能够和谐地发声，但不开心时也会叫喊。宝宝开始能够理解简单的词、手势和命令，并能辨别一些语调、语气和音色的变化。这时的宝宝处于辨调阶段，逐渐能区别男声和女声、熟悉和陌生的声音、愤怒和友好的声音。

社会适应方面 ▶

5-6 个月的宝宝开始懂得有意识地赢得照顾者的注意了。宝宝会分辨大人的表情，知道是赞许还是批评，还能够与成人配合进行一些活动，如穿脱衣服。宝宝开始用嘴"探索"世界，喜欢把东西放进嘴里。此时，宝宝建立了基本的自我界限，已经知道自己是独特的个体了。

情感发展方面 ▶

5-6 个月的宝宝在游戏中会高兴地笑，懂得分辨成人的表情，知道是赞许还是批评，能够与人配合。此时，宝宝还能对抚养者不同感情色彩的语调做出反应。

早教课 **虫虫飞**

目标： 锻炼宝宝的手眼协调能力，提高视觉灵敏度。

准备： 无。

扫码看
完整视频

方法与步骤

第一步 爸爸为宝宝示范"虫虫飞"的玩法。伸出两手的食指，指尖相碰两次，边做边说："虫虫、虫虫飞……"

伸出食指

第二步 宝宝模仿爸爸玩"虫虫飞"。伸出两手的食指，指尖相碰两次，边做边说："虫虫、虫虫飞……"初次尝试，妈妈可以握着宝宝的双手，帮助宝宝完成动作。

伸出食指

第三步 爸爸和宝宝一起玩"虫虫飞"。

活动点睛

手眼协调能力，是0-3岁乃至小学阶段的孩子成长发展过程中的重要能力。这一活动针对性强，能够综合锻炼宝宝的精细动作能力、空间知觉能力和视觉追踪能力，提高宝宝的手眼协调能力和视觉灵敏度。

5/6

由"蛤蟆坐"到初步坐稳

目标：练习"蛤蟆坐"，锻炼宝宝的颈部肌肉和脊柱力量。
准备：靠枕、玩具。

扫码看
完整视频

方法与步骤

第一步 帮助宝宝靠坐在床头处。请事先为宝宝准备一个儿童靠枕，然后抱起宝宝，帮助宝宝靠坐在床头处。当宝宝成功靠坐好后，您可以为宝宝拍手庆祝，但不要忘记时刻在一旁做好保护宝宝的准备。

第二步 用玩具逗引宝宝，吸引宝宝身体前倾来够玩具，使宝宝由靠坐变为"蛤蟆坐"。当宝宝成功完成"蛤蟆坐"这一动作时，您一定要及时地夸奖宝宝。

活动点睛

由"蛤蟆坐"到初步坐稳是宝宝学习坐的必经之路，一旦进入"蛤蟆坐"阶段，宝宝距离完全坐稳就已经非常接近了。"蛤蟆坐"能锻炼宝宝的腰背部、腹部和腿部肌肉力量，还能在尝试中练习保持身体平衡的能力，这些力量准备就绪时宝宝就能稳稳地坐好了。宝宝保持"蛤蟆坐"的时间不宜超过10分钟。让宝宝每天坐一坐，大约两周后，当宝宝的颈部肌肉和脊柱能够完成支撑头部，并保持一定的平衡时，"蛤蟆坐"就会消失，宝宝就能初步坐稳啦！

扶掖蹦跳

目标： 练习蹦跳，锻炼腿部的肌肉力量。

准备： 无。

扫码看
完整视频

方法与步骤

第一步 请您双腿伸直坐在床上，然后将宝宝抱到您的大腿上。

第二步 双手扶住宝宝的腋下，帮助宝宝在您的大腿上站稳。

第三步 用双手的力量，带动宝宝自由蹦跳。

第四步 为宝宝播放一首欢快的音乐，让宝宝随着音乐的节奏，自由蹦跳。当宝宝开心地蹦跳时，您一定要及时地夸奖宝宝哦！

活动点睛

由于5~6个月的宝宝已经能够熟练翻身、翻滚了，因此能够坐起和爬行的愿望愈发强烈。要完成这两个关键动作，拥有强健有力的下肢是必不可少的条件。这一活动，可以帮助宝宝锻炼腿部和腹部肌肉力量，为学会坐稳和爬行奠定基础。建议宝宝每天上午、下午各练习一次，每次不超过10分钟。

5/6

感知多少

扫码看
完整视频

目标： 感知多和少，强化宝宝对数量概念的认知。
准备： 葡萄若干、玩具若干、花朵若干、饼干若干。

方法与步骤

方法一 分葡萄。分完葡萄后，您可以根据实际情况说出谁的多，谁的少。例如："妈妈的葡萄多，宝宝的葡萄少。"

方法三 分花朵。分完花朵后，您可以根据实际情况说出谁的多，谁的少。例如："妈妈的花儿多，宝宝的花儿少。"

方法二 分玩具。分完玩具后，您可以根据实际情况说出谁的多，谁的少。例如："宝宝的玩具多，妈妈的玩具少。"

方法四 分饼干。分完饼干后，您可以根据实际情况说出谁的多，谁的少。例如："宝宝的饼干多，妈妈的饼干少。"

活动点睛

5-6 个月是宝宝开始感知数量多少的关键时期，这个活动可以为宝宝将来学习"多"与"少"的概念做一个初步的经验积累。利用日常中的便利条件，家长们可以多为宝宝提供感知物体数量多少的机会，通过多与少的对比，让宝宝初步建立起对数量概念的认识。

练习 180° 翻身

目标： 练习 180° 翻身，为宝宝学习滚和爬打下基础。
准备： 摇铃。

扫码看
完整视频

方法与步骤

方法一 引导宝宝练习由俯卧翻到仰卧。宝宝俯卧，在宝宝的身后晃动摇铃，逗引宝宝追看摇铃，宝宝随着看摇铃的视线转身，会自然地松开一只支撑身体的手，翻至仰卧，完成 180° 翻身。"宝宝翻过来了，好棒！"

方法二 引导宝宝练习由仰卧翻到俯卧。宝宝仰卧，在宝宝的侧面晃动摇铃，逗引宝宝追看摇铃，宝宝随着看摇铃的视线转身，变成侧卧。此时，请您再次晃动摇铃，逗引宝宝追看摇铃，宝宝会慢慢地从侧卧变成俯卧，抬头，完成 180° 翻身。"宝宝又翻过来了，真是太棒了！"

活动点睛

练习 180° 翻身，可以使宝宝全身的肌肉得到锻炼，为宝宝学习翻滚和爬行打下基础。翻身能力的形成不仅扩大了宝宝的视野范围，还可以使宝宝能进一步控制自己的身体来满足自己的需要，宝宝的身心发展会得到极大的满足。练习时，请您不要给宝宝穿得太厚，以免影响宝宝的活动。一般来说，宝宝需要5-7天，每天2-3次，每次5-10分钟的练习，才能顺利地完成这一动作。

练习玩具对敲

目标： 锻炼手眼协调能力。
准备： 积木两块。

方法与步骤

第一步 为宝宝准备两个大小适中的玩具，如积木，让宝宝每只手各拿一个。然后，为宝宝做介绍："宝宝看，这是积木！"

第二步 握住宝宝的双手对敲几下。具体方法请参考插图。

第三步 鼓励宝宝模仿您，自己完成对敲动作。"宝宝来敲一敲吧，对准，敲！"当宝宝成功完成对敲时，您一定要及时地肯定宝宝付出的努力哦！待宝宝能够熟练对敲后，您还可以为宝宝播放一些欢快的音乐，引导宝宝跟着音乐的节奏进行对敲，这样既可以锻炼宝宝的身体机能，又能培养宝宝的乐感。

对准，敲！

高兴的样子

当……
当……

当……

积木●---

温馨提示：妈妈要表现出极大的兴趣哦！

活动点睛

手眼协调能力，是宝宝成长发展过程中的重要能力，对精细动作的发展、空间知觉的形成都有重要影响。家长们要在日常生活中创造条件让宝宝进行手眼协调能力练习，如抓、握、拍、打、敲、扣、挖等动作，这不仅能促进智能发育，更能为宝宝将来的生活自理打下基础。

练习坚持抓够

目标：练习抓够，锻炼宝宝的分析判断能力，培养坚持性。

准备：宝宝喜欢的玩具一个（如小青蛙玩具）。

方法与步骤

第一步 将一个宝宝喜欢的玩具（如小青蛙）放在宝宝能够触手可及的地方，并鼓励宝宝去够取，您可以对宝宝说："宝宝看，这有一只小青蛙，赶快来够吧！"近距离的够取，能够保护宝宝够取的自信心。当宝宝通过自己的努力够到玩具时，请您及时地夸奖宝宝哦！

第二步 增加难度。将玩具放得稍远一些，然后再次鼓励宝宝够取。当宝宝再次通过自己的努力够到玩具时，请您用更加兴奋的语气夸奖宝宝！具体方法请参考插图。

第三步 多次重复第二步。如果遇到宝宝屡次尝试失败的情况，您可以帮助宝宝适当地缩小够取的距离，但请不要在宝宝还未努力时就降低难度，因为过早地降低难度，容易造成宝宝的依赖心理，不利于培养宝宝的坚持性，也无益于宝宝的健康成长。

小青蛙跳远了，宝宝再来够一够！

好！嗯……嗯……

加大距离 增加难度

活动点睛

宝宝能够对做一件事表现出坚持性时，说明宝宝已经基本能够用自己的认知来判断和指导自己的行为了。培养宝宝的坚持性和耐挫力，应该从日常生活中的小事入手，让宝宝在活动中提升"自我效能感"，即认为自己有能力完成任务。这些成功的经验，能够使宝宝奠定自信的基础，且更倾向于接受挑战。

即时互动

目标：初步形成洞察他人的能力，养成善解人意的良好性格。

准备：积木若干。

方法与步骤

情况一 当宝宝做出正确的行为，如将积木递给您时，您应及时地夸奖宝宝，让宝宝通过您的表情和语言来判断出他的行为是很正确的。

情况二 当宝宝做出不当的行为，如将积木扔在地上时，您应做出生气的表情，并用生气的口吻说："宝宝，你把积木都扔在地上是不对的哦！"让宝宝通过您的表情和语言综合判断出他的行为是不对的，应该停止并改正的。

情况三 当宝宝改正了自己的行为，如停止扔积木时，您应及时地告诉宝宝这样做是对的，比如您可以说："宝宝停止扔积木了，做得好！"让宝宝判断出他改正后的行为是正确的。

妈妈，给你。

宝宝会把积木递给妈妈了，真棒！

●积 木

活动点睛

即时互动，能够帮助宝宝初步形成洞察他人的能力，让宝宝从小学会善解人意。在您做出不同的表情时，您可以有意识地让宝宝观察，使宝宝逐渐学会用不同的表情来表达自己的感受。

关注新奇的刺激

目标： 保护和发展宝宝的好奇心，激发探索欲望。

准备： 陌生的环境。

方法与步骤

第一步 为宝宝创设或选择一个新的、陌生的环境，如带宝宝到儿童之家、超市、公园、别人的家等地方玩耍，这些不熟悉的环境对于宝宝来说都是新奇的刺激。您可以带宝宝到处走走，为宝宝增加刺激的机会。

第二步 在进入陌生的环境前，您可以用夸张的语言引导宝宝观察环境，例如您可以说："咦？这是哪里呀？我们来转一圈看看吧！"初次进入一个陌生的环境时，宝宝可能会有些不安，请您不必着急，在您耐心的引导下，宝宝的不安会自行消失哦。

第三步 使用语言和动作进行双重引导，让宝宝依次观察环境中的细节。具体请参考插图。

活动点睛

好奇心，是宝宝与生俱来的财富，是宝宝认识世界的动力和源泉。5-6个月的宝宝能够饶有兴趣地关注环境中的新奇刺激，说明宝宝的好奇心有了进一步的发展，好奇心能够驱使宝宝专注周围的世界进行探索。富有安全感的环境是宝宝进行探索的基础，有趣的事物是宝宝进行探索的"助推器"。家长们要有意识地为宝宝营造安全的探索环境，提供更多符合宝宝探索能力的玩具，保护和发展宝宝的好奇心。

辨认多种物品发出的声音

目标： 辨认声音，加强听觉刺激，帮助宝宝调动感官来了解周围的世界。

准备： 播放器、各类声音。

方法与步骤

第一步 事先下载一些不同声音的音频，如汽车声、水声、炒菜声、动物的叫声等。有些现成的声音是不用下载的，如风铃声、拨浪鼓的声音等，这些声音是可以直接使用实物来发出的。

第二步 播放提前下载好的声音，鼓励宝宝辨认。"宝宝听，这是什么声音？"观察宝宝的表情变化。宝宝的辨认并不是真的能辨认出来，而是宝宝听到不同的声音会有不同的反应，比如出现惊讶、高兴等表情，这就是辨认了。

第三步 听完录音后，带着宝宝去观看现场并听与录音中相对应的声音。如带着宝宝到浴室中去看水龙头流水，并告诉宝宝："这是水龙头，妈妈一打开水龙头，水就会流出来，然后发出'哗哗'的流水声。"

如果没有现场听声的条件，您还可以用相应的图片告诉宝宝这是哪种物品或动物发出的声音。如让宝宝听着小羊的叫声，同时看着小羊的图片，告诉宝宝这是小羊的叫声。具体方法请参考插图。

宝宝看，这是小羊。现在播放的就是小羊发出的"咩咩"声哦！

小羊？咩咩？

小羊的图片

好奇的样子

咩咩 咩咩

活动点睛

物体本身存在的特征是多种多样的，认识物品的方式也是千变万化的。这一活动，提供了一个利用听觉带领宝宝感知世界的重要方法。同时，开展听音、辨音活动，提供适当的听觉刺激，可以帮助宝宝奠定一定的发音基础，对日后提高宝宝发音的准确度很有帮助。

初步认识自己

目标： 帮助宝宝初步认识自己，发展社会性。

准备： 宝宝的相册。

方法与步骤

第一步 和宝宝一起翻看相册，介绍照片中的宝宝："这是你哦，小宝宝！"帮助宝宝初步认识自己。

第二步 再翻一页相册，继续介绍照片中的宝宝，以加深宝宝对自己的认识。具体方法请参考插图。

第三步 再继续翻一页相册，介绍照片中的宝宝，以巩固宝宝对自己的认识。

> 这也是你哦，小宝宝。

相册

喝奶中的宝宝

> 妈妈看，我在喝奶呢！

活动点睛

在认识人脸、观察自己与他人的五官特征后，宝宝开始逐渐能够认识自己了。认识自我是形成自我意识的关键一步，也是社会性发展的关键启蒙。宝宝认识自我以后，独立性会有所增强，自我服务的意识也会有所提升。

认玩具

目标： 认识玩具，提高宝宝的语言理解能力。

准备： 玩具狗（可根据宝宝的喜好，自由选择玩具）。

方法与步骤

第一步 为宝宝指认玩具，并告诉宝宝玩具的名称："宝宝看，这是小狗。"引导宝宝观察小狗。

第二步 引导宝宝触摸玩具，并告诉宝宝玩具的名称："宝宝看，这是小狗。好玩吗？"

第三步 将玩具放在离宝宝稍远的地方，然后用语言引导宝宝寻找玩具，帮助宝宝

再次将玩具名称和实物联系起来。具体方法请参考插图。

> 宝宝，小狗呢？小狗去哪了？

小狗

汪！汪！

> 小狗在那儿

指认玩具

活动点睛

认识玩具，是宝宝认知发展的典型表现之一。这一活动，通过指认和触摸帮助宝宝将词汇与实物对应起来，再通过寻找玩具来加深宝宝对实物的认识，从而达到提高语言理解能力的目的。家长在与宝宝说话时，句子要短，玩具的名字要反复突出，吐字要清晰，口型要夸张。

掌握吸引家长注意力的正确方法

目标： 帮助宝宝掌握吸引家长注意力的正确方法。

准备： 无。

声音、轻轻敲击身旁的物品等，以吸引宝宝的注意力。在宝宝被您吸引的同时，他/她就会明白，自己也可以通过这样的方式来吸引您的注意。具体方法请参考插图。

方法与步骤

第一步 在日常生活中，随时注意觉察宝宝是否向您发出了信号，如看向您、嘴巴发出声音、拍打等。当宝宝正在试图引起您的注意时，请您及时地回应宝宝，比如您可以说："宝宝，你是在叫妈妈吗？妈妈听到喽！"在您回应的同时，宝宝就会明白，用这样的方法来吸引家人的注意是非常有效的。

方法二 为宝宝做吸引注意的示范，例如拍手、嘴巴发出

宝宝、宝宝，妈妈在这里哦！

嘻嘻妈妈！

轻轻拍手

看向妈妈

活动点睛

宝宝在成长过程中需要成人的关注。有的宝宝喜欢发脾气或大声哭闹，有时候并不是身体不适（如生病、饥饿、温度过高或过低）等生理需要引起的，而只是希望引起家长的关注。但这种方法的使用不利于宝宝身心健康，也让家长觉得很烦心。因此，帮助宝宝掌握引起家长关注的正确方法非常重要。由于5-6个月的宝宝尚未形成语言表达能力，因此培养的重点可以是一些肢体动作信号和有规律的互动行为。通过活动中的示范，宝宝能逐步发现和学会吸引他人注意的方法。值得注意的是，当宝宝大声哭闹时，无论宝宝是否还有其他需求，或者宝宝的需求是否应该得到满足，您都首先需要及时安抚宝宝的情绪，再解决需求问题，否则容易引发宝宝对照顾者的不信任感。

用不同的音调和宝宝说话

目标： 提升宝宝对语言不同音调的辨识能力。

准备： 无。

方法与步骤

第一步 在不同距离的地方呼喊宝宝或其他家庭成员的名字。具体请参考下图。

方法二 用夸张的语气语调表示生气或表扬宝宝。如用稍强硬的语气表示生气，用温柔的语气表示表扬。

近距离轻声呼喊

宝宝，宝宝。

爸爸，我在这！

宝宝听到爸爸的呼喊了，好棒！

远距离高声呼喊

宝宝——宝宝——

咦？是爸爸在叫我吗？哈，是的！

宝宝又听到爸爸的呼喊了，真棒！

活动点睛

语言习得的最好方式是通过日常的互动和交流自然习得。经常用不同的语音、语气、语调与宝宝交流，能够帮助宝宝在听觉辨调的敏感阶段，感受到丰富的语言特点和语言的情绪变化，从而积累对母语的感性认识，为形成初步的语言理解能力奠定基础。

6–7个月之 表情丰富

"早期所获得的关键的经验，会决定一个人顺应社会的模式和他成年时所具有的个性特点。"

——心理学家、精神分析学派创始人弗洛伊德

6-7个月的宝宝会什么?

身体发展方面

6-7个月的宝宝已经可以自如地翻身,还会时不时出现不熟练的爬行动作,这些动作是宝宝大肌肉力量发展的重要里程碑。宝宝小肌肉的发展,主要表现为手指能弯曲扒弄物品,并做一些搔抓动作。宝宝看见想要的东西时,能伸出一只手去够,而且还能将手里的饼干送入嘴里。

感知觉发展方面

6-7个月的宝宝双眼视觉发展比较完善,视敏度已接近于成人,喜欢关注视野中的小东西。宝宝喜欢用嘴探索事物,经常试图用手捡物放入嘴中。因此,家长们要特别注意防止宝宝误吞家中的小物件。

认知发展方面

6-7个月宝宝的"客体永久性"概念(即人或物不在眼前也依然知道其存在)得到初步确立。因而,能够比较主动地寻找当着自己的面被隐藏起来的物品。宝宝开始能够识别熟悉的人,能对习惯的日常生活环节表现得从容自如。

语言发展方面

6-7个月的宝宝能发出许多音节,能辨别更多的语调、语气和音色的变化。宝宝基本能懂简单的词、手势和命令,能辨别家里人的称谓,会指认一些日常物品。但这时宝宝并不完全知道成人说话的含义,只能根据成人说话的不同语调和手势进行判断。

社会适应方面

6-7个月的宝宝在听到别人呼唤自己的名字时会转向呼叫人,并露出友好的表情,有时还会发出声音作为回应。宝宝对母亲或主要照顾者的依恋表现得更加明显,会积极地通过自己的方式去寻找和接近依恋对象。宝宝开始能够为自己的基本生理需要负责,如吃饭、睡觉等都有着自己的节奏。此时,宝宝对周围环境越来越感兴趣,会发现很多有趣的事物,并在没人陪伴的情况下,能自己独自玩耍10分钟左右。

情感发展方面

6-7个月的宝宝开始对外界沟通产生浓厚兴趣,能理解成人对他的态度和语言,如被批评时会哭,被表扬时会很活跃。宝宝开始用更丰富的表情表达情感,如感到烦躁时皱眉等。宝宝喜欢模仿大人动作,如拍手、再见、拥抱等。"陌生人焦虑"开始出现,宝宝开始认生,表现出对陌生人的拒绝,或害羞地转头,或害怕地大哭。

6
/
7

目标：帮助宝宝学爬，锻炼宝宝大肌肉力量。

准备：宝宝喜欢的玩具。

扫码看
完整视频

方法与步骤

方法一 动作辅助。宝宝俯卧，妈妈牵住宝宝的右手，爸爸推向宝宝的左腿，帮助宝宝向前爬。然后，妈妈牵住宝宝的左手，爸爸推向宝宝的右腿，继续帮助宝宝向前爬。请反复练习 5—10 分钟，并在练习的过程中鼓励宝宝加油。

方法二 玩具逗引。宝宝俯卧，妈妈用宝宝喜欢的玩具吸引宝宝的注意力，然后在宝宝的眼前移动玩具，鼓励宝宝向前爬："宝宝好棒哦，继续加油！"

6/7

活动点睛

6-7 个月的宝宝能坐稳后，就可以开始学爬了。完成爬行动作，不仅需要强健有力的四肢肌肉，而且要求宝宝能够掌握运动中身体平衡和协调的能力。这一活动，能够帮助宝宝锻炼四肢肌肉力量，同时能够让宝宝初步感受爬行中肢体运动的规则和身体平衡状态，为学会熟练爬行做好充分的准备。初次学爬的宝宝，可能会出现在原地不动或是向后退等情况，这些都是学习过程中的正常现象，请家长切勿急于求成。

练习拉玩具

目标：练习拉玩具，锻炼宝宝手部的肌肉力量。
准备：带绳的玩具。

扫码看
完整视频

方法与步骤

第一步 示范拉玩具。拿起绳子，拇指在上四指在下，握住绳子，拉玩具。您的示范，可以大大提高宝宝的兴趣。

示范，可以提升宝宝练习的兴趣

第二步 协助宝宝拉玩具。握着宝宝的手，教宝宝拿起绳子，拇指在上四指在下，握住绳子，拉玩具。这一步骤可以让宝宝感受用力拉玩具的感觉。

第三步 鼓励宝宝自己拉玩具。

妈妈，
我拉过来啦！

活动点睛

完成拉扯动作，需要一定的手臂力量和手腕灵活性，还需要一定的手指抓握和控制能力。这一活动，可以帮助锻炼宝宝的上肢肌肉力量及其灵活性，让宝宝开始学习用小手为自己的需要服务。熟练后，家长还可以引导宝宝练习双手配合拉玩具，进一步扩展练习效果。

6/7

练习寻物

目标： 帮助宝宝建立"客体永久性"概念。

准备： 乒乓球、小碗。

扫码看
完整视频

方法与步骤

第一步 先为宝宝介绍一下乒乓球，并将球放在宝宝的面前移动，边移动边说"滚来滚去、滚来滚去"，以激发宝宝对球的好奇心。

第二步 当着宝宝面，用碗把球扣住，并引导宝宝找球。"宝宝，球呢？球怎么不见了？"如果宝宝找不到球，请您进行下一步。

第三步 在宝宝的面前稍微快速地移动装有球的碗，使碗里发出球碰撞的声音，并重复说："滚来滚去、滚来滚去"。如果宝宝没有试图打开碗，请您继续进行下一步。

第四步 当着宝宝的面打开碗，告诉宝宝球在碗下面："宝宝看，球在这里！"

活动点睛

客体永久性概念（即人或物不在眼前也依然知道其存在）是一项重要的心理能力。儿童获得客体永久性概念是儿童认知发展的第一阶段（感知动作阶段，0-2岁）的最大成就。6-7个月的宝宝尚未真正形成客体永久性概念，进行这一活动，可以帮助宝宝逐渐获得这一心理能力。

6/7

敲锣打鼓

目标：锻炼手腕的灵活性。
准备：锣、鼓、鼓槌。

扫码看
完整视频

方法与步骤

玩法一 先水平敲锣。

1. 先为宝宝示范一下水平方向敲锣。

2. 然后握着宝宝的手一起练习水平敲锣。

3. 最后，请宝宝自己试一试水平敲锣。

玩法二 垂直敲鼓。

1. 先为宝宝示范一下垂直方向敲鼓。

2. 然后握着宝宝的手一起练习垂直敲鼓。

3. 最后，请宝宝自己试一试垂直敲鼓。

活动点睛

手腕的灵活性对宝宝学习爬行等动作有着重要的辅助作用，还会影响宝宝肢体动作协调性的发展。刚开始练习的时候，宝宝可能无法完全做到水平方向敲锣和垂直方向敲鼓，这是正常的，请家长不必着急，反复练习后，宝宝的动作会逐渐规范。这一活动，不仅能帮助宝宝锻炼手腕的灵活性，还能促进手眼协调和听觉的发展。同时，也能引导宝宝发现事物间的因果关系（比如：鼓会因为被敲打而发声）。

6/7

练习直立坐稳

目标： 锻炼腰背部肌肉力量。
准备： 婴儿车、被子、椅子、绳子、家具。

方法与步骤

阶段一 帮助宝宝用双手紧紧地握住婴儿车的两侧，然后鼓励宝宝自己坐起来。

阶段二 协助宝宝靠坐在床头，并将宝宝的两只手分别放在两边的被子上。然后，用玩具吸引宝宝用胳膊撑着被子坐起。

阶段三 先引导宝宝翻滚到椅子旁，然后帮助宝宝双手扶着椅子腿坐起。小心不要让宝宝的头撞到椅子。

阶段四 事先在家具之间拉一根绳子，固定结实，引导宝宝在家具间翻滚，直至翻滚到一边。然后帮助宝宝一只手扶着家具，一只手扶着绳子，坐起。在之后的练习中，您可以让宝宝边玩绳子边练习，这样，宝宝就可以逐渐坐稳了。具体方法请参考插图。

> 宝宝加油，妈妈相信你一定可以坐起来的！

> 哇，宝宝坐起来了，好棒哦！

> 嗯……嗯……我能行的！

活动点睛

坐，不仅能够扩大宝宝的视野，还能让宝宝更好地开展与成人的互动。拥有强健的腰背部肌肉力量是坐稳的前提。这一活动，先为宝宝提供支撑，再通过转移注意力引导宝宝尝试自己坐稳，这样，宝宝就能够消除不安全感，自然而然地进入练习状态。练习中，请您随时保护宝宝，并给予适当的支持。练习的时间可以根据宝宝的能力由1分钟、3分钟、5分钟逐渐增加，但不要超过10分钟。若宝宝的腰背部肌肉无法支撑坐起，请家长不要勉强练习。

培养节奏感

目标: 培养宝宝的节奏感,为宝宝在音乐领域的发展打下基础。

准备: 节奏感较强的音乐、播放器、手摇铃。

方法与步骤

方法一 宝宝坐位,请您跟随音乐的节奏打节拍或扭动身体,逗乐宝宝,吸引宝宝对音乐、节奏产生兴趣。

方法二 宝宝仰卧,请您握着宝宝的脚踝,协助宝宝跟随音乐有节奏地踢蹬。具体方法请参考插图。

方法三 在宝宝的面前,随着音乐的节奏晃动手中的手摇铃。

方法四 将手摇铃放到宝宝的手中,鼓励宝宝自己随着音乐的节奏晃动手摇铃,您可以在一旁再拿一个手摇铃和宝宝一起晃动,也可以通过拍手带动宝宝。当宝宝自己摇起来的时候,请不要忘记鼓励宝宝哦!

哈哈……
哈哈……

啦啦啦,
啦啦啦……

双手拉推

温馨提示: 要轻轻地哦!

活动点睛

宝宝是天生的音乐家。播放音乐时,我们常常看到宝宝随着音乐有节奏地晃动的情景。培养节奏感并不是一件刻意的事情,而应该是一个顺势而为的渗透过程。多听动听的音乐不仅能够刺激宝宝的听觉发育,培养良好的节奏感,还能愉悦宝宝和家人的心情,有利于身体健康。

6 / 7

练习翻滚

目标：锻炼宝宝躯体、手腿和颈部的肌肉，为下一步学爬打下基础。

准备：玩具车或小球等能够滚动的玩具。

能够滚动的玩具从宝宝的一侧滚到另一侧。这时，宝宝会想要转身去够玩具，但是宝宝够不到。

第二步 帮助宝宝躺下，再鼓励宝宝使劲儿从仰卧翻至俯卧。然后引导宝宝转向放有玩具的一侧，拿到玩具，完成翻滚，并夸奖宝宝。具体方法请参考插图。

方法与步骤

第一步 让宝宝坐在地垫上玩，然后将玩具车或小球等

引导宝宝转身

拿到玩具，完成翻滚

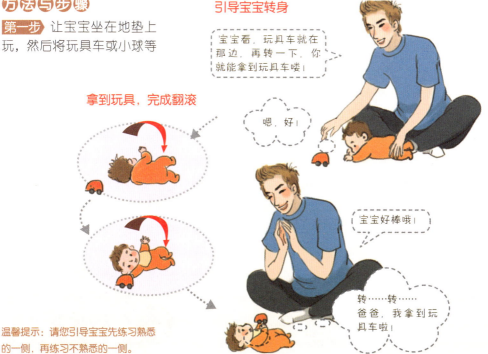

宝宝看，玩具车就在那边，再转一下，你就能拿到玩具车喽！

嗯，好！

宝宝好棒哦！

转……转……爸爸，我拿到玩具车啦！

温馨提示：请您引导宝宝先练习熟悉的一侧，再练习不熟悉的一侧。

活动点睛

对于6-7个月的宝宝来说，"翻滚"是一个不小的挑战。宝宝要克服自身重力，调动全身肌肉共同努力才能完成，因此翻滚动作对于宝宝全身肌肉锻炼非常有益。同时，翻滚过程中，宝宝会体验到肌肉的张弛感、关节的伸缩感、皮肤触感等多重感觉，能促进宝宝感觉统合的发展，促进大脑和前庭觉的发育。练习时，您可以引导宝宝先练习熟练的一侧，再练习不熟练的一侧。

早教课 缓解认生情绪

目标：缓解宝宝的认生情绪，消除不安全感。

准备：无。

方法与步骤

第一步 在出门的路上和宝宝说说周围的景色，以减少宝宝的恐惧感。比如您可以说："宝宝，你看那边的花儿多漂亮呀！"

第二步 带宝宝在不远处观察一下聚集的人群，缓解宝宝的紧张情绪。具体方法请参考插图。

第三步 征求宝宝的意见，询问宝宝是否愿意加入人群。如果宝宝愿意，则可以加入。如果宝宝不愿意，也请您不要强迫或责怪宝宝，可以待宝宝心情愉悦时，再进行第二次询问。

第四步 加入人群后，在宝宝的面前主动和他人打招呼，让宝宝感觉到您和这个陌生人是认识的，从而消除不安全感。

第五步 热情地为宝宝介绍"这是谁谁"，并鼓励宝宝

宝宝，你看！他们在一起玩呢？

好奇的样子

和他人打个招呼。当宝宝做到后，您一定要及时地夸奖宝宝哦！

活动点睛

6-7个月的宝宝开始认生，喜欢黏着妈妈，看到陌生人就会害羞，甚至大哭，这是正常的情感表现。帮助宝宝过渡好这一阶段，可以减少宝宝今后成长中的害羞情绪。这一活动，以一种缓和的方式引导宝宝进入陌生环境，可以很好地帮助宝宝消除紧张和恐惧感，缓解认生情绪。

早教课 呼喊宝宝的名字

目标：熟悉自己的名字，促进自我意识的发展。

准备：无。

方法与步骤

第一步 站在宝宝的一侧温柔地呼喊宝宝的名字。当宝宝看向您时，您可以开心地拥抱宝宝，并用语言鼓励宝宝："宝宝听到妈妈叫你了，真棒！"

第二步 站在宝宝的另一侧温柔地呼喊宝宝的名字。当宝宝看向您时，您可以再次用语言和行动夸奖宝宝。具体方法请参考插图。

Charles——

看向妈妈

我在这，妈妈。

活动点睛

明白自己的名字是宝宝进一步理解自己与他人之间差别的重要一步，是形成自我意识的重要环节。家长呼喊宝宝的名字，并对宝宝的正确回应（如在听到名字时发出声音、点头、目光转移到呼叫人身上、微笑等）做出积极的肯定，可以很好地帮助宝宝区分自己与他人的界限。

如何初步引导宝宝独自游戏

目标： 发展宝宝的独立性。
准备： 毛绒玩具、拨浪鼓、积木。

方法与步骤

情况一 宝宝已经有过独自游戏的经验了。针对这种情况，您可以这样做：首先，为宝宝准备一些不同类型的玩具，如毛绒玩具、拨浪鼓、积木等。然后，让宝宝独自游戏，您可以在不打扰宝宝玩耍的前提下，一边在附近做自己的事情，一边留心宝宝的动态。

在日常生活中，请您多为宝宝创造独自游戏的机会哦！

情况二 宝宝还没有过独自游戏的经验。针对这种情况，您可以这样做：首先，为宝宝准备一些不同类型的玩具。然后，拿起一个玩具吸引宝宝的注意力，并将玩具交到宝宝的手中。或是逗引宝宝爬向玩具，然后协助宝宝拿起玩具。具体请见插图。

最后，离开宝宝的身边，在不远处安静地陪伴宝宝，比如在一旁看书，给宝宝独自游戏的机会。请注意，一定要确保宝宝的独坐是安全的。

一般来说，在独坐的情况下，宝宝每次摆弄一个玩具的时间可持续一两分钟左右。一两分钟过后，宝宝的注意力可能会从玩具上转移，而到处寻找您。这时，请您及时地出现在宝宝的面前，并给予宝宝肯定和鼓励："宝宝会自己玩了，好棒哦！"

宝宝看，这是一个拨浪鼓哦。宝宝来摇一摇吧！

拨浪鼓？

拿起玩具吸引宝宝的注意力，交到宝宝手中

宝宝，拨浪鼓在这里哦，赶快来拿吧！

逗引宝宝爬到玩具旁，协助宝宝拿起玩具

妈妈，我来了！

温馨提示：如果您的宝宝会主动拿起玩具，则可以直接进入下一步。

活动点睛

6-7个月的宝宝开始喜欢拿起周围的玩具进行有意识地探索了。在宝宝探索的过程中，家长们应为宝宝提供适宜探索的小玩具，并应对探索过程不进行打扰，这样，不仅可以培养宝宝的专注力，还能培养宝宝的独立性，为宝宝今后的独立学习、独自克服困难奠定基础。

7-8个月 之 喜欢爬行

"如果儿童的身体不强健,到了成年,也不会强健;儿童的智力与行为都是跟着其健康走的。"

——中国儿童教育学家陈鹤琴

7-8 个月的宝宝会什么？

身体发展方面

　　7-8 个月是宝宝爬行能力发展的关键期。宝宝腿部力量进一步提高，开始出现爬行动作，但爬的能力还较差。俯卧位时，宝宝能做到手膝协同、腹部挨着床面用手和脚推动身体匍匐向前移动，有的宝宝能用身体各部位和膝盖把身体支撑起来，摇来晃去，在原地打转。爬行能力掌握从 5、6 个月到 11 个月内都属于正常。宝宝学爬需要几周甚至几个月的时间，父母大可不必因宝宝爬不好而焦虑，只需多给宝宝提供爬的场地和机会。宝宝小肌肉的发展，主要表现为手指的抓握能力进一步提升。随着宝宝手眼协调能力的发展，宝宝可以用手为自己做更多的事情了！

感知觉发展方面

　　7-8 个月宝宝的视力水平进一步提高，主要表现为深度知觉的进一步发展。

认知发展方面

　　7-8 个月的宝宝能明确感知物体的大小区别，并能较好地理解物体大与小的内在意义与价值，主要的表现是宝宝开始会在同类物品中选择拿取"大"的一个。同时，宝宝的探索意识和行为都发展到一个更高的水平，往往能对一种物体进行多种形式的探索，如咬、握、看、闻、拉、扯等。

语言发展方面

　　7-8 个月的宝宝出现"小儿语"，会用语音来吸引别人的注意。"小儿语"听起来似乎含有提出问题、发出命令和表达愿望等不同的意思，但具体是什么谁也听不懂。当把同龄宝宝放在一起时，则会发现他们用这些难懂的"小儿语"交谈得很愉快。此时，宝宝开始进入"语言模仿期"。肢体语言发展上，宝宝开始会做简单的回答性动作，如摇头表示不行，点头表示同意。

　　7-8 个月宝宝的身体语言会在下面的练习中讲到。

社会适应方面

　　7-8 个月的宝宝开始拒绝接近陌生人，这是宝宝"陌生人焦虑"的进一步表现，也是宝宝自我保护意识萌发的标志。此时，对于依恋对象，宝宝则会通过有意行动引起并保持他们的注意，标志着宝宝客体我意识的萌发。

情感发展方面

　　7-8 个月的宝宝开始能分辨情绪的好坏性质，即知道高兴是好情绪，悲伤、害怕是坏情绪。此时，宝宝喜欢用肢体语言与他人交往，看见喜欢的人会笑，或者大声叫唤，以引起对方的注意，然后再表现出高兴的表情。

宝宝有多大

目标：帮助宝宝了解自己，促进宝宝"客体我"的发展。
准备：无。

扫码看
完整视频

方法与步骤

第一步 教宝宝如何用双臂表示自己的大小。

先请家长来示范一下。妈妈做游戏主导人，边拍手边问："拍拍手，看一看，爸爸有多大？"爸爸边打开双臂边回答："这么大。"

再请宝宝和爸爸来玩一下。爸爸做游戏主导人，边拍手边问："拍拍手，看一看，宝宝有多大？"妈妈边帮助宝宝打开双臂边替宝宝回答："这么大。"当宝宝学会用双臂表示大小后，请您及时地夸奖宝宝哦！

再请妈妈做游戏主导人，妈妈边拍手边问："拍拍手，看一看，爸爸有多大？"爸爸边打开双臂边回答："这么大。"然后妈妈继续边拍手边问："拍拍手，看一看，宝宝有多大？"妈妈边鼓励宝宝打开双臂边替宝宝回答："这么大。"当宝宝成功地做到后，请您由衷地夸奖宝宝哦！

第二步 正式开始游戏。

先请爸爸做游戏主导人，爸爸边拍手边问："拍拍手，看一看，妈妈有多大？"妈妈边打开双臂边回答："这么大。"然后爸爸继续边拍手边问："拍拍手，看一看，宝宝有多大？"妈妈边鼓励宝宝打开双臂边替宝宝回答："这么大。"

活动点睛

认识"客体我"，是宝宝自我意识发展的重要方面。7-8个月是宝宝"客体我"发展的关键阶段。"客体我"是指能被观察和感知的自我，当宝宝的注意力集中在自我时，宝宝所看到的就是"客体我"。这一活动，可以帮助宝宝了解自己，有效促进宝宝自我意识的发展。

7/8

尝试在帮助下学习站立

目标：锻炼腿部肌肉，学习站立。

准备：圆凳。

扫码看
完整视频

方法与步骤

方法一 扶住宝宝的腋下，帮助宝宝站起，鼓励宝宝坚持 1–3 分钟。"宝宝坚持住哦，加油！"

方法二 鼓励并帮助宝宝扶着圆凳站起，坚持 1–3 分钟。请您一定要在一旁保护宝宝。

7/8

活动点睛

尝试在帮助下练习站立与扶物站立一样，都是学习站立的过程性练习。站立动作的完成，需要依靠强有力的腿部肌肉力量和较好的身体平衡能力。在家长的帮助下进行站立练习，可以在心理上给予宝宝更多的安全感，激发宝宝的自信心和勇气。宝宝练习站立的时间，请家长根据宝宝的发展水平和当前能力进行调整，切勿急于求成，以防止出现宝宝肌肉拉伤和骨骼变形的危险。

早教课 满足宝宝的情感需求

目标： 促进宝宝与家人间的情感互动，满足宝宝与家人亲近的情感需要。

准备： 玩具、餐具、洗浴用具、书。

扫码看
完整视频

方法与步骤

每天下班后，充分地陪伴宝宝，尽情地享受您和宝宝的亲子时光。

第一步 热情地和宝宝打招呼："宝宝，妈妈回来了！"

第二步 和宝宝来一个温馨地拥抱。

第三步 和宝宝一起玩玩具。

第四步 和宝宝一起吃饭。

第五步 给宝宝洗澡。

第六步 和宝宝一起看书。

第七步 陪伴宝宝进入甜蜜的梦乡。

活动点睛

职场妈妈陪伴宝宝的时间减少了，但满足宝宝的情感需要不可减少。高品质的早期教育倡导亲子陪伴和互动的时间要长，强调亲子陪伴和互动的质量要高。投入的、带有情感关怀的互动，才能提供有效的情感支持。

7/8

选择大小

目标： 强化宝宝对物体"大"和"小"概念的感知。

准备： 一大一小的两组物品，如大玩具熊和小玩具熊、大汽车和小汽车。

扫码看完整视频

方法与步骤

请宝宝根据您的语音指令拿起大的或小的物品，进行选择大小的练习。

第一步 为宝宝提供一大一小两个毛绒玩具，供宝宝选择。

1. 先请宝宝根据您的指令拿起小的毛绒玩具。

2. 再请宝宝根据您的指令拿起大的毛绒玩具。

第二步 为宝宝提供一大一小两个汽车，供宝宝选择。

1. 先请宝宝拿起大的玩具车。

2. 再请宝宝拿起小的玩具车。

当宝宝选择正确后，请及时夸奖宝宝哦！

7 / 8

活动点睛

练习选择大小有利于宝宝形成空间知觉能力。在这一时期，家长们有意识地引导宝宝观察和辨别周围物品的大小，鼓励宝宝进行选择，可以进一步强化宝宝物品大小的概念。

从匍行到爬行

目标： 学习爬行，锻炼全身肌肉。

准备： 玩具、浴巾。

方法与步骤

第一步 帮助宝宝俯卧在床上，用玩具逗引宝宝："宝宝，这有一只小鸭子，赶快来拿吧！"以引导宝宝向前匍行。

注：宝宝在 6~11 个月内学习爬行均属正常。

第二步 用浴巾托住宝宝的腹部，协助宝宝练习手膝爬行。具体方法请参考插图。

第三步 用语言和动作示范，

鼓励宝宝自己尝试手膝爬行："宝宝，来像妈妈一样爬一爬吧，要加油哦！"初次练习时，宝宝往往容易摇来晃去地在原地打转，或是向后退，随着练习次数的增加，这种现象会慢慢消失。

宝宝听，小鸭子在叫呢，我们快去找它吧！

用手拎着

小鸭子，我来啦！

嘎嘎

浴巾

活动点睛

从匍行到爬行，是宝宝学爬的正常过程。匍行过程是宝宝调动全身肌肉进行爬行的初步尝试。在尝试中，宝宝会发现爬行的动作规则和所需的肢体动作，爬行动作会逐步分化，变得越来越"标准"。这一活动，能够帮助宝宝更好地感知爬行动作，锻炼全身肌肉力量，从而更好地学会爬行。

学习连续翻滚

目标： 学习连续翻滚，扩大活动范围。

准备： 铃铛彩球。

方法与步骤

第一步 宝宝仰卧，请您向宝宝展示一个宝宝喜欢的玩具，以吸引宝宝的注意力。"宝宝，这有一个铃铛彩球哦！"

第二步 用玩具的走向吸引宝宝完成第一圈翻身。具体方法请参考插图。

第三步 继续用玩具的走向吸引宝宝翻身，完成连续翻滚。"宝宝加油！再翻一圈就能够到铃铛彩球了！"

宝宝，这有一个铃铛彩球哦！

1. 由仰卧翻至侧卧。

2. 由侧卧翻至俯卧。

3. 再由俯卧回到仰卧。

伸手够

再够

继续够

活动点睛

当宝宝学会180°翻身后，连续翻滚就成为了下一个挑战。翻滚动作使宝宝的活动范围从一个点扩大到一个面，为宝宝提供了更大的探索范围。完成翻滚动作，需要调动全身肌肉的参与，是全身投入的运动，同时，翻滚动作还包含着很多平衡、摇摆状态，能够刺激和促进前庭觉的发展。

练习扶物站立

目标： 锻炼腿部的肌肉力量，学习站立。

准备： 婴儿床、沙发。

方法与步骤

第一步 宝宝仰卧，请您用双手握住宝宝的脚踝，双手前后反复推拉，帮助宝宝做蹬踢练习，以锻炼宝宝腿部的肌肉力量。

第二步 请爸爸双手托住宝宝的腋下，让宝宝站在自己的肚子上，然后观察宝宝是否会自然地双腿蹬踢。妈妈坐在一旁保护宝宝。请注意此步骤中的宝宝并不是真的站立，只是将宝宝放在您肚子的位置上，呈站立姿势即可。如果宝宝没有自然蹬踢，坐在一旁的妈妈可以逗引宝宝，鼓励并帮助宝宝感受双脚交替的走步姿势。具体方法请参考插图。

第三步 帮助宝宝站在婴儿床内，双手扶着栏杆，练习扶物站立。请您站在婴儿床的一侧保护宝宝，以防宝宝摔倒。

第四步 让宝宝面对并双手扶着沙发等平面的物品，练习在地上站立。当宝宝成功站立后，您一定要及时地鼓励宝宝。在这一步中，宝宝没有了栏杆的抓握，也就不方便用力了，所以增加了难度。

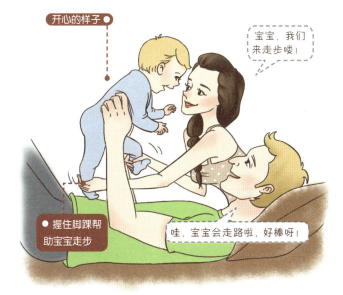

- 开心的样子
- 宝宝，我们来走步喽！
- 握住脚踝帮助宝宝走步
- 哇，宝宝会走路啦，好棒呀！

温馨提示：第一步与第二步是着重锻炼宝宝腿部力量的，宝宝不能扶物站立，其主要原因是腿部力量不够，所以可以先重点做前两步的练习！

活动点睛

站立动作需要一定的腿部力量作为支撑。扶物站立是宝宝学习站立初期的过程性练习，在宝宝站立时周围提供物品平衡支持，可以增强宝宝的安全感，激发尝试的愿望。这一活动，在多种方式锻炼宝宝腿部肌肉力量的基础上，引导宝宝尝试扶物站立，可以保护和增强宝宝练习站立的自信心和勇气。

7/8

投物入瓶

目标： 提高宝宝的手部力量和灵活性。

准备： 瓶口直径大于2cm的瓶子、蚕豆、玉米粒、黄豆若干。

方法与步骤

阶段一 为宝宝示范用拇指和食指将蚕豆放入瓶中。然后，鼓励宝宝模仿。具体方法请参考插图。

阶段二 鼓励宝宝用拇指和食指将玉米粒放入瓶中。

阶段三 鼓励宝宝用拇指和食指将黄豆放入瓶中。

1. 拿起蚕豆
拇指和食指

2. 对准瓶口

3. 放入瓶中

宝宝看，妈妈把一粒蚕豆放到瓶子中了。你也来试试吧！

嗯，好。

大于2cm　一粒蚕豆　蚕豆

温馨提示：请家长事先准备若干蚕豆和一个瓶口直径大于2cm的瓶子。

活动点睛

研究表明，手部小肌肉的精细动作发展对大脑发育有着重要影响。同时，手部动作也是宝宝形成自我服务能力的基础。这一活动，运用逐步减小物体大小的方法，将练习分为三个阶段，在循序渐进地提高宝宝手指力量和灵活性的同时，也保证了一定的趣味性。活动初期，宝宝可能会放得很不准确，这时您应给予宝宝耐心的指导和及时的鼓励，保护好宝宝的自信心。活动中，家长一定要看护好宝宝，不要让宝宝误食豆子和玉米粒，以免发生危险（可以用煮熟的豆子和玉米粒或用可食用的葡萄干等作为替代）。

7/8

培养和建立独立自主的人格

目标： 为宝宝建立独立自主的人格做准备。

准备： 无。

方法与步骤

方法一 每天下班回家后，请您尽可能地陪伴在宝宝身边，抱抱宝宝、亲亲宝宝，或是和宝宝一起玩一会儿，一起吃晚饭等。

方法二 合理安排工作与休息的时间，周末休息时您可以陪宝宝一起玩耍，或是带宝宝到户外走走。具体方法请参考插图。

方法三 在宝宝很黏人的时候，请您理解宝宝对您的依恋和需要，并给宝宝一个温柔的拥抱，有效安抚宝宝的情绪。

方法四 在宝宝情绪平静的时候，尝试离开宝宝一会儿，并保证会及时回来。随着宝宝的逐步适应，您可以逐渐延长离开宝宝的时间，去做您自己的事情。

方法五 当您不在宝宝的身边时，您也要及时关注宝宝的动态，当宝宝出现异常情况，如哭闹时，请您及时回到宝宝的身边，给予宝宝适当的关心和回应。

哈哈……哈哈……

踢彩球

在家中做游戏

嘿嘿，这里真好玩儿！

逛公园

到户外走走

温馨提示：请不要因为有家务或其他要事要处理，就轻易透支陪伴宝宝的时间哦！

活动点睛

7-8 个月的宝宝对妈妈的依恋达到高峰，表现为超强的占有欲，特别喜欢"黏人"。家长们应在满足宝宝合理的情感需求的同时，帮助宝宝做好独立自主的准备。这一活动，为家长提供了一些与宝宝进行互动和回应宝宝需求的方法。通过长期的磨合，家长会慢慢地找到与宝宝之间相处的平衡，这将为宝宝初步建立独立自主的人格打下基础。

7/8

早教课 玩线游戏

目标： 引导宝宝调动多种器官和感官进行探索，提高专注力。

准备： 清洗干净的线，如粗棉线。

方法与步骤

方法一 自由拉线。若宝宝不拉，您就和宝宝分别拿着线的两头扯着玩，边玩边说："拉一拉、拽一拽，小线绳，真好玩！"

方法二 为宝宝选择一根较长、较粗，且干净卫生的棉线，让宝宝自由地咬着玩。

方法三 和宝宝一起用绳子编手镯，并将编好的手镯戴到宝宝的手上，和宝宝进行互动。

方法四 将线绳弯成U型，用脚蹬踢。具体方法请参考插图。

妈妈，我把线踢起来了！

电话线

真的呀！宝宝好棒哦！

温馨提示：游戏中您可以给予宝宝适当的协助，并鼓励宝宝创造更多的玩法哦！

活动点睛

专注地玩某样物品，是宝宝对周围世界充满探索欲望的典型表现。引导宝宝调动各种身体器官和感官对物品进行探索，能够丰富和拓展他们探索的渠道，收获和积累更丰富的探索经验。玩线游戏只是一个小例子，家长们可以举一反三，将这种引导方式运用到更多的物品探索游戏中。玩线过程中请注意安全，如不要让线绕到孩子的脖子，不要让线缠绕手的时间过长，以免发生危险。

早教课 提供语言模仿样本

目标： 为宝宝提供语言模仿的样本，促进宝宝的语言发展。

准备： 无。

方法与步骤

情况一 帮助宝宝穿衣服时，您可以这样说："妈妈帮宝宝穿衣服了，穿上衣服，宝宝就不冷了，先穿上衣，再穿裤子，宝宝在穿衣服时表现很好哦！"

情况二 帮助宝宝吃饭时，您可以这样说："妈妈帮助宝宝吃饭了，青菜和肉真香，吃口菜再吃口肉，宝宝在吃饭时表现很好啊！"

情况三 帮助宝宝换纸尿裤时，您可以参考插图这样说。

妈妈帮助宝宝换纸尿裤了，换上干净的纸尿裤，真舒服。先脱下脏的，再换上干净的，宝宝在换纸尿裤的时候表现很好啊！

好舒服呀！

干净的纸尿裤

脏的纸尿裤

温馨提示：请家长一定要适时地为宝宝更换纸尿裤哦。

活动点睛

7-8个月的宝宝进入了语言模仿期，但这一时期的宝宝开口进行语言模仿的时候并不多。其实，这是宝宝接收大量语音样本的"输入"阶段。当样本积累到一定程度时，宝宝才能从口中"输出"。家长要多为宝宝提供语言模仿的机会，为宝宝的语言发展提供足够的"食粮"。

宝宝的身体语言

目标： 帮助家长读懂宝宝的身体语言，以快速而正确的方式回应宝宝的需求。

准备： 无。

方法与步骤

情况一 宝宝咧嘴表示兴奋愉悦，您可以对宝宝笑一笑，摸一摸宝宝的面颊，亲一亲宝宝的额头。

情况二 宝宝瘪嘴表示有要求，您可以仔细地观察一下宝宝，并适时地去满足宝宝的要求，如带宝宝外出、给宝宝吃奶、逗笑宝宝、改变抱宝宝的姿势等。

情况三 宝宝噘嘴或咧嘴表示要小便，您可以用正确的姿势为宝宝把尿。

注：通常男婴以噘嘴表示要小便，女婴以咧嘴表示要小便。

情况四 宝宝红脸横眉，表示要大便，请您将宝宝放到儿童坐便器上，引导宝宝自己大便。具体方法请参考插图。

情况五 宝宝吐气泡，玩弄嘴巴、舌头等，表示想自己玩一会儿。此时，请您不要打扰宝宝。

嗯……嗯……

看到宝宝红脸横眉后，请家长这样做。

宝宝，用力！

注：如果宝宝无法独立坐稳，请不要使用坐便器，家长可帮助宝宝手把解决。

立即解决宝宝的需求

儿童坐便器

活动点睛

宝宝在使用口头语言与我们进行交流之前，身体语言占据了交流的主要位置。由于每个家庭都具有不同的习惯和特点，宝宝的身体语言在形成和发展中也呈现出不同的特点。但有一些身体语言是存在共性的，如咧嘴表示喜悦、红脸横眉表示要大便等。细心地观察，有助于家长进一步理解宝宝更多的身体语言，成为宝宝的"知心人"。

7/8

镜子游戏

目标： 帮助宝宝识别人脸，认识自己。

准备： 可移动的小镜子、挂在墙上的大镜子。

方法与步骤

方法一 引导宝宝用多种姿势玩可以移动的小镜子。您可以根据宝宝的发展情况，选择一个适宜的姿势和宝宝一起玩镜子。如坐着玩、趴着玩、躺着玩。

方法二 把宝宝抱到大镜子前，和宝宝一起指认镜中的宝宝："宝宝看，这个也是小宝宝哦！"

方法三 背对大镜子，把宝宝抱在肩头，给宝宝提供近距离玩镜子的机会。这个姿势比较适宜胆小的宝宝，有您抱着宝宝就不会害怕了。

您还可以保持这个姿势先走远，再退步回来，一远一近，提高游戏的趣味性。具体方法请参考插图。

哈哈，真好玩！

宝宝看，镜子里的宝宝变小·喽！

活动点睛

镜子游戏是经典的婴幼儿游戏之一，它不仅可以帮助宝宝识别镜中的影像，帮助宝宝形成对人脸的认知，还可以促进宝宝对自我的认识，对自己的影像产生兴趣。识别人脸和提升自我认识，对于宝宝将来的社会适应和人际交往都很有帮助。玩游戏时，您可以适时地为宝宝留出自己探索玩镜子的时间，宝宝一定会自己玩出您意想不到的花样来。

7/8

8-9个月 之 **双指对捏**

"孩子的智慧在他们的指尖上。"

——苏联教育家苏霍姆林斯基

8-9 个月的宝宝会什么？

身体发展方面 ▶

8-9 个月的宝宝腰背肌肉力量较发达，已经可以独自坐稳。随着手臂和腿部力量的增强，爬行能力也得到进一步巩固。宝宝在成人拉着时能尝试站起，但这个能力并不稳固，碰一下还是会跌倒。8-9 个月是宝宝发展拇指与食指对捏能力的关键期，这是宝宝具备控制精细动作能力的开端。宝宝的手指力量已经可以支持自己用拇指和食指捏物体，并且能较好地握住瓶子或杯子。

感知觉发展方面 ▶

宝宝的视觉注意进一步提高，手眼协调能力得到进一步发展，主要表现为能够寻找落下的物体、能把手指准确地放入嘴中吮吸。

认知发展方面 ▶

8-9 个月的宝宝对拉线玩具、摇铃玩具等玩具的内在因果和逻辑关系的理解进一步确立，能够自己玩玩具并专注一小段时间。宝宝的"客体永久性"概念基本确立起来，能主动寻找掉落的玩具，明白玩具的隐藏不等于消失。

语言发展方面 ▶

8-9 个月的宝宝语言模仿能力达到高峰。此时，宝宝逐步能把经常听到的词和见到的事物联系起来，主要表现为能认出故事中曾听过的、熟悉的字和词汇。宝宝开始真正理解成人的语言。研究上通常采用"话语反应判定法"来判断宝宝是否理解了成人的语言，如询问宝宝："妈妈在哪里？"观察宝宝能否把头转向妈妈或用手指向妈妈。

社会适应方面 ▶

8-9 个月的宝宝能够模仿成人进行拍手动作，并通过拍手与成人开展交流。8-24 个月是宝宝开始出现分离焦虑的时期，从 8 个月起，宝宝开始抗议母亲或照顾者离开。此时，宝宝在观察他人的活动时表现出很高的兴趣，并开始懂得表现自我。

情感发展方面 ▶

8-24 个月是宝宝的分离焦虑期，依恋熟悉的成人，抗议照顾者离开。此时，宝宝的"陌生人焦虑"达到高峰，宝宝很可能对陌生人的突然出现产生一定程度的恐惧、紧张或不安的情绪。"陌生人焦虑"通常发生在儿童出生后 6 个月左右，8-12 个月达到高峰，15-24 个月后逐渐消失。同时，8-9 个月的宝宝开始萌发照顾他人情感上需要的意识，有时会积极示好，主动与人亲近。

分离适应练习

目标： 帮助宝宝处理好分离焦虑。
准备： 玩具。

扫码看
完整视频

方法与步骤

阶段一 妈妈短暂离开宝宝的视线，到屋外打电话，宝宝虽然看不到妈妈的人，但是能听得到妈妈的声音。

阶段二 妈妈短暂离开宝宝的视线，去做其他事情，宝宝看不到妈妈的人，也听不到妈妈的声音。

阶段三 妈妈适当延长离开宝宝的时间，但要帮助宝宝做好准备。

第一步，妈妈先和宝宝开心地玩一会儿。

第二步，拥抱宝宝，并向宝宝保证大概离开多长时间。

第三步，妈妈将宝宝交给爸爸，并和宝宝挥手说再见。

第四步，妈妈在保证的时间内出现，拥抱并夸奖宝宝："宝宝会等妈妈回来了，好棒哦！"

活动点睛

处理好分离焦虑，能够帮助宝宝提高环境适应力，同时能够培养宝宝对亲人的信任感。初次练习时，您离开的时间要短，等宝宝逐渐适应后再慢慢地延长离开的时间，以建立宝宝对您的信任。

8
/
9

早教课 拉物站起和坐下

目标：锻炼宝宝腿部、腰背部和腹部的肌肉力量。
准备：婴儿床、玩具。

扫码看
完整视频

方法与步骤

第一步 练习坐起。先让宝宝仰卧在婴儿床内，然后用玩具逗引宝宝，诱引宝宝手扶栏杆，坐起。

第二步 练习站起。先让宝宝保持坐位，然后继续用玩具逗引宝宝，诱引宝宝手扶栏杆，站起。

第三步 练习坐下。先让宝宝手扶栏杆站立，然后用玩具在宝宝的一侧逗引宝宝，诱引宝宝慢慢地坐下。

活动点睛

完成站起和坐下的动作，需要一定的腿部、腰背部和腹部肌肉力量，以及较好的身体平衡控制能力。8~9个月的宝宝完成这一动作尚有一些难度，因此，可以加入一些手臂的拉拽动作作为辅助。这一活动，不仅能锻炼宝宝的身体肌肉力量和平衡能力，还能使手臂肌肉和手指力量得到提高。宝宝在5~12个月之内学会扶站均属正常，您可以运用以上方法循序渐进地引导宝宝练习。请切勿心急哦！

8/9

搅拌的乐趣

目标： 提升宝宝使用工具和自己吃饭的兴趣。

准备： 一碗米粥或米糊、儿童碗、儿童勺子、儿童餐椅。

方法与步骤

方法一 用语言和动作引导宝宝随意搅拌米粥或米糊："宝宝，掌心向下、握住勺子、开始搅拌，搅呀搅呀真有趣！"随意搅拌能够大大提高宝宝用勺的兴趣。

方法二 引导宝宝掌心向下，握住勺子，有规律地搅拌食物。

1. 顺时针搅拌。具体请参考插图。
2. 逆时针搅拌。

顺、时、针、对了，宝宝真棒！

● 认真的样子

手指向下顺时针搅动带动宝宝

● 掌心向下握住勺子顺时针搅动

活动点睛

8-9个月左右的宝宝，手部抓握能力发展到了一定的水平，可以开始学习使用勺子了。但由于手部控制力和手眼协调能力的不完善，此时的宝宝还不能完成使用勺子进食的任务。这一活动的主要目的在于提升宝宝使用工具和自己吃饭的兴趣，为宝宝良好生活习惯的养成奠定基础。

有准备地松手

目标： 锻炼宝宝手的控制力，提高理解他人指令的能力。

准备： 玩具箱、积木。

方法与步骤

第一步 事先在玩具箱中放几块积木，为宝宝示范从玩具箱中拿出积木，边拿边说："拿出来。"然后，鼓励宝宝模仿您从玩具箱中拿出积木。具体请参照插图。

第二步 为宝宝示范把积木放回玩具箱中，并说："放进去。"然后，鼓励宝宝模仿您把积木放回玩具箱中。

拿……

● 伸手够

拿、出、来。哇，宝宝好棒！

积木

活动点睛

做到有准备地松手，是宝宝能"指挥"双手为自己服务的基础。这一活动，能够提高宝宝对双手的控制能力，使宝宝身体动作的开展更能在大脑思维的控制之下进行。同时，听从大人的指令做到有准备地松手，也是语言理解能力得到提高的重要标志。值得注意的是，8-9个月宝宝就可以开始练习这一活动了，但一般要到10-11个月以后，才能开始逐渐做到有准备地松手，这需要一个过程，请家长慢慢引导，切勿着急。

8/9

练习伸食指

现在，妈妈要把彩环套到你的食指上喽！1、2……

嘻嘻，好玩儿！

黄色的彩环

红色的彩环

目标： 提高宝宝手指的灵活性和对手指的控制力。

准备： 红色彩环、黄色彩环、蓝色彩环、指偶。

方法与步骤

方法一 和宝宝玩伸食指，套彩环。

首先，为宝宝示范伸食指，套彩环，以激发宝宝的尝试欲望。"1、2、3，宝宝看，妈妈的手指上套入了三个彩环，它们分别是红色的彩环、黄色的彩环和蓝色的彩环。你来试试吧！"

然后，伸出一根食指给宝宝看，引导宝宝也伸出食指。

接着，将彩环一个一个地套到宝宝的食指上。具体方法请参考插图。

最后，鼓励宝宝自己伸食指，自己套彩环，并夸奖宝宝。

方法二 和宝宝玩指偶游戏，从而引导宝宝练习伸食指。

温馨提示：套环的个数没有规定，可以根据宝宝的自身情况进行调整。

活动点睛

人类手的骨骼结构和运动规则决定了食指和拇指发挥着手部90%的功能。在日常生活中，我们的动作都是在食指和拇指的配合下完成的。这一活动，有助于宝宝发现自己的食指，提高手指的灵活性和对手指的控制力。

"顶牛牛"游戏

顶呀，顶呀，顶牛牛！

扶住宝宝的腋下

目标： 刺激视觉和听觉发展，提升注意力。

准备： 无。

方法与步骤

方法一 躺着"顶牛牛"。具体方法请参考插图。

方法二 和宝宝面对面地趴在床上，引导宝宝把双手放在头顶扮成小牛，和宝宝玩"顶牛牛"的游戏。

方法三 和宝宝相对而坐，引导宝宝把双手放在头顶扮成小牛，和宝宝玩"顶牛牛"的游戏。当宝宝有意识地顶向您时，您可以配合宝宝轻轻地顶回去，然后抱抱宝宝表示鼓励。

活动点睛

"顶牛牛"是非常经典的婴幼儿亲子游戏。这一游戏，不仅可以提升亲子间的依恋关系，而且还能在欢笑中促进宝宝视觉和听觉的发展，提升宝宝控制注意力的能力。同时，每一次的"顶"都包含着身体的用力、晃动、旋转，能够刺激宝宝前庭觉的发展。

8/9

爬行小路

目标: 刺激宝宝的触觉,丰富宝宝的感官体验。

准备: 毛绒毯子、塑料一块、棉质毯子、麻质毯子、呢子毯子、泡沫一块。

方法与步骤

用不同质地的物品铺成一条爬行小路,引导宝宝在小路上自由地爬行,感受不同质地的物品所带来的不同感觉。"宝宝,我们来开始闯关吧!"

第一关 毛绒小路和塑料小路。

第二关 棉质小路和麻质小路。具体请参考插图。

第三关 呢子小路和泡沫小路。

活动点睛

接触不同质地的材料,能够更丰富肌肤的触觉感受,刺激宝宝感知觉的发展,对脑部的发育有着重要影响。这一活动,通过引导宝宝爬行在多种质地的"小路"上,给宝宝提供不同的触觉体验,从而达到丰富和刺激宝宝感官的目的。家长可以拓展思路,"发明"更多质地的"小路"供宝宝爬行。

软绵绵的,好舒服呀!

棉质地垫

宝宝,加油!

麻质地垫

进一步练习寻物

目标: 强化和巩固宝宝"客体永久性"的概念。

准备: 小狗玩具、布。

方法与步骤

第一步 和宝宝一起玩小狗,告诉宝宝"这是小狗",并发出"汪汪"的叫声。

第二步 当着宝宝的面,用一块布把小狗盖上,引导宝宝找一找小狗去哪了。如果宝宝找不到,请继续下一步。

第三步 在宝宝的面前移动被布盖住的小狗。具体方法请参考插图。

第四步 在移动被布盖住的小狗的同时,发出"汪汪"的叫声,并引导宝宝继续寻找。如果宝宝找不到,请再继续下一步。

第五步 掀开布,告诉宝宝小狗在这里。

这是小狗吗?

宝宝加油,继续找一找。

疑惑的样子

移动的小狗

注: 如果宝宝找不到,请继续下一步。

活动点睛

8-9个月是宝宝真正形成"客体永久性"概念的关键时期。客体永久性概念(即人或物不在眼前也依然知道其存在)是一项重要的心理能力。从6-7个月萌芽期初步的寻物刺激,到8-9个月让宝宝真正参与寻物时宝宝对客体永久性的顿悟,能够使宝宝循序渐进地建立起客体永久性的概念。著名教育家皮亚杰认为,这是宝宝认知发展的第一阶段(感知动作阶段0-2岁)的最大成就。

8/9

注：请用较短的绳子结成蝴蝶结，以免绳子过长给宝宝造成危险！

绳子

捡

捡东西游戏

目标： 锻炼手指力量和精细动作能力，培养耐心和挑战精神。

准备： 葡萄干、用绳子系成的蝴蝶结、曲别针。

方法与步骤

阶段一 引导宝宝用手捡起蒸熟后放凉的葡萄干："宝宝，请你把纸上的葡萄干捡起来吧！"请您在一旁看护宝宝，以防宝宝误食危险的物品。

阶段二 引导宝宝用手捡起用绳子系成的蝴蝶结。具体方法请参考插图。

阶段三 引导宝宝用手捡起地上的曲别针。请您将曲别针锋利的头尾两端用胶带缠上，以免扎伤宝宝。

我成功喽！

活动点睛

完成捡起小件物品的动作，需要具备一定的手指力量和手指精细动作的能力。这一活动中设计的捡起葡萄干、捡起用绳子系成的蝴蝶结和捡起曲别针三个活动，难度依次递增，给不同能力的宝宝不同层次的考验，同时也帮助宝宝由易到难地完成挑战，培养自信心、耐心和挑战精神。

激发主动探索的欲望

目标： 帮助宝宝建立对各种物品的基本认知。

准备： 木质盒子、塑料盒子、纸质盒子。

方法与步骤

第一步 根据宝宝的兴趣，选出一个要探索的物品，例如盒子。

第二步 为宝宝展示这一物品（盒子）的用途和几种玩法。

1. 展示用途，例如用盒子装东西："宝宝看，妈妈把积木放进了盒子里。盒子可以装东西。"

2. 展示玩法，例如拿盒子当帽子戴。具体方法请参考插图。

3. 展示另一种玩法，例如用玩具小锤子敲敲盒子，使盒子发出声音。您还可以再提供几个不同材质的盒子，如木质盒子、纸质盒子、塑料盒子，让宝宝感受不同材质的盒子在敲击下所发出的不同的声音。

宝宝自己玩一玩，看看还有哪些玩法吧！

还可以把盒子扣在嘴巴上说话……

哈哈……真有趣，宝宝真棒！

第三步 鼓励宝宝自己玩盒子，进而使宝宝发现更多的玩法。

活动点睛

积极主动的探索行为，有助于强化宝宝对物品内部各要素之间联系的理解，激发宝宝主动探索的欲望，帮助宝宝充分调动想象力，拓展宝宝对各种物品的基本认知，对于宝宝了解和适应周围世界是非常有益的。

8 / 9

目标：锻炼宝宝的模仿能力，促进宝宝社会性的发展。

准备：无。

方法与步骤

第一步 全家人围坐在一起，爸爸当游戏主导人，缓慢而有节奏地拍三下手，然后引导宝宝模仿拍手："宝宝，来跟爸爸一起拍手吧！1、2、3，宝宝来试一试。"如果宝宝做出了拍手的动作，请您夸奖宝宝。如果宝宝没有模仿，那就请妈妈先模仿爸爸拍三下手，然后继续引导宝宝模仿拍手。

第二步 进行变式拍手，提高拍手游戏的趣味性。

1. 改变拍手的次数，如可拍手1-5次。您可以根据宝宝的实际情况，适当地变换拍手的次数，且一定要在宝宝做好第一步的基础上，再进行第二步。

2. 改变拍手的速度，可以缓慢地拍手，也可以较快地拍手。

3. 改变拍手的节奏，可匀速拍手，也可快慢交替地拍手。具体方法请参考插图。

温馨提示：待宝宝拍手熟练后，您还可以运用以上方法，引导宝宝模仿拍击其他的身体部位哦。

活动点睛

著名心理学家班杜拉的社会学习理论指出，观察学习是人类学习与发展的一个重要途径。观察学习需要通过模仿榜样展开。这一活动，通过简单的拍手游戏切入，逐渐提高模仿的难度，逐步激发宝宝的有意模仿能力。同时，家长在日常生活中要注意自己的言行，为宝宝提供符合社会规范的榜样示范，这对宝宝的社会性发展非常重要。

早教课 传递游戏

目标： 帮助宝宝积累词汇、练习称呼。

准备： 小铃铛、玩具车。

方法与步骤

第一步 先请爸爸做游戏主导人，妈妈来示范如何传递。

1. 爸爸发出指令。具体方法请参考插图。

2. 爸爸继续发出指令："请妈妈把玩具车递给宝宝。"妈妈完成指令。

第二步 请妈妈做游戏主导人，宝宝进行传递。

1. 妈妈发出指令："请宝宝把小铃铛递给阿姨。"宝宝完成指令。

2. 妈妈继续发出指令：

"请宝宝把玩具车递给爸爸。"宝宝继续完成指令。大家夸奖宝宝传递得好！

> 请妈妈把小铃铛递给阿姨。
> 铃铛
> 谢谢。
> 好奇的样子

活动点睛

称呼亲人，是大多数宝宝有意义发音的开端。积累词汇，也是宝宝语言学习的重要"输入"过程。这一活动，将亲人的称呼和各种物品的名称联系起来，在欢乐的游戏中有效地帮助宝宝积累词汇、练习称呼，不仅锻炼了宝宝的语言听力，加深了宝宝对亲人和朋友的认识，还能促进宝宝对语言指令的理解力。在日常活动中，您可以经常变换传递的物品，并鼓励宝宝和不同的人玩这个游戏。初次游戏时，如果宝宝不能主动传递，您可以先协助宝宝进行传递，然后再逐步引导宝宝自己传递，切勿急于求成。

早教课 练习称呼大人

目标： 帮助宝宝练习称呼大人，开展语言交流。

准备： 无。

方法与步骤

方法一 在日常生活中，经常用夸张的口型教宝宝说"爸爸"和"妈妈"。然后，鼓励宝宝模仿叫人。宝宝只要叫过一两次，就会逐渐学会见人称呼了。具体方法请参考插图。

方法二 当您从户外回到家后，您可以立刻引导宝宝称呼您："宝宝，叫爸爸。"当宝宝正确模仿后，您可以夸奖宝宝"真棒"，让宝宝体验称呼人的愉悦感。

> 夸张的口型
> 宝宝叫，妈……妈……
> 专注地看着

活动点睛

称呼大人，是宝宝与成人开展语言交流的开始，是宝宝发起语言互动的第一步。这一活动，很好地利用了日常生活的随机教育机会，使家长有意识地为宝宝提供更多的语言模仿，帮助宝宝在潜移默化中取得进步。同时，还能促进亲子间依恋关系的形成。

9-10 个月 之

理解因果

"去做你的事情，看看你的行动在这一个特定关系中会得出什么样的结果，并使你获得什么样的认识。"

——德国儿童教育家福禄贝尔

9-10 个月的宝宝会什么？

身体发展方面

9-10 个月的宝宝腿部力量在上个月的基础上继续快速提高，为宝宝接下来双腿支撑身体站立、学习行走提供了生理条件。小肌肉发展上，主要表现为宝宝单个手指的分离动作的发展，如无名指运动、食指抓捏动作等，这表明宝宝进一步提高了对手指的控制能力。

感知觉发展方面

9-10 个月的宝宝视觉分辨力和听觉定位能力有了进一步的提高。宝宝的感官发展逐步完善，能更好地适应周围环境了。

认知发展方面

9-10 个月的宝宝能较为准确地从容器中取出物体，并会充分调动自己的能力，尝试完成一些力所能及的事情。比起 8-9 个月时，宝宝能够更好地理解动作与产生结果之间的因果关系，对于玩具的使用更为自如和准确，因而会对拉扯小车移动等游戏乐此不疲。

语言发展方面

宝宝不仅能用发声来吸引他人的注意，而且语言理解能力也突飞猛进，成人说的话几乎都能听懂。从 9-10 个月开始，宝宝在接下来的几个月里会持续表现出对图画书的浓厚兴趣，非常喜欢听故事。此时，宝宝开始进入"学话萌芽阶段"，发音由发元音过渡到发辅音，宝宝会说出第一个有意义的词。宝宝最初掌握的词，都与某一特定的对象相联系，与他们每日所感知接受的语言有着必然关联，具有专指的性质，如"狗狗"就是他们自己的玩具狗。宝宝较早掌握的词一般是具体名称。

社会适应方面

9-10 个月的宝宝开始能够理解"不"的真正含义（即表示拒绝、批评和禁止），可以理解一些简单的行为规则。

情感发展方面

宝宝喜欢模仿大人做些简单的事情，处理情绪的方法上与主要照顾者接近。宝宝若喜欢某件东西却达不到取得的目的时，会发出尖叫声表示抗议。

9
/
10

单手扶物站立

本阶段课程

目标： 进一步提高宝宝站立时把握身体平衡的能力。
准备： 地垫、可供宝宝扶着站起的物体、玩具。

扫码看
完整视频

方法与步骤

第一步 帮助宝宝双手扶着床的栏杆站好。

第二步 用玩具逗引宝宝。

第三步 引导宝宝一只手扶物，另一只手接过玩具。

第四步 宝宝做单手扶物站立的动作，您在一旁看护并为宝宝鼓掌。

活动点睛

在家长的保护和玩具的逗引下，这一活动能够在一定程度上转移宝宝的注意力，使宝宝在较为放松的状态尝试单手扶物站立。这不仅是对宝宝双腿肌肉力量的考验，更是对胆量的突破。通过练习，宝宝能进一步掌握站姿中的四肢平衡，使站立逐渐摆脱对双手的依赖，从而使双手能展开更大范围的探索。

9
/
10

扶物横跨迈步

目标： 扶物横跨迈步。
准备： 地垫、3个小凳子。

扫码看
完整视频

方法与步骤

第一步 将凳子排成行，每两个凳子间的距离为 30cm。

第二步 帮助宝宝在第一个凳子处双手扶凳站好。

第三步 鼓励宝宝伸出胳膊，用手扶住第二个凳子横跨迈步。

第四步 重复以上步骤，帮助宝宝成功到达第三个凳子处，掌声鼓励。然后，鼓励宝宝来回多练习几次。

活动点睛

学会扶站后，宝宝会非常渴望行走。横跨迈步活动，正是宝宝对走步的一项积极探索。这一活动，能够在给宝宝安全感的情况下，为宝宝提供一个"小挑战"，使宝宝的单腿肌肉力量逐渐能短时间地支撑整个身体的重量，同时帮助宝宝逐步掌握迈步时的重心转移和身体平衡。这是宝宝学步过程中的必经阶段，家长不用担心宝宝还不会直着走，而是应该给宝宝极大的鼓励，因为这是宝宝开始学习和探索迈步行走的重要开端。

9/10

请不要打扰宝宝

目标： 培养专注力。

准备： 玩具、布书、托盘、勺子、两个碗（一个空的，另一个装少许能吃的软豆子）。

扫码看
完整视频

方法与步骤

1. 当宝宝专注地玩玩具时，请您在一旁陪护，但不要打扰宝宝。

3. 当宝宝专注地工作时，请您在一旁陪护，但不要打扰宝宝。

2. 当宝宝专注地看书时，请您在一旁陪护，但不要打扰宝宝。

4. 当宝宝自己停下来看向您时，请您及时地出现并回应宝宝。

活动点睛

研究表明，注意力的维持对于月龄越小的宝宝难度越大。因此，宝宝如果能够专注地玩玩具或看书，家长要给宝宝充分的空间和自由，这是宝宝形成专注力的好机会。当宝宝停下来时，家长的及时回应与关注，能够使宝宝获得足够的安全感和依恋，使宝宝放心地专注"工作"。

9/10

大瓶子和小积木

目标：感知空间概念，建立初步的空间认知。
准备：宽口径的大瓶子（建议用透明的塑料瓶子）、小木块。

扫码看
完整视频

方法与步骤

1. 做示范。坐在地垫上，拿起小木块，然后把小木块放进大瓶子中，轻轻地晃动一下瓶子，提醒宝宝注意。

3. 鼓励宝宝拿起小木块，并把小木块放进大瓶子中。

2. 把手伸进大瓶子，从瓶中将小木块拿出来。

4. 鼓励宝宝把手伸进大瓶子，从瓶中将木块拿出来。

活动点睛

9~10个月是宝宝空间认知能力初步建立的关键时期。这一活动，为宝宝提供了大瓶子这个可感知的空间，宝宝通过将小积木放到这个空间中再取出，感受空间大小及其容纳关系，进而能对空间概念形成一个初步的认识。

9/10

~ 160 ~

会响的摇铃

目标：理解自己的动作与事物变化或产生结果之间的联系。
准备：摇铃。

扫码看
完整视频

方法与步骤

1. 为宝宝做示范。将摇铃拿起，然后挥动手臂大幅度地摇摇铃。

2. 鼓励宝宝拿起摇铃，挥动手臂摇摇铃。

3. 引导宝宝发现摇铃什么时候发出响声，感知摇铃会响是因为有人在摇动它。

活动点睛

会故意晃动摇铃自娱自乐，对9-10个月的宝宝来说是一个认知发展的巨大进步。这一活动，能够帮助宝宝理解摇铃的发声是因为自己手臂的晃动，从而巩固和发展宝宝对因果关系的认识和理解，这对日后宝宝形成数理逻辑思维非常有帮助。

9/10

单指游戏

目标： 强化食指的使用，增强食指力量和灵活性。

准备： 玩具小钢琴、按钮式的电灯开关、有洞洞的卡片、遥控器、键盘等，还可以准备一些有趣的带有发射装置或按键的玩具。

方法与步骤

方法一 单指弹钢琴。

1. 用一食指按下钢琴键，为宝宝做出单指动作的示范。

2. 然后鼓励宝宝伸出食指，点在钢琴的一个键上。

3. 亲子共同弹出动听的音乐吧！

方法二 单指按电灯开关。（注意：请选择安全开关）

1. 用一食指按下开关，为宝宝做出单指动作的示范。

2. 然后鼓励宝宝单指按开关，把灯打开，再关掉。

3. 引导宝宝发现电灯开关的有趣变化。

方法三 单指穿卡片上的洞洞。具体方法请参考插图。

1. 把一食指穿过卡片上的圆洞洞，为宝宝做出单指动作的示范。

2. 鼓励宝宝把一食指穿过一个圆洞洞。

3. 和宝宝一起用食指套着卡片玩耍。

请注意，洞口边缘要光滑，以免宝宝的手指被卡住或划伤。

活动点睛

研究表明，宝宝小肌肉的发展水平与脑部发育和认知发展水平呈正相关。这一活动能有效锻炼宝宝手部肌肉群，特别是食指小肌肉的发展，有效地促进宝宝单指分离动作的发展。这不仅为宝宝今后学会手部抓握打下基础，更对脑部认知发展大有裨益。

9/10

打电话

目标： 提升宝宝语言交流的兴趣和运用语言的能力。

准备： 准备玩具电话两台、确保宝宝曾有看到家长打电话的经验。

方法与步骤

第一步 在日常生活中，留心观察宝宝对哪些语言会有所反应，做好游戏准备。

第二步 假装打电话，并引导宝宝接电话。具体方法请参考插图。

第三步 与宝宝开始通话。对宝宝回应的"嗯""哼"或者尖叫声给予积极回应，如"宝宝是想说你喜欢妈妈吗？"等。

> 宝宝听，电话响了，快去接电话。

> 接电话？

铃
铃
铃

活动点睛

宝宝能逐渐参与到互动中，虽然还不能真正说出流畅的语言，但已能感受到自己对他人的回应，以及自己对周围环境的影响。这一活动，能引导宝宝通过玩具与家长进行语言互动，可以提高宝宝的语言理解能力，且对宝宝语言领域的发展和亲子依恋关系的巩固都是非常有益的。家长在与宝宝对话中要配合使用肢体动作。比如：将挥手动作与词语"再见"一同展示给宝宝。

9 / 10

正确握勺搅拌

目标：初步尝试用勺，体验用勺的乐趣。

准备：儿童用勺、小碗、稀饭。

方法与步骤

阶段一 鼓励宝宝用干净的手抓食物吃。

阶段二 教宝宝正确用勺的方法，有规律地搅拌食物，如顺时针方向搅动和逆时针方向搅动。

阶段三 引导宝宝用掌心朝下的握勺方式，舀食进食。具体方法请参考插图。

   1.为宝宝做出动作示范。

   2.鼓励宝宝自己来。

   3.遇到困难时，家长帮把手。

   4.享受舀食进食的乐趣。

嘻嘻，好香！

掌心向下握住勺子

● 初次尝试，您可以给予宝宝适当的协助哦！

温馨提示：在这一月龄适时地采用掌心向下大把抓的握勺方法，不仅便于宝宝吃饭，还可以保护宝宝自己吃饭的兴趣。

活动点睛

用勺进食是宝宝自我服务的开始。良好生活习惯的培养有赖于宝宝肢体能力的发展和工具使用方法的掌握。使用勺子这一技能以手指大把抓能力为基础，通过练习，手的大把抓能力和手指灵活性都会得到进一步提升。同时，这一活动不仅能带给宝宝用勺的乐趣，增加宝宝用勺进食的兴趣，而且还能引导宝宝初步掌握勺的正确使用方法，可谓一举多得。

玩具都要宝宝抱

目标：初步懂得运用身边的资源来自我服务。

准备：布娃娃若干。

方法与步骤

第一步 为宝宝示范抱娃娃，一个一个地抱住，越抱越多，直至无法再抱。具体方法请参考插图。

第二步 鼓励宝宝模仿家长抱娃娃，越抱越多。

第三步 与宝宝一起开心地哈哈笑。

用头顶着
用手拿着
放在肩上
夹在腋下
怀里抱着

哇，妈妈好厉害呀！

活动点睛

认识自我、发现自己的能力，是宝宝认知发展的重要阶段和社会适应的重要基础。通过家长示范和宝宝模仿，能够帮助宝宝发现自己的能力，引导宝宝开动脑筋，调动自身能力来解决问题。同时，也促进宝宝了解到自己身体和周围环境中有更多的资源，鼓励宝宝初步懂得运用这些资源来为自己服务。

9/10

平行式阅读

目标： 培养宝宝初步的阅读兴趣和阅读习惯。

准备： 婴幼儿绘本若干，最好选择画面色彩鲜艳，画多字少，内容有关动物、人物、玩具等宝宝熟悉的内容。

第三步 宝宝熟悉这本书后，您可以握着宝宝的小手，指点着书上某些熟悉的事物进行点读。

第四步 讲完故事后留给宝宝一些自己看书的时间，让宝宝去自由探索。

方法与步骤

第一步 每天在一个相对固定的时间给宝宝讲故事，培养宝宝良好的阅读习惯。

第二步 让宝宝坐在家长的腿上，进行"平行式"阅读。具体方法请参考插图。

活动点睛

平行阅读是宝宝最初接触图书和文字的途径，其重点是家长的陪伴和宝宝的自由探索。平行式阅读，能够培养宝宝初步的阅读兴趣，同时还可以达到锻炼宝宝手眼协调和有意注意能力的效果。因此，这是一个非常值得坚持的好习惯。阅读时，宝宝有时会把书拿倒，或是一下翻好几页，这些都是宝宝对书本的探索过程，请您不要制止。

拉布取物

目标： 帮助宝宝理解事物之间的关系，提高解决问题的能力。

准备： 宝宝喜欢的玩具（如小汽车）、枕巾。

宝宝看！

咦？小汽车动了！

兴奋的样子

第三步 拉枕巾，让宝宝看到布上的小汽车动了。具体请参考插图。

第四步 吸引宝宝主动尝试通过拉枕巾来获得玩具。

方法与步骤

第一步 帮助宝宝扶站在床边。

第二步 把宝宝喜欢的玩具小汽车放在一块枕巾上，吸引宝宝注意。

活动点睛

这一活动能够帮助宝宝理解，玩具可以通过拉扯玩具所在的枕巾来获得，初步懂得问题的解决可以通过改变和利用周围环境来实现。周围的事物是相互联系的，而且存在一定程度的相关关系。通过活动，可以引导宝宝将思考付诸实践，从而获得认知上的巨大进步。

9 / 10

等待与耐心

目标: 引导宝宝学会等待,培养耐心。

准备: 选择一些日常生活中宝宝需要获取物品而请求家长帮助的时机,来进行这一延迟满足的练习。但请不要选择宝宝生理需求需要满足的时刻,如宝宝饿了需要喂食、宝宝大小便了需要更换尿布等。

方法与步骤

第一步 当宝宝急于拿到想要的东西(如饼干)而哭闹,而您因正在忙碌(如正在收拾衣物)无法及时满足宝宝时,您可以先用适当的语言安抚宝宝,如:"宝宝,请等一下!妈妈叠完衣服就给你拿饼干,好不好?"

第二步 在宝宝等待的过程中,您需要不断地与宝宝说话,建立信任,并帮助宝宝转移注意力。具体请参考插图。

第三步 宝宝等待 3–5 分钟后,您需要满足宝宝的需求,并对宝宝的耐心给予夸奖,如:"我家宝宝好有耐心哦,能等妈妈忙完了再吃饼干,真棒!"然后,让宝宝在儿童餐椅中静静地享受饼干吧!

> 宝宝看,这是你最喜欢的红色的外套哦!

> 嘻嘻,是呀,我最喜欢。

活动点睛

跟踪研究表明,在"延迟满足"上有较好表现的宝宝,今后取得成功的可能性更大。这一活动,呈现了延迟满足练习的三个步骤。活动的目的不仅是让宝宝学会等待,更是要为宝宝养成为了长远利益而克服当前困难的良好心态奠定基础。心态的养成不是一朝一夕的,需要家长们充分利用日常生活中的教育机会予以积极引导。

9/10

通过动作向他人表达自己的意图

目标： 引导宝宝逐步学会通过动作向他人传达自己的意图。

准备： 玩具、绘本等宝宝喜欢的物品。

方法与步骤

阶段一 让宝宝经常用手触摸、摆弄周围的物体，如玩具、绘本等，以充分感知周围的世界。

阶段二 把玩具等物品放置得离宝宝稍远一些，鼓励宝宝自己爬过去拿。

阶段三 将玩具等物品放置在宝宝能看到但却够不到的地方，如桌子上，促使宝宝看向您，或产生用手伸向物品等动作。

阶段四 当宝宝做出想要够到某物的动作时，您应及时给予反馈。具体方法请参考插图。

阶段五 不断帮助宝宝强化阶段四的做法，并鼓励宝宝用多样化的动作来表达多种意图，如想拥抱时张开双臂、饿的时候拍拍肚子等。

宝宝是不是需要妈妈帮忙拿这个兔子呀？

嗯嗯，妈妈，我要！

温馨提示：这一反馈会让宝宝意识到他的动作具有向他人表达意图的功能。

活动点睛

宝宝学会通过动作向他人传递自己的意图是一个重要的进步，这意味着宝宝开始了"目的"与"手段"的分化，知道了只有通过表达，他人才有可能理解自己的想法，这是宝宝社会性发展的一个重要突破。通过宝宝自己的经验积累、家长引导以及积极反馈宝宝所表达的需要三个方面，来促进宝宝向他人传达自己的意图，这是宝宝和家长的双向努力过程。

10-11个月
之
听懂妈妈说话

"人类言语最本质的标志是声音和意义的紧密联系，因为言语的声音方面的单位不是声音本身，而是有意义的声音。"

——苏联心理学家维果茨基

10-11个月的宝宝会什么?

身体发展方面

10-11个月宝宝在躯体、肌肉发展方面有了长足的进步。在大肌肉方面,腿部肌肉力量进一步发展,已经能够支持自己的身体重量;同时,腰背部肌肉力量也进一步增强,基本可以支持走步和蹲下等"高难度"动作。在小肌肉方面,宝宝的手指力量和灵活性得到提高,大多数宝宝已经能够自己打开纸张包裹的玩具和食物包装袋了。

感知觉发展方面

10-11个月宝宝的空间知觉和时间知觉开始萌芽。感官发展逐步完善,能更好地适应周围的环境。

认知发展方面

10-11个月的宝宝已经能认识一些熟悉的物品和身体部位了,能做到听名称指出相应物品或身体部位。同时,宝宝能有目的地指导自己的行为,如主动拿起杯子取出藏在下面的积木来玩、明确地寻找盒内的小球等。

语言发展方面

每个宝宝发音的时间存在差异。一般地,10-11个月的宝宝能模仿大人发出声音,并会发出越来越多的双音节,并开始出现一两个词。这一阶段的宝宝能有意识地叫"妈妈",也逐渐能用固定的单音节称呼一些东西,如"汪"是狗,"咩"是羊等。此时,宝宝在听到"爸爸在哪里""球在哪里"等话时,能准确地转头去寻找指定的人或物,这说明宝宝已经很好地理解了成人语言的含义。不仅如此,宝宝还能逐步理解并执行成人发出的一个步骤的语音命令,如要求宝宝"把勺子给妈妈"时,宝宝会伸手把勺子给妈妈,但此时宝宝还不会有准备地松手。

社会适应方面

10-11个月的宝宝在穿衣服时能够主动配合家长,在与人告别时会挥手再见,这是宝宝在社会适应与人际交往中的巨大进步。此时,宝宝的自我界限感进一步精确,对自我与他人的区别了解得更明晰了。

情感发展方面

10-11个月的宝宝自我界限逐渐形成,开始表现出对物品的占有欲。

本阶段课程

掰开饼干

> **目标：** 增强宝宝的手指力量，促进手部发育。
>
> **准备：** 盘子、饼干。

扫码看
完整视频

方法与步骤

第一步 为宝宝示范掰饼干。拿起盘子中的饼干，双手捏住饼干的两边，掰，饼干变成了两块。"你一块，我一块，干干脆脆真美味。"

第二步 宝宝尝试掰饼干。拿起饼干，双手捏住饼干的两边，掰，饼干变成了两块。"你一块，我一块，干干脆脆真美味。"

活动点睛

手部精细动作的发展和手指灵活性练习是贯穿整个婴儿期的重要活动。随着宝宝手指能力的提升，家长应为宝宝进行相应能力的手指练习，以更好地促进宝宝手部精细动作的发展。这一活动，能够有效增强 10-11 个月宝宝的手指力量，提升宝宝的精细动作能力发展，促进脑部发育。

早教课 **尝试阅读绘本**

目标： 初步掌握阅读的规则，培养阅读兴趣。

准备： 婴幼儿绘本（最好选择布书或纸质较硬、边角圆滑的图书）。

扫码看
完整视频

方法与步骤

第一步 教宝宝拿书的方法。"宝宝，用你的双手拿住书的两侧。对，就是这样！"为宝宝做示范，宝宝模仿。

第三步 鼓励宝宝自己看书，您在一旁安静陪伴即可。"宝宝，你来自己看书吧！"

第二步 教宝宝正确的看书姿势。"宝宝，挺直腰背，微微低头。对，就是这样！"

第四步 帮助宝宝完成阅后归位。"宝宝，看完书后，我们要把书合好，放回书架上哦！"

活动点睛

10个月左右的宝宝就可以在家长的引导下尝试阅读绘本，培养初步的阅读兴趣了。每天在一个较为固定的时间进行阅读，对于帮助宝宝建立阅读习惯非常重要。您不必要求这个月龄的宝宝动作标准，只需为将来养成良好的习惯打好基础即可。初次阅读时，宝宝可能时而会把书拿颠倒，时而会连续翻好几页，时而还会从后向前翻书，这些都没关系，您一定要支持宝宝探索和研究书的行为，保护好宝宝对书的兴趣。

打开包装纸

目标： 锻炼手指的灵活性，促进脑部发育。
准备： 玩具、包装纸。

扫码看
完整视频

方法与步骤

第一步 让宝宝从若干玩具中选出一个最喜欢的小玩具："宝宝，选一选，你最喜欢哪个玩具？"

喜欢车

第二步 当着宝宝的面将玩具用包装纸包好。"现在，我们来把玩具包起来。一层、两层、三层，宝宝看，玩具包好了！"

3层

第三步 鼓励宝宝将包装纸一层一层地打开，同时进行询问："宝宝，请打开包装纸，看看纸里有什么东西吧！"请重复询问三次，帮助宝宝进行回忆。当宝宝将包装纸全部打开后，请您及时地夸奖宝宝哦！

活动点睛

日常生活中有很多适宜宝宝锻炼其手部肌肉力量和灵活性的机会，本活动提供的"打开包装纸"游戏就是其中之一。同时，在活动中添加了很多语言交流、数数和回忆练习，因此还能促进宝宝语言和认知能力的发展，是一举多得的好方法。

运动课 **感受走步**

目标： 感受走步的快乐，锻炼身体平衡能力。
准备： 无。

扫码看
完整视频

方法与步骤

方法一 相对走。

第一步，将宝宝的双脚分别放在您的脚背上，亲子面对面站稳："宝宝小心，不要掉下去哦！"

第二步，握住宝宝的双手，带着宝宝向后走："一、二、一、二……宝宝真棒，可以和妈妈一起走步喽！"练习时，请您尊重宝宝的意愿，如果宝宝的胆子小可以慢慢来，不要急躁。

方法二 同向走。

第一步，将宝宝的双脚分别放在您的脚背上，亲子同方向站稳："宝宝小心，不要掉下去哦！"

第二步，握住宝宝的双手，带着宝宝向前走："一、二、一、二……宝宝真棒，可以和妈妈一起走步喽！"

当宝宝适应向前走后，您还可以带着宝宝感受倒着走哦！

活动点睛

一般来讲，10-11个月的宝宝腿部和腰背部肌肉已基本能支撑身体站立片刻。这一活动，提供了一个让宝宝锻炼身体平衡能力、感受走步快乐的机会。感受走步，能够帮助宝宝找到走步的肢体运动和肌肉发力规则，为宝宝真正迈出第一步打下基础。

感知圆形

目标：初步了解圆形与其他形状的不同。
准备：瓶盖、形状嵌套盒（必须带有圆形）。

扫码看
完整视频

方法与步骤

方法一 玩瓶盖。

1. 为宝宝做示范。

摸瓶盖，边摸边说："圆圆的瓶盖真光滑。"请您一定要摸光滑的一面哦！

滚瓶盖，边滚边说："圆圆的瓶盖滚远了，真好玩。"

2. 宝宝来试一试。摸瓶盖，边摸边说："圆圆的瓶盖真光滑。"

方法二 玩带有圆形形状的嵌套盒。

1. 为宝宝做示范。先拿出圆形，对宝宝说："圆形。"然后摸一摸，放回，再说："圆形。"放的时候一定要对准边框。

滚瓶盖，边滚边说："圆圆的瓶盖真好玩。"

2. 宝宝尝试。拿出圆形，摸一摸，再放回。当宝宝成功地将圆形放回嵌套盒中时，请您及时地夸奖宝宝："宝宝把圆形放回去了，太棒了！"

活动点睛

感知和区分形状是宝宝认知发展的重要环节。这一活动，用生活中的常见物品"瓶盖"，引导宝宝对圆形进行初步的感知。同时，通过嵌套盒，引导宝宝发现圆形与其他形状的区别。

指认五官

目标: 帮助宝宝建立名称与实物之间的正确联系。
准备: 无。

扫码看
完整视频

方法与步骤

第一步 "请宝宝指一指自己的眉毛。"如果宝宝指对了,您可以说:"对了,这是宝宝的眉毛。"

第二步 "请宝宝指一指自己的眼睛。"如果宝宝指对了,您可以说:"对了,这是宝宝的眼睛。"

第三步 "请宝宝指一指自己的鼻子。"如果宝宝指对了,您可以说:"对了,这是宝宝的鼻子。"

第四步 "请宝宝指一指自己的嘴巴。"如果宝宝指对了,您可以说:"对了,这是宝宝的嘴巴。"

第五步 "请宝宝指一指自己的耳朵。"如果宝宝指错了,您可以说"宝宝,这不是耳朵。"并给宝宝一些提示:"这才是耳朵哦!请宝宝再来指一指自己的耳朵吧!"如果宝宝指对了,您可以说:"对了,耳朵在这里。宝宝真棒!"

活动点睛

认识五官的名称和位置是宝宝认识自我的重要表现。同时,宝宝能够指认其他身体部位或物品,也表明宝宝正在逐步建立起物品名称与实物之间的联系。这一活动是一个很好的范例,家长可以以此为例拓展更多的指认活动,促进宝宝的认知发展。活动时,请家长告诉宝宝不要过于用力地戳眉毛、眼睛、鼻子、嘴巴和耳朵哦!

配合穿衣

目标： 提升人际交往和与他人配合的能力。

准备： 上衣、裤子。

扫码看
完整视频

方法与步骤

第一步 帮宝宝穿上衣。先帮宝宝穿上一条袖子，边穿边说："火车出发（小手开始伸进袖子），呜——到站了（小手从袖子里伸出来）。"再帮宝宝穿上另一条袖子，边穿边说："火车出发，呜——到站了。"然后帮宝宝系上扣子，宝宝的上衣穿好了。

第二步 帮宝宝穿裤子。先帮宝宝穿一条裤腿，边穿边说："火车出发（小脚开始伸进裤子），呜——到站了（小腿从裤子里伸出来）。"再帮宝宝穿上另一条裤腿，边穿边说："火车出发，呜——到站了。"站起来，提上裤子，宝宝的裤子也穿好了。"宝宝的衣服都穿好了，真漂亮！"

活动点睛

穿衣服时能够配合，是宝宝初步形成人际交往能力的一个重要方面。在日常生活中，家长不仅要多鼓励宝宝配合穿衣，还要多挖掘其他需要宝宝配合的活动，多为宝宝创造机会，让宝宝在投入到与他人的配合中时，提升交往意识，扩大交往范围。

牵手练走步

扫码看
完整视频

目标： 为宝宝学习自己走步打下基础。
准备： 玩具。

方法与步骤

第一步 在宝宝的前方放一个宝宝喜欢的玩具。

第二步 牵着宝宝的双手，鼓励宝宝向前走，尝试自己去拿玩具。"一步、两步、三步……宝宝，玩具就在前面哦，赶快去拿吧！""就快拿到喽，宝宝加油！""宝宝拿到玩具了，真棒！"

活动点睛

当宝宝能一只手扶着家具向前走时，家长就可以开始牵着宝宝的双手让宝宝练习走步，以帮助宝宝逐步摆脱对固定支撑物的依赖。在家人陪伴下的牵手走步练习能够为宝宝提供一个比较有安全感和信任感的练习氛围，这对宝宝学走步非常有利，宝宝的进步也会非常明显。请注意，如果宝宝还不能单手扶物向前走，建议您以后再进行此项练习，以免造成宝宝肌肉损伤。

目标：锻炼手眼协调能力，促进大脑发育。
准备：储蓄罐、硬币。

扫码看
完整视频

方法与步骤

第一步 为宝宝示范如何投硬币。两指捏起硬币，对准储蓄罐投入口，投。

第二步 宝宝尝试投硬币。两指捏起硬币，对准储蓄罐投入口，投。"宝宝把硬币投进去了，真棒！"

活动点睛

锻炼宝宝的手眼协调能力，是贯穿整个婴幼儿时期的重要练习活动。投硬币，通过将手的投掷动作和眼对投入孔的定位结合起来，能够有效地锻炼宝宝手眼协调的能力，促进宝宝大脑的发育。活动时，请您切勿让宝宝把硬币放入口中，以免发生危险。

早教课 学翻书页

目标： 促进宝宝精细动作的发展。
准备： 书页较厚、大小适中的图书。

扫码看
完整视频

方法与步骤

第一步 为宝宝讲解书中的图画："宝宝看，这里有很多五颜六色的花朵！"

第二步 引导宝宝翻书页，并数一数页数："一页、两页、三页……"。

第三步 鼓励宝宝自己翻书页："宝宝，你来翻一翻吧！"当宝宝出现翻书错误，如一下子翻好几页时，请您为宝宝做出正确示范，并适时地进行指导："没关系宝宝，你看妈妈是这样翻的。宝宝，你再来试一试！一页，宝宝成功翻过一页了，真棒！"

活动点睛

10-11个月的宝宝开始在家长的指导下阅读绘本了，学习翻书页，不仅能有效支持宝宝的阅读活动，还能提升宝宝的阅读兴趣，因此是十分必要的。学习翻书页也是一个重要的手部精细动作练习活动，能用小手为自己打开精美的图书，这是一件非常令宝宝振奋的事情。初次练习时，宝宝通常会一次翻好几页，您需要耐心地为宝宝做出正确的示范，随着宝宝精细动作的发展，自然就会一页一页地翻了。

找出自己的东西

目标：帮助宝宝进一步认识自我、了解自我。

准备：宝宝的东西（如奶瓶、衣服和鞋子）、妈妈的东西（如水瓶、衣服和鞋子）。

扫码看
完整视频

方法与步骤

第一步 为宝宝做示范。在您和宝宝的东西中，把宝宝的东西都找出来。宝宝的奶瓶，宝宝的衣服，宝宝的鞋子。"宝宝看，妈妈把宝宝的东西都找到了！"

第二步 鼓励宝宝尝试找出自己的东西："请宝宝找出自己的东西吧！"宝宝的奶瓶，宝宝的衣服，宝宝的鞋子。"宝宝把自己的东西都找到了，太棒了！"

活动点睛

10-11 个月左右，宝宝的"自我界限"进一步精确，能对自己的物品有更好的辨认和区分，这是宝宝进一步认识自我、了解自我的重要基础。

"卷蛋卷儿"游戏

目标： 练习翻滚，带给宝宝丰富的触觉刺激和本体感刺激。

准备： 毛巾被。

方法与步骤

第一步 准备一块大毛巾被，让宝宝躺在一侧的边上，手臂伸直贴放在身边，腿脚伸直两脚并拢。待宝宝躺好后，对宝宝说："宝宝，我们来玩卷蛋卷儿的游戏吧！"

第二步 像卷蛋卷儿一样把毛巾裹在宝宝的身上，把头露在外面，准备游戏。开始游戏时，一定要让宝宝随时都能看到您哦！

第三步 用手轻轻地挤压宝宝的手臂、背部、臀部和腰部，并推动宝宝翻滚。具体方法请参考插图。

练习一段时间后，您还可尝试蒙上宝宝的眼睛或用玩具逗引宝宝自己做翻滚。

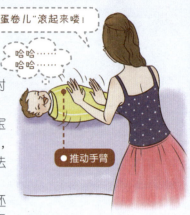

"蛋卷儿"滚起来喽！

哈哈……
哈哈……

● 推动手臂

温馨提示：
翻滚时，请注意宝宝的安全哦！

活动点睛

翻滚练习是一项能够调动宝宝全身肌肉进行运动和锻炼的活动。翻滚过程中宝宝会常常处于摇摆、旋转的状态，这能带给宝宝丰富的触觉刺激，促进宝宝前庭觉和本体感的发展。

发出多种音调、类型的声音

目标： 让宝宝听到和模仿更多的声音，促进语言发展。

准备： 无。

方法与步骤

方法一 和宝宝一起学动物叫。

如"小狗叫——汪汪汪"，您来示范，宝宝模仿。示范时可以表现得夸张一些。还可以和宝宝一起学习更多动物的叫声。具体方法请参考插图。

方法二 鼓励宝宝用多种音调说一些自己熟悉的词语。如低音地叫"妈妈"和高音地叫"妈妈"。

家长示范，宝宝模仿

宝宝，我们一起来学小狗叫吧！汪汪汪……

宝宝学会小狗叫了，好棒哦！

汪汪汪……
汪汪汪……

温馨提示：家长在示范的时候要表现得夸张一些哦！

活动点睛

10-11个月是宝宝的发音敏感期。研究表明，宝宝在这一时期内听到和模仿出来的声音越多，对宝宝日后语言能力的发展越有利。这一活动，通过宝宝练习模仿喜爱和熟悉的动物叫声和亲人的称呼，为以后模仿出更多的声音创造了条件。

初步学习分享

目标: 引导宝宝学习分享，发展宝宝的移情能力。

准备: 小熊、兔子等玩具。

方法与步骤

第一步 建议分享。"宝宝，你可以把小熊给 Lucy 玩一会儿吗？"如宝宝不同意，则进行下一步，切勿勉强宝宝进行分享。

第二步 过一会儿再提出分享要求。如果宝宝还不同意，则继续让宝宝玩。具体方法请参考插图。

第三步 多次重复第二步无果后，您可以尝试引导宝宝交换玩具："宝宝，Lucy 想用她的兔子和你交换小熊，你愿意吗？"

第四步 在宝宝成功交换或分享玩具后，给宝宝解释原因，并询问宝宝是否感到开心："分享可以让你们玩到更多的玩具，还可以让你们交到更多的朋友，所以我们要学会分享。你们现在是不是觉得很开心呀？"

活动点睛

研究发现，10 个月左右的宝宝已经基本形成了自我界限感，因而会变得非常重视自己的物品，典型的表现就是不愿分享，但这并不是"小气"或"自私"。家长应给予宝宝充分理解，有方法地逐步引导宝宝学习分享，发展宝宝的移情能力（移情能力是设身处地理解他人感受的能力）。

妈妈是最好的早教老师

魔术盒游戏

目标：发展和巩固宝宝的客体永久性概念。

准备：若干玩具、魔术盒（制作方法：在纸箱的底部挖一个洞，并用布帘挡上，做成一个舞台幕布的样子。具体请参考插图。）

宝宝，妈妈又把积木藏起来喽！

嗯……积木块！

被替换掉的积木

正在被替换进去的小汽车

方法与步骤

第一步 请与宝宝面对而坐，将魔术盒放在您和宝宝的中间，有洞并用布帘挡上的一面面向宝宝，能打开带盖的一面面向您。摆好后向宝宝介绍："宝宝看，这是一个神奇的魔术盒哦！"然后向宝宝展示若干玩具，并对宝宝说："我们要用这些玩具和这个魔术盒来变魔术哦！"

第二步 开始变魔术。

首先，将一个玩具展示给宝宝看："宝宝，这是小青蛙，妈妈要把小青蛙藏到魔术盒中喽！"然后，当着

温馨提示：一定不要让宝宝发现您正在替换玩具，这样就没有神秘感了哦！

宝宝的面打开帘子，将小青蛙放到魔术盒中，再拉上帘子。接着，引导宝宝打开帘子找小青蛙："宝宝，小青蛙呢？小青蛙去哪了？"当宝宝找到小青蛙后，请您及时地夸奖宝宝。

第三步 当宝宝能熟练地找到布帘后面的玩具后，您可以在放入玩具拉上帘子后，偷偷地从背后打开盒子，将玩具替换成另一个。例如：

将积木替换成小汽车。具体做法是：当着宝宝的面将积木放进魔术盒，然后从后面将积木偷偷地替换成小汽车。具体请参考插图。接着，开始念魔法咒语："魔法魔法，变、变、变……"。最后，鼓励宝宝拉开帘子，宝宝就会看到积木变成了小汽车。然后重复进行这一活动。

活动点睛

从6-7个月客体永久性"萌芽期"初步的寻物刺激，到8-9个月真正参与寻物时宝宝对客体永久性的顿悟，再到10-11个月玩魔术盒游戏，能够使宝宝循序渐进地建立和巩固起客体永久性的概念。著名教育家皮亚杰认为这是宝宝认知发展的第一阶段（感知动作阶段0-2岁）的最大成就。需要注意的是，魔术盒这一活动需要以宝宝先建立起一定的客体永久性概念为基础（通过活动过程中宝宝的表情来判断）才可以顺利进行，在活动中宝宝已有的认知受到冲击，活动最后的"真相大白"才能真正将客体永久性这一概念进一步巩固。

发现玩具的性质并创造多种玩法

目标： 引导宝宝使用更多的玩法玩玩具，促进认知能力发展，提升创造力水平。

准备： 拨浪鼓。

方法与步骤

第一步 示范摇晃发声玩具，让宝宝在一旁观察。

第二步 握着宝宝的手带动宝宝摇晃发声玩具，让宝宝观察自己手的动作对玩具发声的影响。具体请参考插图。

第三步 鼓励宝宝自己摇晃发声玩具，并创造新的玩法。如果宝宝还不能主动发现新的玩法，您可以为宝宝示范

一种，如拨浪鼓倒立着摇、系在身体上随着身体的运动让拨浪鼓发出声音等，以此

来激发和扩散宝宝的思维，从而帮助宝宝想到更多的玩法。

活动点睛

能够创造性地使用多种玩法玩玩具，说明宝宝已经摆脱玩具固定玩法的束缚，对玩具的性质有了较为独立的认识，这是宝宝认知发展的一大进步。这一活动，能够引导宝宝发现玩具的性质，促进宝宝初步完成从一开始被动接受玩具，到现在主动使用玩具服务自己的飞跃。

11-12 个月 之 初次练习自己走步

"你要记住的是，不能由你告诉他应当学习什么东西，要由他自己希望学什么东西和研究什么东西，而你呢，则设法使他了解那些东西，巧妙地使他产生学习的愿望，向他提供满足他的愿望的办法。"

——法国教育学家卢梭

11-12 个月的宝宝会什么？

身体发展方面

11-12 个月是宝宝行走能力发展的关键期。此时，宝宝的腿部力量已经能够支持自己拉着大人的一只手开始行走了，一些宝宝还能够逐渐尝试独自行走。同时，宝宝的腰背部肌肉力量有了进一步发展，能够支持自己弯腰拾起物体。部分宝宝还能够结合腿部和腰背部力量，在大人的帮助下站立起来，并能控制自己的身体谨慎地坐下。小肌肉发展上，主要体现在宝宝手指的灵活性进一步提高，能够熟练地拾起小物件。同时，食指的功能进一步分化，能够用于指点物体，帮助自己表达需求。此时，宝宝手指的力量和灵活度已经能够达到熟练握勺了，这是宝宝生活自理能力发展的重要阶段。

感知觉发展方面

11-12 个月的宝宝视觉分辨能力有所提升，可以尝试学习辨认颜色、形状。

认知发展方面

11-12 个月的宝宝开始懂得用手指表示数字"1"，并正在逐步形成初步的数字概念。同时，宝宝对环境的认知能力进一步提高，能够更好地适应环境中出现的新情况。此时，宝宝对图画书有着特别的兴趣，对图片中反映出的自己所熟知的物品感到非常兴奋。

语言发展方面

11-12 个月的宝宝能发出不同的连续音节的数量在明显增加，近似词的发音量也在增加。宝宝的语言交际功能开始拓展，如能理解成人的简单命令，并建立相应的动作联系。宝宝能将一定的语音和实体相联系，但还缺少概括性，如宝宝会一边说"呜呜"，一边用手指着一个转动的汽车，告诉成人这是一辆汽车。

社会适应方面

11-12 个月的宝宝渴望社会交往。当宝宝看到其他小朋友（不一定是同龄的宝宝）时，会用眼睛注视，有时会出现模仿行为。此时，宝宝在进行游戏时以模仿游戏和平行游戏（即两个孩子在一起玩，但各玩各的，没有交流也没有合作行为）为主。宝宝还表现出自己动手做事的愿望，独立性逐步增强。

情感发展方面

11-12 个月的宝宝开始出现反抗情绪。

打开和盖上瓶盖

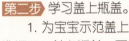本阶段课程

目标：锻炼手部的小肌肉群。

准备：瓶子、瓶盖。

扫码看
完整视频

方法与步骤

第一步 学习打开瓶盖。

1. 为宝宝示范打开瓶盖。先用二指捏住瓶盖，然后打开瓶盖。

2. 宝宝尝试打开瓶盖。先用二指捏住瓶盖，然后打开瓶盖。"宝宝成功地打开瓶盖了，真棒！"

第二步 学习盖上瓶盖。

1. 为宝宝示范盖上瓶盖。拿起瓶盖，对准瓶口，盖上瓶盖。不用把瓶盖盖紧，只要轻轻地将瓶盖放在瓶口上即可。

2. 宝宝尝试盖上瓶盖。拿起瓶盖，对准瓶口，盖上瓶盖。"宝宝又学会盖上瓶盖了，太棒了！"

活动点睛

随着手部精细动作的发展，11~12个月的宝宝已经能较为熟练地用手指拿起小物体了。打开和盖上瓶盖这一动作，对宝宝二指配合提出了更高的要求，同时也能提高宝宝手指的控制能力和手眼协调能力，为下一阶段学习拧开和上紧螺旋玩具打下基础。

自己走步

目标： 学习走步，体验走步带来的快乐。
准备： 学步带。

扫码看
完整视频

方法与步骤

第一步 借助学步带，牵着宝宝走。"宝宝，我们来练习走路喽！"

第二步 牵着宝宝的一只手，拉着宝宝走。"宝宝，来和妈妈一起走路喽！"

第三步 在爸爸妈妈之间短距离行走。"宝宝，到妈妈这里来！"

第四步 逐渐拉大爸爸与妈妈之间的距离，让宝宝自然地越走越远。"宝宝加油，到爸爸这里来！"

活动点睛

11-12 个月是宝宝学走的关键时期。这时，宝宝的双腿肌肉力量达到了一定的水平，在之前的扶物横跨迈步、牵手走步等练习中也掌握了一定的身体平衡能力。站立行走，能够进一步拓宽宝宝的视野范围和活动区域，宝宝会十分兴奋。练习时，请家长做好安全保护工作，让宝宝体验走步的快乐，积累更多的走步经验。

舀豆豆

目标：强化宝宝使用勺子的早教课。
准备：托盘、两个碗、豆子、一个勺子。

扫码看
完整视频

方法与步骤

第一步 为宝宝示范舀豆豆。拿起并握住勺子，将一个碗中的豆豆舀到另一个碗中，然后将掉在外面的豆子捡回碗中。边示范边说："握住勺子，舀，捡起！"以便宝宝了解动作要点。

当碗里还剩下少量豆豆时，请您为宝宝示范双手拿起碗，对准碗口，将一个碗中的豆豆全部倒入另一个碗中。边示范边说："双手拿碗，对准碗口，倒！"以便宝宝了解动作要点。

第二步 宝宝尝试舀豆豆。拿起并握住勺子，将一个碗中的豆豆舀到另一个碗中，然后将掉在外面的豆子捡回碗中。

当碗里还剩下少量豆豆时，请您引导宝宝双手拿起碗，对准碗口，将一个碗中的豆豆全部倒入另一个碗中。

活动点睛

通过大把抓、拉拽练习、拇指和食指对捏捡东西等活动的锻炼，11-12个月的宝宝能够更灵活地使用自己的手指了。这时，也正是我们帮助宝宝提升使用勺子技巧的好时机。这一活动，不仅有助于宝宝提升使用勺子的技巧，还能同时练习倾倒和捡起的动作，对锻炼宝宝手眼协调能力非常有帮助。活动中使用的豆子应为煮熟的软豆子或葡萄干等能食用的小食物，并请家长时刻做好看护工作，谨防发生危险。

练习用勺

目标: 提高用勺技能,培养生活自理能力。
准备: 米粥、儿童碗、儿童勺、宝宝餐椅、成人的碗、勺。

扫码看
完整视频

方法与步骤

第一步 在宝宝和自己的面前分别摆放一碗米粥和一个小勺,您可以先闻一闻米粥,对宝宝说:"嗯……好香啊,宝宝,我们来用勺子吃饭吧!"

第二步 为宝宝示范用勺。用拇指的指腹和食指的第二关节侧面握住勺子,先顺时针搅动米粥,再逆时针搅动,然后舀一勺粥放入口中,说:"好美味啊!"

用拇指的指腹和
食指的第二关节侧面。

第三步 鼓励宝宝自己用勺:"宝宝,你自己用勺来吃吃看,妈妈相信你一定行!"初次练习,应以培养宝宝用勺的兴趣为主,如果宝宝不能一下子学会正确的用勺姿势,可以先从掌心向下握住勺子的抓握方式开始练习。鼓励宝宝学着妈妈的样子顺时针和逆时针搅动米粥,然后舀一勺粥放入口中。如果宝宝把食物洒在了外面也没有关系,您可以鼓励宝宝再次尝试。如果宝宝成功吃到了米粥,您一定要及时地夸奖和鼓励宝宝哦。

活动点睛

随着宝宝手部肌肉力量和灵活性的发展,抓握能力得到进一步地巩固。这时可以引导宝宝开始练习用勺。练习用勺,不仅可以锻炼宝宝手部肌肉的力量和灵活性,还能增强宝宝自己进食的兴趣,提高宝宝的生活自理能力。请您不要害怕麻烦或弄脏衣服,宝宝用勺的练习需要您的耐心引导哦。

用动作表演儿歌

目标： 促进肢体语言的发展。

准备： 播放器、儿歌。

方法与步骤

第一步 经常和宝宝一起听儿歌。

第二步 一边唱歌一边用简单的动作表演儿歌，比如唱到"小兔子乖乖"，就做比划兔子耳朵的动作。

第三步 热情地重复表演，并鼓励宝宝和您一起做。具体方法请参考插图。

第四步 每表演完一次，都请您开心地笑一笑，或是亲、抱抱宝宝，向宝宝表明他/她很棒，让宝宝感受到用动作表演儿歌是一件非常快乐的事情。

第五步 更换表演方法。可以拍手打节拍，也可以请一人表演大家观看，借此来创造更多表演的机会。

小兔子乖乖……

小兔子乖乖……

活动点睛

肢体语言是宝宝尚无法使用口头语言时与亲人沟通的主要途径。同时，在学习口头语言阶段，肢体语言也是重要的辅助手段。这一活动，引导宝宝用动作将儿歌的内容表示出来，边说唱边表演，不仅有利于宝宝对儿歌内容的进一步理解，而且还能逐步引导宝宝参与肢体表演，爱上肢体表演。

参与语言交际

目标： 鼓励宝宝参与语言交际，促进语言发展。

准备： 小汽车。

是小汽车吗？它会怎么动呢？

呜呜……

假装推汽车

方法与步骤

假设宝宝想要远处的小汽车，您可以这样做：

第一步 鼓励宝宝发出这一物品的声音。

第二步 帮助宝宝把手势与声音相结合。具体方法请参考插图。

第三步 引导宝宝说出代表这一物品的词汇。

活动点睛

11-12个月宝宝的语言理解能力有了很大进步，已基本能够理解成人简单的指令了。但不同的宝宝在能力发展的阶段上存在差异，家长应根据宝宝的能力发展水平，在以上三个阶段中选择一个更适合的方式，去引导宝宝参与到语言交际中来，以促进宝宝的语言发展。活动中，请注意选择适宜宝宝现阶段能力水平的引导方法，切勿给宝宝造成心理压力。

建立同情心

目标： 促进同情心的建立和发展。

准备： 玩具、小动物、音乐。

方法与步骤

第一步 先通过宝宝的一些外在表现，来判断宝宝是否已经具有基本的同情心了，如：看到别的孩子哭他 / 她也跟着哭；看到别的孩子笑他 / 她也跟着笑等。这是最基本的"情感共鸣（同情心）"。

第二步 不论宝宝是否已经明显地表现出同情心，您都可以帮助宝宝进一步发展同情心。具体方法如下：

1. 让宝宝善待他 / 她的玩具。如抱一抱玩具，不乱扔玩具，玩完玩具后把玩具收拾好。

2. 让宝宝善待小动物，并为宝宝做一个好的榜样。"Charles 看，小鸽子多可爱呀！"如果您不喜欢小动物，也请不要对小动物表现出厌弃，因为这样会给宝宝做出不好的示范。

3. 和宝宝一起欣赏音乐，引导宝宝去感受音乐中的基本情感，如忧伤的、欢快的等。

4. 多为宝宝创造与同伴一起玩的机会。当同伴难过、

温馨提示：认可和肯定能够正面强化宝宝的同情心哦！

哭泣时，您可以适当地引导宝宝去感受同伴的情感，并尝试安慰同伴。"Charles 看，Lcuy 在哭，她好像很难过，你去给她一个抱抱好吗？"

第三步 当宝宝能够体会他人的情感或是表现出应有的同情心时，请您给予宝宝认可和肯定。具体方法请参考插图。

活动点睛

同情心的发展是宝宝道德感形成的基础，对宝宝的品德发展具有重要影响。同时，能够与他人产生情感上的共鸣，也是宝宝参与社会交往的重要一环。同情心属于社会情感的范畴，在引导宝宝的过程中，要注重精神上的认可和鼓励，慎用糖果或玩具等物质奖励。

看图识物

目标： 提高对事物的认识，促进记忆力的发展。

准备： 玩具、相机、照片、图书、漂亮的图片。

方法与步骤

方法一 将宝宝熟悉的玩具拍成照片，然后给宝宝看，鼓励宝宝在一堆玩具中找出照片中的玩具，将玩具和照片一一对应地放在一起。具体方法请参考插图。

方法二 和宝宝一起阅读图书，并在一些常见物品的页面停下来，询问宝宝："这是什么？"然后在家中找到与之一样的物品，放在一旁进行对比、讨论。

方法三 日常生活中，当您和宝宝一起看到非常漂亮的图片时，如漂亮的裙子，您可以用夸张的表情和语言引导宝宝去观察图片中的事物，如"哇，这条裙子好漂亮啊！"这能够瞬间吸引宝宝的注意力，让宝宝记住眼前的事物。

哇，宝宝把玩具和照片都对应上了，真棒！

嘻嘻！

小锤子　毛绒小熊　拨浪鼓　小汽车　积木

活动点睛

11-12个月的宝宝对周围事物已逐渐熟悉起来，基本能够做到看图识物。图片中呈现的物体是二维平面的，日常生活中见到的物体是三维立体的，因此，在看图识物的过程中宝宝存在着二维和三维的思维转换的过程。这一活动，为宝宝提供了思维训练的机会，同时也提高了宝宝对已知事物的熟悉程度。

让我们一起玩

目标： 引导宝宝初步学习同伴交往。

准备： 玩具。

方法与步骤

第一步 引导宝宝和同伴挥挥手，打招呼。具体方法请参考插图。

第二步 引导宝宝张开双臂，和同伴抱一抱。"宝宝，张开双臂，和姐姐抱一抱。哈哈，抱一抱真开心！"

第三步 引导宝宝和同伴做个游戏，如玩"顶牛牛"。"宝宝，来和姐姐玩'顶牛牛'吧！"

第四步 引导宝宝和同伴一起玩玩具，如玩积木，并在适当的时候夸奖宝宝。

11 / 12

> 宝宝，挥挥手，和姐姐打个招呼！

嗨，你好！

嗨，你好！

高兴的样子

活动点睛

11-12 个月的宝宝能够注意到同伴的存在，并开始产生主动交往的愿望。同伴交往是宝宝社会适应和人际交往的需要，它不仅给宝宝带来乐趣，还为宝宝提供了模仿学习的榜样，对于宝宝学习新技能、发展同理心等各方面都很有帮助。

喜欢的颜色

目标： 提升认识与分辨色彩的能力。

准备： 红色和黑色的积木、黄色和黑色的画笔、画纸、画板。

方法与步骤

方法一 玩寻找积木的游戏。

首先，先将若干红色和黑色两种颜色的积木放在托盘里，并当着宝宝的面选出一个自己喜欢的颜色的积木。然后，鼓励宝宝也选出自己喜欢的颜色的积木："请宝宝也选一选你喜欢什么颜色的积木吧！"

方法二 在纸上画画。

首先，用黄色和黑色两种颜色分别在纸上画画，并鼓励宝宝选出自己喜欢的颜色。具体方法请参考插图。

然后，请您将两种颜色的画笔给宝宝，让宝宝尝试自己涂鸦，并鼓励宝宝再次选出自己喜欢的颜色。

妈妈在纸上画画

宝宝，请你选出你喜欢的颜色吧！

嗯……我喜欢黄色！

嗯，黄色真的很漂亮呢！

宝宝选出喜欢的颜色

温馨提示：如果您没有积木，也可以用其他宝宝喜欢的东西代替。

活动点睛

当宝宝形成了对颜色的偏好（即有了自己最喜欢的一种颜色）后，说明宝宝视觉分辨能力发展较好，已初步形成了色彩类型意识。这时绝大多数的宝宝已经不再如新生儿一般喜欢"黑白分明"的事物，而是对鲜艳的色彩甚是"迷恋"。鲜艳的色彩不仅能够愉悦宝宝的心情，而且还能刺激宝宝视觉的发展。活动中，用黑色与其他色彩进行比较，更加突出其他色彩的明亮与绚丽，能让宝宝感受更具冲击力的视觉体验。对色彩的认识，是宝宝艺术领域发展的基础，因此，建议家长根据这一活动的步骤和方法，帮助宝宝逐步提升认识和分辨颜色的能力。

提升注意力

目标： 提升注意力，为日后养成学习的专注力打好基础。

准备： 宝宝喜欢的玩具、新奇、富于变化的物品（如会唱歌的卡片、会跳的小青蛙、会自己走路的小娃娃、会说话的书等）。

方法与步骤

方法一 观察宝宝的兴趣，为宝宝提供喜欢的玩具，由此带动宝宝注意力的发展。

"宝宝看，这是不是你喜欢的小汽车？"

方法二 给宝宝提供一些新奇、富于变化的物品，以吸引宝宝的注意力。具体方法请参考插图。

新奇的刺激能够调动宝宝的好奇心，让宝宝集中注意力去观察和摆弄。但是，请注意不要给宝宝过多的颜色丰富且闪动频繁的画面，如看电视，因为宝宝的专注并不是对某个画面或玩具的专注，而是因不断受到新的刺激而产生的关注，而且看太久电视或屏幕，会对宝宝的视力有严重的损害。

方法三 给宝宝一个安静、纯粹的空间。在宝宝玩要一个玩具的时候，请您在一旁安静地陪伴，不要大声说话，也不要打开电视分散宝宝的注意力。

宝宝快看，小青蛙又跳了！

● 目不转睛地看着

小青蛙

哈哈……真好玩！

温馨提示： 安静、良好的环境，可以避免很多无关的信息去影响宝宝正常的活动，且在活动中最好只给宝宝提供一个玩具，以避免太多的玩具给宝宝造成干扰、分散宝宝的注意力。

活动点睛

研究表明，注意力的发展对于日后养成探索精神和学习上的专注力有着重要影响。这一活动从宝宝的兴趣点出发，以兴趣带动注意力的控制和发展，能够在愉快有趣的氛围中提升宝宝对物品进行探索的注意力，为宝宝日后开展探索、养成学习的专注力奠定基础。

用手指表示"1"

目标： 引导宝宝学习用手指表示"1"。

准备： 娃娃。

方法与步骤

利用一切机会，引导宝宝用手指"1"来表示自己的年龄。

情况一 当宝宝做游戏时，您可以鼓励宝宝用手指"1"表示自己的年龄。具体方法请参考插图。

情况二 当宝宝过生日时，您可以这样鼓励宝宝用手指"1"表示自己的年龄："宝宝，请你用手指来告诉妈妈，今天是你的几岁生日？"

情况三 当家里来客人时，您可以这样鼓励宝宝用手指"1"表示自己的年龄："宝宝，请你用手指来告诉大家，你几岁了？"

宝宝，请你用手指告诉娃娃你几岁了？

回答对了，宝宝真棒！

1岁。

娃娃

● 用手指表示"1"

活动点睛

11-12个月的宝宝开始对数字有了朦胧的概念。这个活动可以引导宝宝学习用手指表示"1"，是一个让宝宝初步建立数字概念的有效方法。数字概念的形成，是宝宝认知发展的一项重大飞跃，这是今后宝宝进行科学探索、发展理性思维的重要基础。请注意，有的宝宝用手指表示"1"，是想模仿家长竖起大拇指表示"真棒"的动作，但由于宝宝的手指灵活性尚不足，而且竖起食指要比竖起大拇指更加简单，因此宝宝只能竖起食指来模仿竖起大拇指的"真棒"动作。家长要结合自己的经验对宝宝竖起食指的动作进行正确理解，看宝宝到底是在用手指表示数字"1"，还是在模仿或碰巧做出这个动作。

与大孩子一起玩

目标： 促进宝宝社会交往能力的发展。

准备： 食物。

方法与步骤

第一步 多带宝宝到有孩子的亲友家做客，或是欢迎小客人到家中玩耍，为宝宝多接触大孩子创造机会和条件。

第二步 在不冷落自己宝宝的前提下，您也要与小客人友好相处，这有利于宝宝接纳新朋友，并产生与新朋友接触和交往的愿望。具体方法请参考插图。

第三步 鼓励宝宝主动与大孩子交往，如主动打招呼，引导宝宝学习如何与他人建立友谊。"Charles，你来和Lucy 姐姐打个招呼吧！"

第四步 适当地夸赞宝宝和其他孩子，并表现出欣慰的样子，让宝宝和大孩子都获得内心的肯定和满足感。适当地夸赞有助于孩子之间进一步接纳彼此，并产生进一步交往的愿望。

活动点睛

研究表明，由于大一点的孩子在身体发展、认知经验和语言能力等各方面都具有优势，小宝宝在和大孩子玩耍时，能够在不知不觉中学习到新的知识和经验，这十分有益于小宝宝的身心发展。家长们要多鼓励并帮助宝宝经常和大孩子一起玩，并在此基础上进一步为宝宝创造接触不同孩子的条件和机会，这对宝宝社会性的发展将产生重要的推动作用。

理解二步语音指令

目标： 帮助宝宝理解复合句。

准备： 玩具箱、5-6种玩具。

方法与步骤

方法一 结合宝宝已经理解的指令进行练习。如果宝宝能明白把某物拿过来交给家人，您就可以说："请把你的小熊拿给妈妈。"待宝宝能做到后，再接着说："再把妈妈的小兔拿给爸爸。"就这样从宝宝能理解的指令开始慢慢练习。

注：本书第134页曾经为8-9个月的宝宝介绍过"传递游戏"，请您注意观察宝宝已经明白的游戏指令，并有意识地结合起来加以使用。

方法二 帮助宝宝通过模仿进行指令练习。

1. 连贯性示范。

为宝宝示范将一个玩具放进百宝箱，再拿出来，而且边做相应的动作边说"放进去"或"拿出来"。然后，鼓励宝宝也将一个玩具放进百宝箱，再拿出来，从而帮助宝宝理解一个二步指令的先后关系。初次练习时，您可以先握着宝宝的手完成动作。

宝宝，妈妈要把玩具全部放进"百宝箱"喽！先放小汽车，放——进——去！

● 好奇地看看

小汽车

积木

水杯

毛绒小兔

拨浪鼓

2. 整体性示范。

先把5-6个不同种类的玩具放在宝宝的眼前，让宝宝看着您把玩具一个一个地放进百宝箱，边放边说："放进去。"再一件一件地拿出来，边拿边说："拿出来。"具体方法请参考插图。

然后鼓励宝宝模仿。先让宝宝从一堆玩具中挑出某个玩具，如小汽车，然后鼓励宝宝把小汽车放进百宝箱。

待宝宝将玩具全部放完后，再让宝宝按照您的指令把玩具一件一件地拿出来。通过这个方法使宝宝学会理解简单的指令。

活动点睛

能够理解二步语音指令，说明宝宝的语言理解能力已经完成了从理解简单句到理解复合句的飞跃，这对于11-12个月的宝宝而言是了不起的进步。这一活动，将家长的示范动作与语音指令结合起来，能够帮助宝宝取得由理解简单句到理解复合句的进步。

理解自己的名字

目标： 帮助宝宝理解名字作为"代号"的内涵。

准备： 食物。

方法与步骤

方法一 告诉宝宝他的名字叫什么。

方法二 在日常生活中多使用宝宝的名字，不再用"宝宝"代替。

方法三 在宝宝看不见您的时候，使用名字呼唤宝宝。具体方法请参考插图。然后，观察宝宝的反应。当宝宝理解时，他就会朝着声音的方向寻找您。这时，请您及时出现并肯定宝宝。

如果宝宝没有反应，您可以走到宝宝的身边，再次和宝宝确认，增加宝宝对名字的理解："Charles，刚才是妈妈在叫你呀！你叫Charles。"

活动点睛

理解自己的名字不是一段无意义的音节，而是作为自己的"代号"，是宝宝通过语言开展社会交往的开端。这一活动，利用日常生活的情境，采取三个不同发展阶段的方法，循序渐进地引导宝宝加深对名字内涵的理解，既简单又有效。

11 / 12

多动课 **多给宝宝自主决定的机会**

目标： 参与社会生活，形成自己的主见。

准备： 沙子、衣服、洗衣液、洗衣盆。

方法与步骤

第一步 给宝宝提供一个选择的机会，如让宝宝选择玩沙子时需要穿的衣服。"宝宝，今天你要出去玩沙子，你想穿哪件上衣？"我们假设宝宝想穿白色的上衣。

第二步 鼓励宝宝去实践，并承担后果。具体方法请参考插图。

第三步 带宝宝一起洗衣服并总结经验，以便下次能做出更好的选择。"宝宝，为什么衣服会这么脏呢？""对，因为白色的衣服是不适合玩沙子的时候穿的。下次玩沙子时就不要选择白色的衣服喽！"

活动点睛

人的生活参与感，绝大部分是来源于能够在自己的事务上做出决定。在日常生活中，家长多给宝宝自主决定的机会，不仅可以保持宝宝的家庭参与感和对家人的信任感，而且还有利于宝宝形成自己的主见。同时，在家长的引导下对生活中的选择做出总结，能够提高宝宝意见的正确性，培养理性思维。

适应恼人的声音

目标： 提高对环境的适应能力。

准备： 电视、食物、图书、玩具。

方法与步骤

方法一 保证宝宝的生活环境不要太安静，并且要为宝宝创造户外活动和观看电视的机会。因为电视中有很多声音，宝宝听到的声音越多，越有利于宝宝对恼人的声音和嘈杂环境的适应。

方法二 在一些嘈杂的环境中，您可以在保证自己情绪稳定的情况下，对宝宝进行安抚，并给宝宝进行声音的解释和说明。具体方法请参考插图。

方法三 在宝宝因无法适应恼人的声音而烦躁时，您可以适当地转移宝宝的注意力，如喂食物、做游戏、看故事书等。让宝宝在嘈杂的环境中做一些别的事情，以提高宝宝的适应能力。

恼人的鞭炮声

宝宝，今天是除夕夜，是过年的日子，所以大家要在一起唱呀，跳呀，开心地说话呀，还要放鞭炮，这都很正常哦，说明大家都很高兴。

原来是这样啊，嘻嘻！

温馨提示：在嘈杂的环境中，请您一定不要让自己的情绪受到环境的影响而波动，因为您的情绪会影响宝宝对环境的认知。

活动点睛

能够适应环境中偶尔恼人的声音，是宝宝环境认知能力和适应能力提升的显著标志，这说明宝宝开始能够忍耐环境中某些短暂的恼人的变化，适应环境中的不可控因素。经过一段时间的练习，宝宝就能够对较为恼人的声音产生一定的判断，并将其纳入正常的环境要素之中，消除不安全感。

12–15 个月
之 探索小能手

"儿童的思维是在活动中、操作中形成和发展的。"

——美国教育心理学家皮亚杰

12-15个月的宝宝会什么？

身体发展与自理能力方面 ▶

　　12-15 个月是宝宝蹒跚学步的重要时期。宝宝的腿部力量已经可以支撑自己行走，因此，宝宝的双手被释放了出来，可以逐步做到边走边拿其他物品了。同时，宝宝的手眼协调能力得到进一步增强，能用小手做更多的事情，并能完成初步的生活自理任务了。

感知觉发展方面 ▶

　　12-15 个月的宝宝感官非常敏感，随着宝宝双腿走步能力的增强，宝宝接收到的外部信息也在成倍增多，因此宝宝将积累更多关于周围环境的感知。

认知发展方面 ▶

　　12-15 个月的宝宝对数字的概念继续发展，逐渐理解数字表示事物数量的意义。宝宝能玩简单的打鼓、敲瓶等音乐器械，还能重复一些简单的声音或动作。宝宝经常会出现一些"怪癖"，如喜欢将东西摆好后再推倒，或者将抽屉、垃圾箱等倒空。这一时期的宝宝是一个"探索小能手"，会以一些令人意想不到的创新方式探索和认识身边的事物。

语言发展方面 ▶

　　12-15 个月的宝宝发音热情进入沉默期，宝宝似乎突然没有了热情的"咿呀"声，就连以前已经学会的几个简单的词汇，如"爸爸""妈妈"等，很多时候都不再说了。这是婴儿出现的发音紧缩现象。在此期间，婴儿通过听，即通过可理解性语言输入对信息进行加工和整理，此时的宝宝对于语言的理解能力迅速发展，能听懂的话比他们能说出的话要多得多。宝宝能理解的名词主要是其所熟悉的周围生活中的家用物品、名词和特征较明显的身体器官名称等，宝宝能理解的动词主要是表示身体动作的，其次是表示事件和活动的能愿动词和判断动词。在句子理解上，宝宝主要能理解的是呼应句，如呼唤和问候的句子。

　　宝宝喜欢听别人聊天，喜欢听成人重复地说话，甚至会要求成人说相同的话，而且喜欢听好几遍，不厌其烦。一般来讲，宝宝在 12-15 个月（语言能力发展较早的宝宝在 9-10 个月）会真正意义上说出第一个常用的字词。

社会适应与人际交往方面 ▶

　　12-15 个月的宝宝表现出对家长的极度依恋，总是寻求家长或保育者陪伴在自己身边。此时，宝宝喜欢玩游戏，但大多所从事的是平行游戏，即两个以上的宝宝在一起玩时，即使操作相同或类似的玩具，宝宝们也是各玩各的，合作行为还未出现。在自我意识上，这个阶段的宝宝已经产生了"自我"的概念，是"自我中心主义者"。

因此，宝宝只能理解自己的观点，还无法理解他人的观点，也还不能站在他人的角度思考问题。

情感发展方面

12-15个月的宝宝可以通过行为和语言来表达自己的情绪了，也能初步识别他人的情绪。对喜爱的人或物，会用自己的方式表达激动与高兴；对陌生的人和物可能会感到恐惧。此时，宝宝开始能够逐步理解正确和错误的含义了，对成人批评自己所犯的错误会感到羞愧。

12 / 15

练习抱着玩具走

目标： 锻炼宝宝的腿部力量和身体平衡能力。
准备： 彩色布球。

扫码看
完整视频

12 / 15

方法与步骤

第一步 宝宝两脚分开，自己站稳。

第三步 妈妈与宝宝分开一点距离。

第二步 宝宝双手抱住彩色布球。

第四步 鼓励宝宝向前走，并将玩具交给妈妈。

活动点睛

12-15 个月正是宝宝蹒跚学步的重要时期。让宝宝练习抱着玩具走，可以充分锻炼宝宝的腿部力量和身体平衡能力，为宝宝最终学会正确地走路、学习跑步等打下良好的基础。

拖拉玩具退着走

目标：通过练习"退着走"，锻炼宝宝判断方向的能力和平衡能力。

准备：拖拉玩具、较粗的绳子。

扫码看
完整视频

方法与步骤

第一步 妈妈示范。

1. 准备一个拖拉玩具。

2. 妈妈双手握住绳子。

3. 妈妈拖拉玩具，慢慢地退着走——一步、两步、三步。

第二步 请宝宝试一试。

1. 协助宝宝双手握住绳子。

2. 拖拉玩具，慢慢地退着走——一步、两步、三步。

活动点睛

宝宝学会向前走后，就可以开始练习拖拉玩具退着走了。由于退着走需要判断方向、掌握平衡，因此可以锻炼宝宝主管平衡的小脑，同时也能增强宝宝身体的灵活性和协调性。

开始学跑

目标：锻炼宝宝的腿部力量与身体平衡能力。

准备：儿童护膝、吹泡泡的玩具。

扫码看
完整视频

12 / 15

方法与步骤

方法一 宝宝追妈妈。

第一步，妈妈与宝宝面对面站立，中间保持一点距离。

第二步，妈妈向后退，鼓励宝宝向前跑来追妈妈。

方法二 宝宝追泡泡。

妈妈向远处吹泡泡，鼓励宝宝去追。家长一定要为宝宝选择一个安全的场地学跑，或穿上儿童护膝，以避免宝宝摔伤哦。

活动点睛

练习追逐跑能够在趣味的游戏过程中锻炼宝宝的腿部力量，增强宝宝的平衡能力。此外，相对于走路等运动，追逐跑可在无形中提高宝宝的运动量，帮助宝宝获得充分的身体活动，有益机体健康。需要注意的是，每次追逐跑游戏的时间不宜过长，在宝宝感到疲惫之前就应及时休息，以便将运动强度控制在一个适当的范围内。

练习用钥匙开锁

目标： 锻炼宝宝的手眼协调能力。
准备： 儿童开锁玩具。

扫码看
完整视频

方法与步骤

第一步 妈妈示范。

1. 一手拿锁，另一手拿钥匙，对准锁孔，插入钥匙，并找到适宜的深度。

2. 拧。

3. 锁开了！

第二步 宝宝试一试。

1. 一手拿锁，另一手拿钥匙，对准锁孔。插入钥匙，并找到适宜的深度。

2. 拧。

3. 锁开了！

活动点睛

手眼协调能力对宝宝的发展起着至关重要的作用。手眼协调能够帮助宝宝有效探究各种事物，更快更全面地认识周围的世界。从一岁起，宝宝已经初步具备了一定的手眼协调能力，并具有很大的提升空间。用钥匙开锁不仅很有趣味性，而且能够帮助宝宝锻炼手部小肌肉的精细动作，有助于宝宝手眼协调能力的提升。一旦开锁成功，宝宝一定会收获满满的成就感哦！

学玩套塔

目标： 提高宝宝对视觉大小的分辨能力。
准备： 套塔玩具。

扫码看
完整视频

方法与步骤

第一步 手指套圈。妈妈将小圈套在宝宝的食指上。在这个过程中，请注意不要弄伤宝宝。

第二步 自由套塔。鼓励宝宝用三个大小不同的圈自由套塔，不用按大小顺序哦！

第三步 按顺序套塔。妈妈协助宝宝将套圈按照由大到小的顺序摆放好。然后让宝宝按照先大后小的顺序套塔。

活动点睛

视觉分辨能力不同于常言所说的"视力"，它是一种能够辨别视觉图像差异的能力。研究表明，良好的视觉分辨能力有助于宝宝的观察与认知，反之，如果视觉分辨能力不佳，则可能在学龄期出现混淆相近字、无法区分不同图画中的细微差别等学习障碍，因此，锻炼视觉分辨能力对宝宝的发展意义重大。而分辨大小，是视觉辨别能力的一项重要维度，难度适合于当前月龄段的宝宝。借助玩具套塔，可以在有趣的游戏中锻炼宝宝对大小的视觉分辨能力，且按由小到大、由大到小等顺序排列套圈，还有助于宝宝得到逻辑思维的锻炼哦！

12/15

初步练习点数

方法与步骤

第一步 请妈妈在宝宝面前，用手慢慢地数一数地垫上有几个玩具——每指一件玩具，便数出相应的数字，即为点数。

第三步 请宝宝再来数一数家里有几个人吧！当宝宝在点数中出现停顿时，您可以适时地提醒一下宝宝哦！

第二步 请宝宝尝试按照妈妈刚才使用的方法，来数一数地垫上有几个玩具。

活动点睛

幼儿并非天生就会区分多和少、具有数概念。所谓"数概念"，是指会计数、理解数的含义、知道数的顺序和大小等。12—15个月的宝宝还不具备清晰的数量观念，对物体集合的感知也模糊不清。在这一月龄段，可以初步引导宝宝学习点数，而点数是一种帮助宝宝学习"计数"的一种有效手段。需要注意的是，有的宝宝也许已经能够简单地口头数出几个数字，但这还不能代表他/她就已经理解了如何计数，只有当宝宝能够每指一件物品，同时报出相应的数字，才意味着宝宝初步学会了"点数"的计数方式哦。请您耐心地陪伴宝宝一起学习吧！

给自己一个拥抱

目标： 帮助宝宝形成自我概念。
准备： 无。

扫码看
完整视频

12
/
15

方法与步骤

第一步 妈妈示范。

1. 妈妈张开双臂。

2. 拥抱自己

3. 击掌庆祝，耶！

第二步 请宝宝和妈妈一起做一做。

1. 宝宝张开双臂。

2. 拥抱自己。

3. 击掌庆祝，耶！

第三步 宝宝自己试一试。动作同妈妈示范一致。

活动点睛

一岁左右时，宝宝已经初步建立了自我意识，认识到了自我与他人的不同。在此基础上，引导宝宝学习拥抱自己，则切实的肢体触感将有助于宝宝感知"自我"的存在，同时也有利于宝宝学习悦纳自己，增强宝宝对自我能力的认可。

学说完整句子

> **目标：** 培养宝宝的语言组织和表达能力。
> **准备：** 玩具熊、水瓶、纸尿裤。
>
> 扫码看
> 完整视频

12/15

方法与步骤

阶段一 家长用简单易懂的句子，在宝宝面前玩"自问自答"的游戏，多给宝宝创造"听"的机会，引导宝宝模仿。例如："这是什么？"——"这是玩具熊 / 水瓶 / 纸尿裤。"

阶段二 您可以鼓励宝宝用完整的句子回答家长的提问。例如："这是什么？"——"这是小熊 / 熊熊。""这是瓶 / 水瓶。""这是裤裤 / 纸尿裤。"

小熊

活动点睛

引导宝宝学说完整的句子，有助于帮助宝宝理清思维，锻炼口语的组织和表达能力。需要注意的是，12-15个月的宝宝已经从发音热情期进入了"沉默期"，因此，若要培养宝宝的语言组织和表达能力，便要从倾听入手，使"听"成为宝宝学习语言的一种重要手段，为宝宝更好更完整的语言表达积累经验，帮助宝宝丰富语言体系。这也意味着家长应多用完整的句子和宝宝说话，并引导宝宝模仿。

认识颜色——红色

目标： 锻炼宝宝的色彩分辨能力和视觉记忆力。

准备： 一个红色的塑料圆片（也可以是一块红色的积木。无论是哪一种，颜色都一定要选正红色）、红黄两种颜色的物品、玩具若干。

扫码看
完整视频

方法与步骤

第一步 在地垫上摆放多种红色物品，妈妈依次向宝宝介绍这些物品，让宝宝集中认识红色。

第二步 在地垫上摆放红、黄两种颜色的物品，其中红色的物品只有一个。鼓励宝宝把唯一的红色物品挑出来。

第三步 在地垫上摆放红、黄两种颜色的物品，其中有三个红色的物品。鼓励宝宝把多个红色的物品全都挑出来。

活动点睛

研究表明，出生半个月的婴儿已经具有了初步的分辨色彩的能力，4 个月以后，宝宝已经能够分辨红、蓝、黄、绿四个颜色范畴。练习分辨红色和黄色的物品，有助于宝宝巩固对色彩范畴的识别，同时有助于锻炼宝宝的视觉记忆力。在日常生活中，您可以依照以上三个步骤，让宝宝认识更多其他的颜色，以增强宝宝的视觉分辨能力和视觉记忆力。此外，提升对色彩的视觉分辨能力也有助于发展宝宝的空间感。请您和宝宝一起，去发掘和认识更多的色彩吧！

鼓励涂鸦

目标：发展宝宝的涂鸦能力，促进宝宝想象力的发展。

准备：画板、油画棒、水彩笔、铅笔、圆珠笔、毛笔和若干纸张、挂历。

方法与步骤

第一步 为宝宝提供多种丰富的涂鸦材料，并为宝宝做材料介绍。然后，请您用正确的握笔姿势为宝宝示范涂鸦。具体请参考插图。

第二步 引导宝宝用多种不同的方式进行涂鸦，例如用水彩笔在大挂历的背面进行涂鸦、用手指在有哈气的玻璃上涂鸦等。

第三步 鼓励宝宝和同伴一起涂鸦，进一步提升宝宝对涂鸦的兴趣。

现在，妈妈要用油画棒在纸上画画喽。宝宝看，妈妈是这样拿笔的。

好呀，当然可以！

妈妈、妈妈，我也要画！

用大拇指、食指和中指握住油画棒

活动点睛

涂鸦，是儿童美术能力发展的开端。1周岁以后宝宝就进入了"涂鸦期"，喜欢在纸上涂涂画画。一般而言，1岁的宝宝会戳画圆点或画出不规则线条；1岁2个月至1岁3个月后，宝宝会随意乱画；1岁半时宝宝能画出更长更稳健的线条。对于宝宝而言，涂鸦是一种充满趣味的游戏活动，他／她不仅能够在涂鸦的过程中体会到恣意"挥毫"的快感，还能够在不知不觉中锻炼手眼协调能力、促进认知的发展、开发想象的潜能。12-15个月宝宝的涂鸦没有明确的表现意图，且由于动作协调性不足，多是在纸上画一些随机的点和杂乱的不规则的线条。因此，不必苛求宝宝的涂鸦呈现某种形象，或是具备某种含义，重要的是鼓励宝宝大胆"创作"，在享受涂鸦快乐的过程中，使各方面的能力得到潜移默化的发展。

通过语气语调来判断家长的情绪

目标： 提高宝宝识别他人情绪的能力。

准备： 无。

方法与步骤

方法一 在亲子阅读中，通过强调的语气语调来帮助宝宝理解故事中各种各样的感情。例如：用轻快的语气透露出愉悦，用低沉的咆哮透露出愤怒等。具体请参考插图。

方法二 玩亲子表演游戏，您可以自行设计一些简单的情境和宝宝一起玩，尝试通过语气语调的变化，把同样的一句话表达出不一样的意思。例如：您可以用"你在干嘛？"这句话，设计几个不同的情境，并分别用不同的语气语调表达出来。

1. 爸爸坐在餐椅上，妈妈从厨房探出头来询问爸爸："你在干嘛？"

2. 爸爸把墨水弄到了妈妈的衣服上，妈妈有些生气地对爸爸说："你在干嘛？！"

被妈妈质问后，爸爸一定要诚恳地道歉，妈妈也要收起不满，心平气和地接受爸爸的道歉，原谅爸爸。这对于宝宝来说是一个良好的示范。

3. 鼓励宝宝一起来加入表演，比如妈妈正在切水果，爸爸鼓励宝宝关切地问妈妈："您在干嘛？"

活动点睛

识别他人的情绪情感，是一项重要的认知能力。同时，因为这项能力能够帮助宝宝更好地理解他人，因此它也是开展良好人际交往的保障之一。1岁之后，宝宝具备了一定的语言理解能力，从这一年龄段开始，家长便可有意识地帮助宝宝学习从语气和语调中辨析他人的情绪情感，进一步提升宝宝的"情绪识别"能力。当家长需要有意识地用语言来强调某种情绪情感时，一方面要表演得尽量自然，另一方面要把握好程度——如表达对他人不满时，不必表现得过于愤怒，否则会给宝宝带来不良示范。有时候，如果您的语气语调不是那么明显或极端，宝宝也能够分辨出其中的情绪的话，反而能够说明他/她的相关能力发展良好。

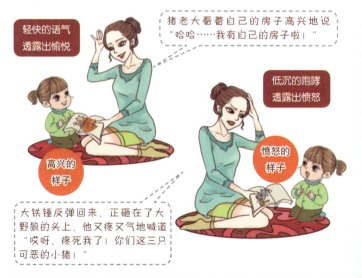

轻快的语气透露出愉悦

猪老大看着自己的房子高兴地说"哈哈……我有自己的房子啦！"

高兴的样子

低沉的咆哮透露出愤怒

愤怒的样子

大铁锤反弹回来，正砸在了大野狼的头上，他又疼又气地喊道"哎呀，疼死我了！你们这三只可恶的小猪！"

温馨提示： 故事中往往包含着起伏的情节和丰富的情感，因此更能帮助宝宝理解各种各样的情绪和感情。

与陌生人交往

12/15

目标： 帮助宝宝控制"害羞"情绪，促进宝宝交往能力的发展。

准备： 无。

方法与步骤

第一步 接纳宝宝的害羞，并给宝宝一些积极的暗示和引导，帮助宝宝建立安全感与面对生人的勇气和信心。具体请参考插图。

第二步 当宝宝在您的暗示和引导下向生人打招呼或对话时，请您一定要及时鼓励宝宝，并给宝宝积极正面的评价。积极正面的评价，有利于宝宝突破自身的心理障碍，与陌生人和谐相处。如果宝宝实在不愿意与陌生人接触，您也不要勉强宝宝，而是要安抚宝宝，告诉他/她您能理解，并对他人适当表示歉意。事后，您还可以温和地对宝宝说出您的想法，让宝宝意识到您是认真的，

这样宝宝也会努力对自己有所要求。

> 宝宝，叔叔是妈妈的朋友，他也很想和你做朋友，妈妈在你身边，这里很安全，宝宝不用害怕，来和叔叔打个招呼吧！

> 嗯……叔叔好！

● 试探的样子

温馨提示：当宝宝害羞时，请您千万不要表现出不耐烦、尴尬等情绪，更不要苛责宝宝。另外，您也不要为宝宝辩解和开脱，对他人说宝宝很害羞，因为这容易给宝宝贴上"很害羞"的标签，对于宝宝克服害羞是十分不利的。

活动点睛

在心理学中，"害羞"是一种情绪，是内心胆怯、紧张或不自在的一种外在表现。"害羞"的成因是复杂多样的，它与宝宝自身的性情、家庭教育与环境、社会文化背景等因素都息息相关。实际上，在大多数情况下，害羞并非一种不良情绪，而是一种中性的情绪反应。有时我们希望宝宝不要害羞，更多的是在无意识地执行社会对于人的期待和要求，而这种做法往往是不必要甚至不人道的。因此，接纳宝宝的害羞，适时适当地帮助宝宝克服过度的害羞，才能真正有助于宝宝身心的健康发展。

照镜子

目标： 帮助宝宝巩固自我意识。

准备： 镜子。

方法与步骤

第一步 您可以和宝宝一起照镜子，并为他/她指一指镜中的"宝宝"，从而引起宝宝的关注和兴趣。

第二步 玩"镜子游戏"。妈妈可做示范，即对着镜子做一些基本的表情，如大笑、皱眉等，并引导宝宝也来试一试。具体可参照插图中的玩法。

您也可以示范对着镜子做一些简单的动作，如拍手，并引导宝宝也来玩一玩。拍手的同时，您可以和宝宝一起听一听、找一找声音在哪里？您还可以引导宝宝友好地亲吻一下镜中的自己哦。

12 / 15

温馨提示：这一玩法可以帮助宝宝认识到自己做表情时，镜子中的宝宝也会跟着一起做表情哦。

活动点睛

到了一岁左右，宝宝已基本具备了自我意识，认识到了自我与他人、自我与其他事物是不同的。然而，每一个人都需要在一生的过程中不断地加深对自我的认识，而"照镜子"游戏便是现阶段稳固和加深宝宝自我意识的一种良好方式。通过这一游戏，宝宝会逐渐意识到，自己做什么，镜子里的人也会做什么，初步感知自己与镜像之间的对应关系。

15-18 个月 之 **垒叠平衡**

"游戏是儿童的心理维生素。"

—— 苏联教育家阿尔金

15-18个月的宝宝会什么?

身体发展与自理能力方面 ▶

　　15-18个月是宝宝垒叠平衡能力发展的关键期。这是宝宝学习把握自身的平衡和物体平衡的好时机,宝宝将逐步懂得利用手边的物品创造平衡,如不需要大人的帮助就可以用2-3块积木搭成一个塔状的东西,还能把书立在桌子上。宝宝的生活自理能力进一步提高,可以学会一些简单的自理任务了,如学脱衣服。

感知觉发展方面 ▶

　　15-18个月宝宝的感官依然非常敏感,随着宝宝自我控制能力、手眼协调能力、接受和处理信息的能力进一步增强,宝宝能够模仿和学习到更多的外部信息了。

认知发展方面 ▶

　　18个月左右是宝宝建立起初步的数字概念的关键期,宝宝开始能掌握事物之间的匹配关系,如图形与其轮廓的一一对应关系。宝宝的模仿能力在增强,能用一到两个字来表达自己的意愿,能指出身体的各个部位,还能说出自己的名字,有意识地叫"爸爸""妈妈"。此时,宝宝非常喜欢听儿歌、听故事;能根据大人的指令指出书上相应的东西;喜欢使用新方法玩玩具,偶尔还会比较不同物体的特性。

语言发展方面 ▶

　　15-18个月的宝宝开始能理解更多的句子。一是述事句,即对自己发现的事情进行述说,如爷爷问:"宝宝,你的球呢?"宝宝会四处张望一下说:"没。"表示他没有看见球,不知道球在哪里。二是述意句,即述说自己意愿的句子。此时,宝宝表述的意愿大多数是否定的,如成人让宝宝赶快收拾玩具来吃饭,宝宝会说"不",以表示不愿意。这种句式主要发生在本阶段的后期。

　　宝宝会给经常见到的物体命名。在词汇方面,以声音代物是1岁半以前的宝宝说话的一个明显特点。例如:把狗称为"汪汪",把猫叫做"喵喵"或"喵呜",以及用某种声音来代表某种活动,如用"嘘嘘"代表小便。

　　此时,宝宝常常出现词义使用错误的情况,在命名和使用新词时常常会出现词义"泛化""窄化""特化"的现象。词义泛化,是宝宝对一词的理解使用超出了目标语言范围的现象,如宝宝常用"毛毛"代表所有带皮毛的动物或用皮毛做的东西。词义窄化,是宝宝对于词义理解和使用达不到目标语言的现象,如幼儿最早理解的"车车"就是自己的婴儿车,而不是所有交通和运输工具。词义特化,是宝宝的词语指称对象完全与目标语言不同,如宝宝尿床了,妈妈过来换褥子时说了一声"糟糕",以后宝宝要小便时都说"糟糕"。

继续讲"小儿语"，如"吃饭饭""洗白白"等。发音还处于不够准确的阶段，如"牛"说成"油"，"星星"说成"西西"，"哥哥"说成"得得"等，这些都是这个月龄段宝宝语言的正常现象。

人际交往与社会适应方面

15-18个月的宝宝对不同的人有着不同的反应行为，开始通过多种行为和方法获取成人的注意。在自我意识上，宝宝的自我中心意识进一步加强，但仍然表现出对照料者的依赖。

情感发展方面

15-18个月的宝宝开始表达幽默感，对亲近的人表现出爱。宝宝有时会表现出消极的情绪或行为，这是宝宝情绪表达逐步丰富的表现。宝宝开始会用游戏表达情感和解决冲突。虽然宝宝非常依赖于与家长及照料者在一起时的依恋感和安全感，但宝宝也开始寻求独立了。这时的宝宝在情感控制上，开始能够通过家长的表扬、批评等来调整自己的行为。同时，在他人不满足自己的要求或环境中出现自己不满意的情况时，宝宝也很可能会发脾气。

15
/
18

目标： 锻炼宝宝的垒叠平衡能力。

准备： 10 块积木、一本便于立住的书。

扫码看
完整视频

方法与步骤

方法一 搭积木。妈妈可以引导宝宝垒搭 2–3 块积木。在垒叠的过程中，不小心把积木弄倒了也没关系。妈妈要适时地鼓励宝宝，为宝宝加油！

宝宝真棒！

15 / 18

方法二 立书。妈妈可以引导宝宝独立把书立在地垫上。如果宝宝立书成功，妈妈要及时赞美宝宝，并为他 / 她鼓掌哦。

哇
宝宝好棒！

活动点睛

垒叠平衡，即在不断垒叠物体的过程中，使之保持平衡而不倒。锻炼垒叠能力不仅能够帮助宝宝提升手眼协调能力、专注力以及意志力，还能够帮助宝宝发展控制物品的平衡能力，以及自身的协调性。15–18 个月是宝宝垒叠平衡能力发展的关键期，家长可以引导宝宝开始学习把握自我的平衡和创造物体的平衡，以充分锻炼宝宝的垒叠平衡能力。

学习双脚跳

目标： 锻炼宝宝的身体平衡能力。

准备： 无。

扫码看
完整视频

方法与步骤

方法一 宝宝站在最后一级台阶上，与妈妈面对面，妈妈牵着宝宝的双手，引导宝宝双脚跳下来。

方法二 两位家长分别拉着宝宝的一只手，同时向前用力，协助宝宝双脚远跳。

活动点睛

双脚跳属于大肌肉运动，能够促进宝宝身体大动作的发展。因此，练习双脚跳能够有效增强宝宝的腿部力量，同时也能锻炼宝宝的动作协调性和身体平衡能力，有助于神经系统的发育成熟。家长可以按照以上两种方法，引导宝宝学习双脚跳。

练习托球

目标：锻炼宝宝的手臂和手指力量，提高宝宝的身体平衡能力。
准备：大小和重量均适合宝宝双手托举的球。

扫码看
完整视频

方法与步骤

第一步 宝宝双脚站立，与肩同宽。

第二步 宝宝张开双手，托球向前走，托球退着走。

第三步 妈妈唱歌制造干扰，并鼓励宝宝托着球唱歌。在有音乐干扰的情况下，宝宝的球也不会掉下来，太棒啦！

活动点睛

研究发现，平衡能力发育不良，可能造成幼儿容易跌倒、拿东西不稳、眼睛不能注视目标等不健康现象，甚至可能影响脑机能、语言能力等其他方面的发展。因此，平衡能力对宝宝的成长至关重要，它的发展是其他感觉发展的基础。在练习走路、双脚跳等项目的基础上，托球游戏能够进一步锻炼宝宝手臂和手指的力量，并提高宝宝的身体平衡能力。当宝宝可以很熟练地做到双手托单球后，家长可以鼓励宝宝继续尝试单手托单球和双手托双球。

早教课 学脱衣服

目标： 培养宝宝的生活技能。

准备： 宽松的上衣、宽松的裤子。

扫码看
完整视频

方法与步骤

一、脱上衣

第一步 握衣襟，向后脱。给宝宝穿上一件没有系扣子的外套，引导宝宝右手握住右衣襟，左手握住左衣襟，打开衣服向后脱。

第二步 拽袖子，慢慢拉。用右手从背后拉住左手的袖子，脱下；再用左手拉住右手的袖子，脱下。

二、脱裤子

第一步 抓裤腰，向下脱。宝宝穿着宽松的裤子，先把裤子脱到大腿附近，然后坐下来。

第二步 拽裤脚，慢慢拉。用右手拉住左腿的裤脚，脱下；用左手拉住右腿的裤脚，脱下。

活动点睛

引导宝宝自己学会脱衣服，能够有效培养宝宝的自理能力和动手能力。此外，在学脱衣服的过程中，还能够于无形间锻炼宝宝的空间思维能力。如果家长边说顺口溜，边将脱衣的过程演示给宝宝看，宝宝会学得更快。当然，更为重要的还是引导宝宝自己亲身实践哦！

镶嵌形状

目标： 锻炼宝宝的手眼协调能力及专注力。
准备： 带有圆形、方形和三角形的形状镶嵌板。

扫码看
完整视频

方法与步骤

一、妈妈示范

第一步 先将正方形拿出，摆放在镶嵌框的下方。

第二步 再把正方形放回相应的镶嵌框中。

二、宝宝尝试

第一步 先将正方形拿出，摆放在镶嵌框的下方。

第二步 再把正方形放回相应的镶嵌框中。

正方形

15
/
18

活动点睛

镶嵌形状可以锻炼宝宝的手眼协调能力及专注力，有利于宝宝视觉空间的建立及对形状和颜色的认识，还可以帮助宝宝了解事物之间一一对应的关系，发展宝宝的思维判断力。

早教课 **玩沙子**

目标： 启蒙宝宝的想象力和创造力。
准备： 沙池、沙子、玩沙子的模具、水。

扫码看 完整视频

方法与步骤

方法一 玩干沙。
第一步，介绍并鼓励宝宝体验干沙。

第二步，为宝宝示范几种玩法，如在沙子上画画。

在沙子上画画

第三步，鼓励宝宝探索更多干沙的玩法，如倒沙子。

方法二 玩湿沙。
第一步，介绍并鼓励宝宝体验湿沙。

第二步，为宝宝示范几种玩法，如制作隧道、做沙球等。

用模具制作造型

第三步，鼓励宝宝来探索更多湿沙的玩法，如用小碗扣沙子、制作"饼干"等。

活动点睛

15-18个月正是宝宝对环境积极探索的关键时期，也是锻炼想象力与创造力的关键时期。玩沙子，不但能提升宝宝对周围环境的认知，启蒙宝宝的想象力和创造力，还能充分促进宝宝发散思维的发展以及智力的增长，并为抽象思维的发展奠定基础。让宝宝在不同形态的沙子和各种不同的玩法中，体验探索的快乐。

学会感谢

目标：培养宝宝的人际交往能力。
准备：无。

扫码看
完整视频

方法与步骤

第一步 让宝宝经常看到家人感谢他人的行为。在得到他人的帮助时，及时说"谢谢"，会给予宝宝良好的示范。

第二步 让宝宝经常听到感谢的话。
例如：当宝宝向您提供帮助时，及时对他／她说一句"谢谢"。

第三步 引导宝宝学习感谢家人。
例如：爸爸帮宝宝递水杯时，可引导宝宝对爸爸表示感谢。

第四步 引导宝宝学习感谢伙伴。
例如：小姐姐帮助宝宝搭建积木时，可鼓励宝宝对小姐姐的帮助表示感谢。

活动点睛

人是群居的社会性动物，人际交往是日常生活的基本需要。锻炼人际交往能力，有助于宝宝社会性的发展，同时也为宝宝将来能够更好地适应社会生活打下良好的基础。在生活点滴中，家长经常对他人的帮助表示感谢，能够为宝宝树立一个正面的榜样。而学会感谢，是宝宝人际交往的重要方面，常怀感恩之心会让宝宝终生受益。

分豆子

目标： 锻炼宝宝的分类能力。

准备： 1个托盘、3个小碗（碗中分别装有蚕豆、黄豆和绿豆，豆子的数量不可太少）。

扫码看
完整视频

方法与步骤

一、妈妈示范

第一步 从碗中各取几粒豆子（蚕豆、黄豆、绿豆）放在托盘中混合。

第二步 把不同的豆子（蚕豆、黄豆、绿豆）分到相应的碗中。

二、宝宝尝试

鼓励宝宝按照上述步骤试一试，如果宝宝无法独立完成，家长可给予协助，但请不要代劳。

活动点睛

分类是逻辑思维能力的重要组成部分，对宝宝今后形成分析和推理能力有极大的促进作用。1-3岁是宝宝学习分类的关键期，家长可以经常和宝宝做此项练习，以提高宝宝的分类能力，并为宝宝逻辑思维能力的发展奠定良好的开端。活动中，家长一定要在一旁看护，以防宝宝误吞豆子造成危险。

学穿大珠子

目标： 锻炼宝宝的手眼协调能力和专注力。

准备： 大珠子、鞋带。

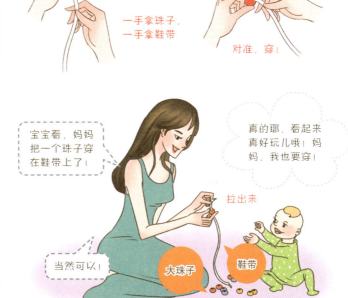

一手拿珠子，一手拿鞋带

对准，穿！

宝宝看，妈妈把一个珠子穿在鞋带上了！

真的耶，看起来真好玩儿哦！妈妈，我也要穿！

拉出来

当然可以！

大珠子

鞋带

方法与步骤

第一步 家长示范穿大珠子。具体请参考插图。

第二步 家长握着宝宝的手穿大珠子。

第三步 鼓励宝宝自己穿大珠子，并夸奖宝宝。穿珠时，您还可以有意地引导宝宝设计一些不同颜色的搭配，以增加活动的趣味性。在宝宝穿完一串珠子后，您还可以将宝宝的作品装饰家用、送给家人或给宝宝做成首饰（项链、手镯）等，这会让宝宝非常高兴的。

温馨提示： 请您事先准备好两根粗的鞋带，鞋带的两端要有硬包口，以便宝宝能够容易地将绳子穿入珠子的洞内。如没有合适的鞋带，用中等硬度的尼龙绳也可以。

活动点睛

锻炼宝宝的手眼协调能力，可通过调整动作的精细程度来控制难易。相比于大动作，穿珠入绳的游戏对手眼协调能力的要求更高，同时也需要宝宝保持高度的耐心与专注力。在日常活动中，家长可以运用以上步骤和宝宝开展穿珠入绳的练习，由易到难、循序渐进地让宝宝在成功的喜悦中提升信心。

妈妈是最好的早教老师

练习垒叠

目标： 锻炼宝宝的垒叠平衡能力。

准备： 4～5块体积依次递减的积木、9只大小依次递减的套碗。

方法与步骤

方法一 请您用事先准备好的4～5块体积依次递减的积木，为宝宝演示怎样搭高塔，然后鼓励宝宝自己搭一搭。宝宝初次垒叠时，可以先用三块积木进行练习，熟练后再逐步增加。

1. 中间垒叠。把小积木放在大积木的中间，依次搭好。

2. 边角垒叠。以一个角为基准，整齐地挨着边依次垒叠。具体请参考插图。

方法二 用套碗造塔。先将套碗按照从大到小的顺序，最大的为9号，最小的为1号，排成一个纵队。然后，用最大的9号碗做塔基，将8号碗放到9号碗的上面，将7号碗放到8号碗的上面，依次类推。直到1号碗放在最顶层，则造塔完成。

两条边，一个角，对对齐。妈妈又搭了一个高塔，宝宝来试一试！

妈妈示范 宝宝模仿

嗯，好！

宝宝加油，高塔马上就要搭好喽！

边边…… 角角…… 塔塔……

认真的样子

温馨提示： 刚开始练习时，宝宝可能总搭不起来，或者非常不整齐，请您不要着急，也不要批评宝宝，只需要做好示范，并给予宝宝及时的鼓励即可。相信经过多次练习，宝宝一定会慢慢地取得进步的。

活动点睛

此项练习，是在前期简易垒叠平衡游戏的基础上展开的，并根据宝宝的身心发展规律适当地提升了难度。在日常活动中，您可以运用以上方法多给宝宝提供练习垒叠的机会，在不同的垒叠方式中，促进宝宝手部小肌肉控制力的发展，并培养宝宝独自操作的专注力。

帮助宝宝更好地处理内疚情绪

目标： 培养宝宝的是非判断能力，初步建立正确的价值观。

准备： 无。

方法与步骤

情境假设：宝宝想把装有草莓的碗端给妈妈，但因没端稳，不小心把草莓掉了一地。宝宝有些惊慌失措，非常内疚。

第一步 安抚宝宝，并给予适当的肯定。具体请参考插图。

第二步 帮助宝宝消化内疚的情绪，并把它转变为积极的动力。您可以温和地和宝宝交谈，让宝宝说一说，自己为什么内疚、哪里做错了。

第三步 和宝宝一起处理造成的后果，一起商量出避免犯类似错误的方法，如可以用两只手端碗，避免碗中食物洒出。

但如果此后宝宝不小心又犯了同样的错误，并再次产生内疚情绪时（甚至可能比上一次更内疚与不安），您一定要及时地安抚宝宝，让他／她知道您没有责怪他／她的意思，重要的是要吸取教训，不断成长。

情境假设：宝宝不小心把装有草莓的碗掉到了地上。

宝宝，没有吓到你吧？

没有……嗯……可是……草莓……

塑料碗

内疚的样子

掉落的草莓

哦……宝宝内疚了，没事的，宝宝知道自己错了，这样很棒哦，以后更小心一些就可以啦！

温馨提示： 内疚，意味着宝宝知道自己做错了，说明宝宝是一个对自己有要求的孩子，所以您应给予宝宝适当的肯定。

活动点睛

一般来说，内疚是一种负面的情绪，但它同时也包含着正面的价值。家长要正确地帮助宝宝缓解内疚感，同时帮助宝宝发现自己内疚之事中有待完善的地方，并为之继续努力。需要特别注意的是，内疚往往源于犯错，而如果宝宝某次犯的错误极其危险，甚至有可能致命时，那么，家长在安抚宝宝情绪的同时，一定要明确地告诉宝宝绝对不能再犯同样的错误（如摸电源插座）。同时，也要做好防护措施，以避免潜在的危险。

激发"惊奇"的情感

目标： 激发宝宝"惊奇"的情感体验，增强对身边事物的求知欲。

准备： 无。

方法与步骤

方法一 为宝宝树立好的榜样。当您和宝宝看到一些美丽的景观，或是接触到一些新鲜的科技设备时，您可以表现出赞美、感兴趣的样子，并引导宝宝一起来欣赏或体验这些事物。

方法二 在日常生活中，多带宝宝接触和发现新鲜事物。您可以从以下三个方面入手。

1. 多带宝宝接触大自然。具体请参考插图。

2. 让宝宝适度接触电子科技产品，下载一些寓教于乐的软件给宝宝玩。电子科技的便捷与乐趣同样也会让宝宝感到惊奇，同时也有助于宝宝智力的发育。需要注意的是，宝宝接触电子产品的时间应控制在每天15分钟以内，以帮助宝宝养成良好的使用习惯。

3. 引导宝宝在生活中注意观察，如食物放久了就可能长霉等。

观察树叶的形状、纹路和颜色

妈妈，叶子……

对，是绿色的叶子。你看，上面还有"小细纹"呢！

宝宝，你来摸一摸叶子吧！

再来闻一闻！

好，妈妈……叶叶……滑滑的……

香香的……

摸一摸、闻一闻

活动点睛

"惊奇"是一种情绪反应，它的出现有利于宝宝保持一颗乐于探索的好奇心，帮助宝宝不断学习新知识。您可以运用以上方法激发宝宝"惊奇"的情感，并引导宝宝进一步去探究令他／她感到惊奇的事物，宝宝能从中获得很多乐趣与新知识。日常生活中，您可以直接让宝宝去"看"以上现象，也可以让宝宝先猜一猜，再让他／她去看一看事实和他／她的猜想是否一样。如果宝宝问"为什么"，您还可以与宝宝一起去探索答案。

15/18

目标： 摆圆环，可以提升宝宝的规则意识。

准备： 绳子、圆环（圆环的大小、绳子的粗细均要适中，以方便宝宝抓握为宜）。

方法与步骤

第一步 展示圆环和绳子给宝宝看。

第二步 展示游戏玩法，讲解游戏步骤。

首先，拿起绳子的两端，将圆环吊起来。具体请参考插图。

然后，一只手不动，另一只手摆动绳子，圆环就会跟着摆来摆去。

最后，停止摆动绳子，同时，圆环也随之慢慢地停下来，游戏结束。这一步骤的主要目的在于将游戏背后的规则用语言表述出来，帮

助宝宝理解游戏规则。

第三步 爸爸或妈妈握着宝宝的手，一起玩"摆圆环"游戏。

第四步 鼓励宝宝将"摆圆环"游戏表演给其他家人看。（其他家人指的是还不会玩这个游戏的家人哦。）

现在我们要开始玩一个叫"摆圆环"的游戏。第一步呢，我们要把绳子拿起来。宝宝看，小圆环怎么样了？

对。

小圆环……也起来了。

● 圆环吊起　　● 拿起两端

活动点睛

"摆圆环"游戏具有一定的游戏规则，其中还包含了一定的物理知识，且圆环摆动时能够呈现出较为稳定的运动轨迹。当宝宝能够熟练地玩"摆圆环"游戏后，就说明宝宝已经初步迈出了认知发展的关键一步，家长要为宝宝的进步鼓掌，并在今后继续和宝宝玩这个游戏，巩固宝宝对规则的理解。

下落的玩具

目标： 引导宝宝发现事物的特征和事物之间的联系。

准备： 不易摔坏的玩具。

方法与步骤

第一步 让宝宝观察下落的玩具，引导宝宝发现事物的特征，即物体会下落。

首先，请您将玩具举起来，然后松手，让宝宝观察——每个玩具都会下落。

然后，您可以加入一些有趣的描述。具体请参考插图。

第二步 引导宝宝和您一起想想怎么接住落下的玩具，如用手或垫子接住玩具，从而使宝宝发现事物之间的联系。初次接玩具时，宝宝可能还无法做到一下就接住，此时，您可以提示宝宝，接下落的玩具时，一定要及时伸手，这样会比较容易接得到。

宝宝看，小狗在被子上玩得好开心啊！

嘻嘻，是呀！

呀，小狗掉下来了！

呀……狗狗……

叠好的被子

活动点睛

在抛掷玩具的游戏过程中，宝宝能够逐渐发现"抛掷"与"下落"之间的联系，这不仅能够帮助宝宝锻炼归纳与分析的能力，还能够促使宝宝去思考事物或事物间的对应关系。在日常生活中，您可以运用以上步骤，多给宝宝介绍和展示一些事物的特征，并在解决问题时引导宝宝思考，如果宝宝无法想到解决的办法，您可以将自己的思路说给宝宝听，鼓励宝宝开动脑筋，利用对事物特性的相互配合来解决问题。

脸部拼图游戏

目标： 促进宝宝自我意识的发展。

准备： 妈妈和宝宝（或卡通人物）的大头照（用横向的直线平均分割成三块）。

方法与步骤

第一步 妈妈示范，宝宝在一旁观察。妈妈点数拼图，然后开始尝试拼拼图。具体请参考插图。

第二步 宝宝尝试拼拼图，妈妈在一旁引导和鼓励宝宝。

如果宝宝害怕自己的照片被切割，您也可以分割卡通人物的大头照，来和宝宝一起玩这个脸部拼图的游戏。

1、2、3，宝宝看，这里有 3 块拼图。

温馨提示：请您事先将妈妈的大头照，用横向的直线平均分割成三块，做成脸部拼图，以便游戏。

好奇的样子

● 妈妈的照片拼图

15 / 18

活动点睛

将照片各部分重新拼接成一个整体的过程中，能够帮助宝宝细致地观察与认识自己与他人的面部特征，促使宝宝学习区分自我与他人的不同，增强宝宝的自我意识。当宝宝能熟练地完成三块直线分割的拼图后，您就可以给宝宝多分几块拼图，也可以将拼图的边缘线变成曲线或凹凸线等。宝宝会随着脸部拼图难度的增加，不断加强自我意识哦！

亲子课 让宝宝喜欢上和您一起玩耍

目标： 提升宝宝的社会化水平。

准备： 无。

方法与步骤

第一步 巧妙融入。请您先在不远处观察正在独自游戏的宝宝，当宝宝在玩耍中遇到困难时，您可以抓住时机自然地融入到宝宝的游戏中去。具体请参考插图。

第二步 适当推动。当您顺利融入到宝宝的游戏中后，请您尽量扮演引导者、辅助者、支持者或合作者的角色，给予宝宝适当的推动。例如：当宝宝玩了很长一段时间，但仍然只是在横向平铺积木时，您可引导宝宝尝试纵向搭建。

在游戏中给予宝宝适当的推动，可以促进宝宝能力的发展。但是，请您不要在宝宝还没有尝试探索的时候，就迫不及待地"教"宝宝应该怎么玩哦。

第三步 调节时间。当您和宝宝一起玩耍15分钟左右时，请您引导宝宝和您一起活动活动身体，以促进宝宝身体的健康发展。伸伸胳膊伸伸腿，都是很好的活动方式。

呀，宝宝的积木放不稳，妈妈来帮你扶住第一块积木吧！

● 情况假设：宝宝玩积木时积木总是放不稳，这时您可借机融入游戏。

嘻嘻……谢谢妈妈！

温馨提示：您不必每次都主动要求和宝宝一起玩，而是应该给宝宝自行选择的自由和机会。当宝宝想要您加入时，他/她会主动向您发出信号。

需要注意的是，宝宝每次玩耍的时间不宜过短，否则宝宝还没有进入深度探索的状态，游戏就停止了，这不利于宝宝学习新的知识经验。当然，时间也不宜过长，否则会不利于宝宝身体的健康发展。

活动点睛

宝宝开始明显地喜欢与爸爸、妈妈一起玩耍，是宝宝社会化水平有所提升的标志，同时，也是促进亲子关系发展，帮助宝宝建立起安全型依恋的良机。在日常活动中，您可以运用以上方法巧妙地融入到宝宝的游戏中去，并可以适当调节宝宝的游戏内容和游戏的时间哦！

鼻子、眼睛在哪里

目标： 促进宝宝语言理解能力的发展。

准备： 无。

方法与步骤

方法一 镜前指认。请您抱着宝宝坐于镜前，然后让宝宝根据您的指令，对着镜子指出自己相应的身体部位。

方法二 多人指认。一人做主导人，发出指令，说出身体不同部位的名称，其他人用手指向各自相应的身体部位。

1. 爸爸做"主导人"。具体请参考插图。

2. 宝宝做"主导人"，说："请指一指嘴巴"，其他人一起指自己的嘴巴。

让宝宝做"主导人"，为宝宝提供"发号施令"的机会，可以大大增加宝宝对游戏的兴趣哦。

方法三 指认卡通形象。为宝宝提供若干卡通人物和动物的全身像，然后让宝宝根据您的指令，指出卡通形象相应的身体部位。这一玩法可以提高宝宝对人和动物的感性认识。

请指一指……眼睛！

宝宝和妈妈都指对了，很棒！

在这里

在这里

活动点睛

"鼻子、眼睛在哪里"是一项经典的游戏，它不仅能够锻炼宝宝的快速反应能力，还能够有效提升宝宝的语言理解能力。在日常活动中，您可以和宝宝多多开展"鼻子、眼睛在哪里"的指令游戏，帮助宝宝进一步巩固和发展理解与记忆的能力。身体部位的指认不仅仅局限于五官，还可以指认小手、小脚等其他的身体部位哦。

提高对环境中物品的感知与识别能力

目标：帮助宝宝感知常见物品的特性，识别常见事物的特征。

准备：玩具、袋子、旧画报（或旧图书）。

当宝宝看着书自言自语时，您可以提出一些指认物品的问题，引导宝宝回答。比如您可以问："宝宝，哪个是小狗？"宝宝也许会回答："是这个。"

需要注意的是，宝宝可能时常会看着书自言自语，请您不必疑惑，因为这正是宝宝丰富语言内容、扩大词汇量的过程。

方法与步骤

方法一 玩"猜猜看"游戏。请您把一个玩具放在袋子里，让宝宝猜一猜袋子里放的是什么物品，并大声地说出来。具体请参考插图。无论宝宝是否猜中，都请您将玩具拿出，并告诉宝宝物品的正确名称。

方法二 自制图书。您可以从宝宝看过的旧画报或旧图书中挑选一些宝宝熟悉的内容，照成照片打印下来，做成4-5页的图书给宝宝看。您也可以购买图书给宝宝看，但书中的内容一定要是宝宝熟悉的人和事。

15/18

宝宝，请你猜一猜妈妈的袋子里放的是什么东西？

是……车车？

袋子

是车车.

宝宝的声音有点小哦，请大声地说出来吧!

温馨提示：您也可以把物品藏在箱子里、手掌中或衣服里哦!

活动点睛

感知与识别能力是学习能力中的一项重要内容。如果感知与识别能力发展良好，那么一旦进入学龄期，宝宝便能够轻松胜任识字、分辨图形等学习任务，并能够快速掌握新知识。因此，在日常活动中，您可以通过以上方法提高宝宝对环境中物品的感知与识别能力，同时为宝宝语言交流能力的发展奠定基础。

练习精准投掷

目标：锻炼宝宝的投掷能力。

准备：布球、盒子。

方法与步骤

阶段一 握着宝宝的手，帮助宝宝将布球投进距离 1m 以内的盒子中。具体请参考插图。

阶段二 鼓励宝宝自己将布球投进距离 1m 以内的盒子中。

阶段三 增加难度。

方式一，逐渐加大盒子与宝宝之间的距离。

方式二，逐渐缩减盒子的大小。

以上两种增加难度的方式可结合使用。在增加难度的过程中，请尽量让宝宝感受到成功的喜悦，即不必过大地提升投掷难度。

好！

宝宝，我们来一起把球投进盒子中吧！

● 盒 子

约 30cm × 30cm 的底面积

一、二、三、投！

握着宝宝的手

1m 以内

耶，球进了！

温馨提示：除布球外，您也可以使用沙包或其他便于握住的玩具进行练习。

活动点睛

投掷是人类特有的一种运动能力，它起源于远古的狩猎活动，在今天的日常生活与劳动中也具有很大的实用价值。锻炼投掷能力，能够帮助宝宝锻炼双臂和肩部肌肉，同时促进宝宝身体协调性和手眼协调能力的发展。在此项练习中，当宝宝能够将布球一类的玩具扔进 1m 远的盒子中时，就说明他／她已具备了初步的掷准能力，并具备了一定的手部控制能力。您可以以此为基础，和宝宝继续开展这一练习，帮助宝宝持续提高精准投掷的能力。

18-21个月
之
自我中心

"教育中应该尽量鼓励个人发展的过程。应该引导儿童自己进行探讨，自己去推论。给他们讲的应该尽量少些，而引导他们去发现的应该尽量多些。"

—— 英国教育家斯宾塞

18-21 个月的宝宝会什么？

身体发展与自理能力方面

18-21 个月宝宝的上肢力量有了一定的发展，能将球向上举过肩并扔出 50cm 以上，但不一定能很好地控制方向。宝宝下肢力量发展达到一定的水平且具备了一定的控制能力，能够跑且能自己停下，但整体上还不够熟练，常常表现出摇摇欲坠的样子。在自我服务方面，宝宝对刷牙非常感兴趣，并能够尝试自己刷牙和洗漱，这真是一个不小的进步呢！

认知发展方面

18-21 个月宝宝的"陌生人焦虑"逐渐消减，对陌生人产生新奇的态度，喜欢探索他所遇到的每件事。此时，宝宝非常喜欢模仿做家务，如给干活的人拿个小凳子，家人做面食时跟着捏等。开始能够从事初级的假装游戏。宝宝对身体部位的名称已经很熟悉了，能手口一致地说出身体各部位的名称，能主动表示想大小便。宝宝能认识两种颜色，并能逐步理解长短的含义。

语言发展方面

18-21 个月的宝宝能理解的词汇数量和种类与日俱增，宝宝对语言的理解开始逐步摆脱具体情境的制约，词语理解能力不断提高，能够准确地把词与物品或动作联系起来。从 20 个月起，宝宝开始出现双词句，本阶段后期会出现复合句。

宝宝掌握新词的速度突飞猛进，处于"词汇爆炸"阶段。这一阶段，宝宝的语言表达能力将发生质的变化，他们将以每个月平均说出 25 个新词的速度递增，到两岁时基本可以说出 300 个左右的词，并了解 1000 个左右的词。这种掌握新词的速度猛然加快的现象是以后各阶段所不再有的。

这个月龄段的宝宝会自创新词。因宝宝的词汇量不足，且尚未习得某些人、事、物的名称，但同时又需要表达其意，因此有时候会应用有限的词量，或是将其所知道的词汇加以组合，创造出新词汇或有趣的语言用法。如妈妈告诉过宝宝脚的末端叫"脚后跟"，而某天宝宝的手掌末端疼时，宝宝会告诉妈妈"我的手后跟疼"。

人际交往与社会适应方面

18-21 个月的宝宝喜欢被成人关注，甚至会要求成人关注自己。此时，宝宝开始意识到他人的情感，开始发现人与人之间的差异，逐渐拓展自己的社会关系，懂得在遇到困难时向他人寻求帮助。在自我意识上，18-21 个月的宝宝是十足的自我中心主义者，从自己的视角看待事物的趋势加强。此时，宝宝在积累中对自我的认知可能会发生改变，宝宝逐渐会使用"我""我的""你"等代词。

情感发展方面

18-21 个月的宝宝还不能将人的内在情感和外在行为分开认识，有时会出现在同一时间表现出一种或多种情绪的情况。良好的情绪状态对宝宝自我意识的建立能起到推动作用。宝宝开始主动寻求赞赏。同时，宝宝也可能会受到环境和他人的影响，产生一些恐惧感，如变得怕黑、害怕陌生人等。

18
/
21

定点投球

目标： 锻炼宝宝的掷准能力。
准备： 4 个稍高一点的箱子，4 个小皮球，箱子上依次写着
编号：1、2、3、4。

扫码看
完整视频

方法与步骤

游戏玩法：准备 4 个箱子和 4 个小皮球，把箱子编号后放在不同的位置。设定好投球的箱号顺序后，宝宝按顺序投球。

挑战一 请宝宝按照 1、2、3、4 的顺序投球。宝宝把 4 个球都投进了，1、2、3、4，顺序也完全正确。真棒！

挑战二 挑战打乱顺序投球。妈妈可以请宝宝按照 4、1、3、2 的顺序投球。如果宝宝没投进，可以鼓励宝宝多尝试几次。当宝宝把 4 个球都投进了，4、1、3、2 顺序也完全正确时，您要给予宝宝及时的鼓励和夸赞。

18
/
21

活动点睛

当前月龄段是宝宝发展掷准能力的关键期，因此应有意识、有针对性地帮助宝宝提升这一能力。初次游戏，家长要先让宝宝尝试按顺序投球，待宝宝熟练后，再打乱顺序投球，从而让宝宝循序渐进地提高掷准能力。

学穿扣子

目标：锻炼宝宝的手眼协调能力。

准备：扣子1个（扣子上的孔眼要尽量大一些）、线绳1根。

扫码看
完整视频

方法与步骤

第一步 妈妈示范。

1. 一手拿扣子，另一手拿线绳。

2. 对准扣眼，穿。

第二步 宝宝来试一试，动作同妈妈的动作。宝宝穿好后，妈妈要给予宝宝适当的鼓励和夸赞哦。

活动点睛

穿扣子游戏是对穿珠游戏的升级。相对而言，扣眼的孔洞比珠眼更小，线绳也比穿珠时的绳子更细软，这要求宝宝要有更精准的精细动作以完成任务。初次练习时，宝宝只要能将绳子穿过扣眼就可以了。熟练后家长再引导宝宝把绳子从扣眼处拉过去，进一步提升宝宝手部动作的准确性和手眼协调能力。

18/21

告知变化

目标： 帮助宝宝处理好抵触情绪。
准备： 图书一本。

扫码看
完整视频

方法与步骤

第一步 语言交流。例如：宝宝正在看书，妈妈走到宝宝旁边询问："你在做什么呢？"鼓励宝宝用简短而完整的语句回答："我在看书。"

第二步 告知变化。妈妈告诉宝宝："再过五分钟我们就该吃饭喽！"

第三步 变化提醒。"宝宝，五分钟快要到了，我们得做好吃饭的准备喽！"

第四步 发生变化。"宝宝，五分钟到了，我们一起来吃饭吧！"

把书放好，准备吃饭

活动点睛

当家长需要宝宝改变现在的状态时，要用宝宝容易接受的语言，一步一步地提前提醒宝宝，给宝宝一个心理预期和交流的机会，这能帮助宝宝处理好他们处在变化时的自我状态，避免发生抵制行为或抵触情绪。

组合表情

目标： 培养宝宝对自我的认同感。

准备： 剪出可表现开心等表情的眉毛、眼睛、嘴巴、鼻子；白板一块。

扫码看
完整视频

方法与步骤

一、妈妈来示范，拼一张开心的脸。

第一步 妈妈想想要拼的表情，然后做出开心的表情。

第二步 挑选出五官，眉毛、眼睛、鼻子、嘴巴。

第三步 摆放五官。妈妈将眉毛、眼睛、鼻子、嘴巴在白板上摆放好，开心的脸拼好啦！

二、宝宝来试一试，拼一张开心的脸，步骤同妈妈示范的步骤。

活动点睛

这一游戏的初始阶段是让宝宝根据要求组合出相应的表情，熟练后，家长需要鼓励宝宝随意组合任何表情。这就是宝宝从听从指令到具有自我观点的发展过程哦。

找东西游戏

扫码看
完整视频

目标： 加强宝宝对"词的称谓功能"和"词的概括性"的理解。
准备： 各种小动物的毛绒玩具至少五个，不同颜色的娃娃至
少三个。

方法与步骤

游戏一 找出玩具狗。

1. 地垫上摆放着五个毛绒玩具（其中之一是玩具狗），妈妈示范找出玩具狗，并说出它的称谓（玩具狗）。这一游戏可以帮助宝宝理解"词的称谓功能"。

2. 请宝宝来试一试，在这些玩具中找出那只玩具狗，并说出它的称谓——玩具狗。

游戏二 找出娃娃。

1. 地垫上摆放着五个毛绒玩具（其中有三个不同的娃娃，不同样式，衣服也不一样），妈妈示范在这些玩具中找出所有的娃娃，并说出它们共同的类别（娃娃）。这一游戏可以帮助宝宝理解"词的概括性"。

这些都是娃娃

2. 请宝宝在这些玩具中找出娃娃，并说出它们共同的类别——娃娃。

这些都是娃娃

活动点睛

当宝宝能够从多种物品中挑出指定物品，就说明宝宝开始理解"词的称谓功能"了。当宝宝将所有符合一种名称的物品都拿出时，就说明宝宝开始理解"词的概括性"了。

18
/
21

感知轻和重

目标： 培养宝宝的感知能力。

准备： 勺子两把（一把塑料材质且较轻的，一把金属材质且较重的）、罐子两个（一个塑料材质且较轻的，一个玻璃材质且较重的）、收纳筐。

扫码看
完整视频

方法与步骤

第一步 感知不同物品的不同重量。地垫上摆放着塑料勺子和玻璃罐子，宝宝依次把这些物品放到收纳筐中，感知塑料勺子轻、玻璃罐子重。

一只手掌

第二步 感知相同物品的不同重量。地垫上摆放着塑料勺子和金属勺子，宝宝依次把它们放进收纳筐中，感知塑料勺子轻、金属勺子重。

这个勺子有点重啊！

再请宝宝把两个罐子依次放到收纳筐中。感知塑料罐子轻、玻璃罐子重。

这个罐子有点重啊！

不同种类的物品有轻也有重，相同种类的物品同样有轻也有重哦。

重　轻　轻　重

活动点睛

在感知轻重的游戏中，宝宝能够增强感知觉的能力，同时还能够在实际操作中体会到在拿取不同物品时，需要使用不同的力量，这有助于宝宝增强解决问题的意识与能力！

情绪认识

目标：加深宝宝对不同情绪的了解与认识。
准备：开心、难过、吃惊和生气四种表情的图片。

扫码看
完整视频

方法与步骤

第一步 地垫上摆放着开心、难过、吃惊和生气四种表情的图片，妈妈请宝宝找出其中的一个表情，如开心。

第二步 如果宝宝找不到开心的表情，您可以给宝宝两个提示，以帮助宝宝找到开心的表情。

提示一，给宝宝解释开心的表情；
提示二，做一个开心的表情给宝宝看。

宝宝看，
就是这个表情哦！

第三步 如果宝宝找到了，家长要引导宝宝做两件事，以加深宝宝对情绪的认识。

第一件事，鼓励宝宝说说什么时候会感到开心；

第二件事，引导宝宝做一个开心的表情。

18/21

活动点睛

识别情绪，是一种重要的认知能力，同时也是人际交往的一种保障。而认识不同的表情，便是识别情绪的开始。认识"开心、难过、吃惊、生气"四种基本情绪，有助于宝宝更好地理解他人的情绪，并根据他人的情绪做出适当的反馈。家长可以借助这一活动，进一步加深宝宝对情绪的了解和认识。

练习控制奔跑中的速度

目标： 锻炼宝宝的身体平衡能力。

准备： 吹泡泡玩具。

方法与步骤

方法一 玩"快跑追泡泡"的游戏。游戏玩法：请您先示范如何吹泡泡，并让宝宝去追远处的泡泡。为了增加游戏的趣味性，您可以和宝宝一起数一数他/她戳破的泡泡的数量哦！当宝宝能够熟练地追赶泡泡后，家长还可以让宝宝去追自己吹的泡泡，以调动宝宝奔跑的积极性。

方法二 玩"一二三木头人"的游戏。在玩这一游戏时，请您根据宝宝的能力调整"一二三木头人"口令速度

的快慢，并为宝宝设定一个合适的距离，然后引导宝宝从远处跑到您的跟前。

1. 在宝宝奔跑的过程中，您可随机喊"一二三木头人"，使宝宝停下来。具体请参考插图。

2. 孩子再长大一些后，您还可以和宝宝互换角色，让宝宝喊您来跑，以增加游戏的趣味性。

一二三木头人！

哎呀……

宝宝小心！

嘿嘿……谢谢妈妈

温馨提示： 初期游戏时，您可以在宝宝快到您的跟前时再喊停，因为如果宝宝无法停下或站立不稳，您可以及时地为宝宝提供保护。

活动点睛

此项游戏是在前期较简单的"追泡泡"游戏的基础上发展而来，适当增强了难度和趣味性，它不仅能够有效锻炼宝宝的身体平衡能力，同时也能够提升宝宝的反应能力以及对身体的应激控制能力。在日常活动中，鼓励宝宝多多跑动，并让宝宝在保证安全的情况下提高速度，可以促进宝宝四肢协调性和配合度的发展。

宝宝自己刷牙的方法

目标： 培养宝宝的生活自理能力。

准备： 牙刷、牙膏。

方法与步骤

第一步 竖着刷牙齿外侧，具体请参考插图。

第二步 竖着刷牙齿内侧。

第三步 刷大牙齿的平面。

第四步 刷舌头。

第五步 漱口。

活动点睛

宝宝两岁半左右牙才能出齐。因此，此时的刷牙练习主要是为了培养宝宝的刷牙兴趣和良好的生活习惯。宝宝的动作从不熟练到熟练需要一个过程，请家长不要刻意要求宝宝动作标准，以免挫伤宝宝练习刷牙的兴趣。还要提醒宝宝刷牙时不要太用力，漱口时千万不要喝漱口水哦。

18/21

练习套圈

目标：锻炼宝宝的空间知觉能力和手眼协调能力。

准备：套圈玩具。

方法与步骤

第一步 为宝宝提供一个较大的圈和能被圈套入的物品或玩具。例如"长颈鹿套圈玩具"。"长颈鹿套圈玩具"非常适合宝宝用来进行此项练习。您也可以为宝宝自制套圈玩具，如玩具可选用易拉罐、玩具汽车等，圈可以用铁丝制作，但要注意将接口用胶套封好，以免发生危险。

第二步 家长示范套圈，并说出动作要点，宝宝在一旁观察。具体请参考插图。

第三步 家长站在宝宝的身后，握着宝宝的手，教宝宝感受"抛"的动作。

第四步 宝宝自己尝试套圈，并简单地说出动作要点，爸爸在一旁引导和鼓励。

练习初期，当宝宝出现套圈失败的情况时，您一定要及时地鼓励宝宝继续加油，以增强宝宝的自信心和挑战欲望。

当宝宝能够在近距离熟练套圈后，您可以慢慢地提高套圈的难度。如增加宝宝与套圈玩具之间的距离，或是减小圈的直径，从而帮助宝宝在玩耍的过程中，逐渐提高瞄准能力。

宝宝，爸爸要套圈喽！先用一只手的食指和大拇指平着拿住圈，然后看一下长颈鹿和你之间的距离，最后平着抛出去。

哇，套住了，爸爸好棒！

长颈鹿

套圈

1m

温馨提示：初次练习，您可以根据宝宝的首次表现适当地调整距离。

活动点睛

套圈游戏能够锻炼宝宝的空间知觉能力以及投掷能力，强度适中，且兼具趣味性。您可以运用以上步骤和宝宝一起练习套圈，帮助宝宝分析技巧，引导宝宝在多次练习中取得进步。两岁以内的宝宝如果能在50cm左右的距离套中一两个圈，就已经是很好的成绩了。

理解和顺应宝宝情感的细腻变化

目标: 促进宝宝情感的细腻分化。

准备: 无。

方法与步骤

第一步 注意区分宝宝所产生的"喜爱"情感。宝宝对成人的喜爱偏向于信赖与依恋,而对同龄人的喜爱则偏向于视其为自己的同伴,并表现出友好的态度。

第二步 理解和接纳宝宝出于对成人和同龄人喜爱的不同,所产生的不同的行为和需要。例如可能会有以下情况:

1.宝宝不去找同龄人玩,却非要家长陪着自己。此时,请您不要强行拒绝宝宝或表现出烦躁,而是应该尽量满足宝宝对您的依恋。

2.宝宝很想和同龄人一起玩,而不想和家长一起玩。此时,也请您不要感到失落,要理解宝宝仍然是很爱您的,

只是在不同的时候和不同的情况下,宝宝的情感需求可能不同而已。具体请参考插图。

第三步 在充分顺应宝宝对不同人的不同喜爱,满足宝宝情感需求的同时,帮助和引导宝宝更好地成长。

1.当宝宝与您在一起玩要时,请您有意识地引导宝宝在能力上有所突破和提升,而不只是停留在原来的水平。

2.您可以为宝宝创造机会和条件,引导宝宝多与同龄人互动、交流,鼓励宝宝待人友好,甚至尝试分享。与同龄人的互动,会有利于促进宝宝社会化的进程与综合能力的发展哦!

活动点睛

18-21个月的宝宝,"喜爱"的情绪情感会出现分化,典型表现为对成人和同龄人的喜爱会产生微妙的不同。在日常生活中,家长要多与宝宝进行情感上的互动,也要多为宝宝提供与同龄人相处的机会,这样宝宝的情绪情感的发展才会越来越丰富而细腻。

处理嫉妒的情绪

目标：引导宝宝更好地面对和处理嫉妒的情绪。
准备：无。

方法与步骤

第一步 接纳宝宝的嫉妒情绪。首先要明确，嫉妒是一种消极情绪。但当宝宝嫉妒他人时，请您不要为宝宝粉饰，要承认他/她的嫉妒，以平常心接纳这种情绪情感发展的反应。

第二步 尝试理解宝宝为什么嫉妒，并为他/她进行适当的调节和疏导。

1. 有时候，宝宝的嫉妒是因为感到自己缺少关注和关爱。例如：当您在宝宝面前夸奖另一个宝宝懂事、能干时，宝宝就有可能会嫉妒。具体请参考插图。

2. 还有的时候，宝宝的嫉妒是因为感到自己的某个方面不如他人，却又不甘心而产生的。例如：当发现同伴已经可以很熟练地使用筷子了，而自己却不可以，宝宝就有可能会嫉妒。此时，您需要让宝宝了解，嫉妒是没有用的，只有努力地去做到更好，才会有所进步。

温馨提示：当有若干宝宝在场时，请您不要有意无意间冷落任何一个宝宝。当您的宝宝被忽视或冷落时，也请您适时适当地找出宝宝一个合理的优点，并给予宝宝肯定和鼓励。

活动点睛

嫉妒是一种负面情绪，但若引导得当，同样可以呈现积极的意义。当宝宝出现嫉妒情绪时，请视情况运用以上的方式安抚和引导宝宝，使宝宝及时地将这种负面情绪转化为积极情绪和努力的动力。在日常生活中，您也要以身作则，要真诚地赞美他人的优点，尽量不在背后议论他人。相信在您的引导和影响下，宝宝一定会成为一个心胸宽广的孩子。

早教课 玩简单的假装游戏

宝宝看，这是一套厨房玩具，我们一起来玩"过家家"吧！

厨房玩具

好！

目标： 假装游戏，可以帮助宝宝形成对"假设"关系的理解，初步摆脱"自我中心"意识。

准备： "过家家"的玩具，如厨房玩具、卧室玩具或电话玩具等。

方法与步骤

第一步 为宝宝提供一套适合玩"过家家"的玩具。

第二步 和宝宝一起看看每件物品是否都是见过的、认识的。对于不熟悉的物品，您可以带宝宝到现场指认给他/她看。

第三步 妈妈为宝宝示范做饭的基本步骤。例如：假装炒菜、将菜盛出来、假装闻和吃等。然后，假装情境，请宝宝来尝试做饭。具体请参考插图。

第四步 营造各种情境，和宝宝一起利用玩具来照顾布娃娃，如娃娃想吃饭了。

在这一环节中，您可以根据制造情境的难易，为宝宝提供示范、引导宝宝想办法解决问题，或者和宝宝合作解决问题。

随着宝宝游戏水平的提高，宝宝会逐渐不再依赖高仿真玩具，而是能够通过更多的想象来完成假装游戏。

活动点睛

引导宝宝玩假装游戏，可以帮助宝宝在潜意识中形成对"假设"关系的理解，摆脱"自我中心"意识以及周围环境和物品的束缚，这是站在他人角度想问题的基础。研究表明，假装游戏的能力和水平与宝宝的认知能力正相关。请您运用以上方法多为宝宝提供假装游戏的机会，让宝宝自由地"假装"起来。

模仿和理解家长的行为

目标： 促进和发展宝宝模仿和理解家长行为的能力。

准备： 无。

方法与步骤

方法一 玩游戏"请你跟我这样做"。具体步骤如下：

1. 先请妈妈做主导人，爸爸带动宝宝进行配合。具体口令和玩法请参考插图。

2. 当宝宝能够熟练配合后，就请宝宝做主导人，妈妈和爸爸进行配合。口令同上。

方法二 玩游戏"玩具怎么玩"。游戏玩法：

1. 先请妈妈示范，介绍一个自己喜欢的玩具，并教宝宝怎么玩。

2. 再请宝宝尝试，介绍一个自己喜欢的玩具，并教妈妈怎么玩。

活动点睛

家长在日常生活中有意识地多创造机会，向宝宝解释自己的行为及其背后的因果关系、相关关系等逻辑规律，能够帮助宝宝进一步提升对行为的认知和理解。同时，家长也需注意自己的言行，因为宝宝将会更多地模仿家长的一举一动。

鼓励宝宝随着音乐做动作

目标： 锻炼宝宝的节奏感和韵律感。

准备： 音乐、视频。

方法与步骤

方法一 经常给宝宝听一些节奏清晰、欢快的音乐。

方法二 经常给宝宝观看一些做律动的儿童视频。观看视频的时间不宜过长，以免造成宝宝视力损伤哦！

方法三 边听节奏欢快的乐曲，边带动宝宝和您一起随着音乐跳舞。具体请参考插图。

活动点睛

音乐是促进宝宝感觉统合能力的"法宝"。当宝宝能模仿您随着音乐节奏做动作时，就说明宝宝能够发现您动作中的节奏感和韵律感了，这是宝宝具备了初步乐感的典型表现。家长可以运用以上方法，引导宝宝多听、多看、多跳，以促进宝宝乐感的提升和大脑的发育哦。

区分长短

目标： 促进宝宝空间知觉能力的发展。

准备： 长纸条和短纸条、长筒袜和短袜、长尺子和短尺子、长黄瓜和短黄瓜。

方法与步骤

第一步 为宝宝准备两个造型相同但长短不一的物品，例如：长纸条和短纸条。

第二步 引导宝宝区分纸条的长短。具体做法如下：

1. 上下摆放，一端对齐进行比较。

2. 用手比对，区分纸条的长短，具体请参考插图。

第三步 得出结论，指出哪个纸条是长的，哪个纸条是短的。

第四步 找出更多长短不一的成组的物品（详见"准备"），让宝宝利用以上步骤区分物品的长短。

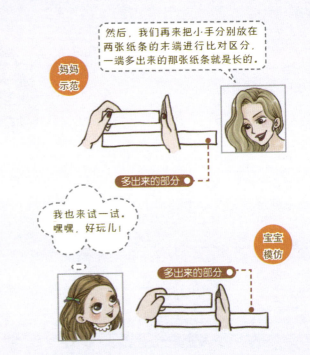

然后，我们再来把小手分别放在两张纸条的末端进行比对区分，一端多出来的那张纸条就是长的。

妈妈示范

多出来的部分

我也来试一试，嘿嘿，好玩儿！

多出来的部分

宝宝模仿

活动点睛

比较长短一般是指水平方向的比较，比较高矮是指垂直方向的比较，而大小的比较则是综合了水平和垂直方向的比较。在日常活动中，家长可以运用以上方法，通过展示和说明，逐步地和宝宝一起来区分长短。在游戏中对宝宝加以鼓励，可以帮助宝宝更好地用语言等方式将自己的认识表达出来哦。

认识颜色——黄色

目标：锻炼宝宝对颜色的认知能力。

准备：盘子，若干黄色、红色、白色的积木。

方法与步骤

第一步 请宝宝在红、黄两种颜色的积木中，挑出红色的积木，并告诉宝宝盘子中剩下的积木就是黄色的积木。具体请参考插图。

第二步 引导宝宝从白、黄两种颜色的积木中，挑出黄色的积木，加深宝宝对黄色的认识和区分。

第三步 请宝宝从多种颜色中挑出黄色的积木，巩固宝宝对黄色的认识和区分。

第四步 鼓励宝宝在家中找出黄色的物品，进一步提升宝宝对黄色的认识和区分。

宝宝，请你在这些积木中挑出红色的积木。

这是……红色，这是……红色。妈妈，我挑完了！

宝宝真棒！现在，我们来看，盘子中剩下的就是黄色的积木，黄色。

黄色……

对，黄色。

18/21

● 黄色的积木

● 被挑出的红色的积木

温馨提示：请事先为宝宝准备若干黄色和红色的积木，且要在宝宝认识红色的基础上进行活动。

活动点睛

认识和区分黄色，能够提高宝宝对颜色的感知与认识，为宝宝在艺术领域的发展奠定重要的基础。同时，作为干扰色，红色和白色也在一定程度上提升了辨别颜色的难度和趣味性。在日常活动中，家长可以运用以上方法积极地引导宝宝对色彩进行观察、记忆和挑选，帮助宝宝进一步认识和区分其他更多的颜色。

识别图片中的事物

目标：锻炼宝宝的语言能力，提高认知能力。
准备：动物的图片。

方法与步骤

第一步 带宝宝参观动物园，让宝宝认识和观察一些不同的动物。具体请参考插图。

第二步 和宝宝在家中一起玩"逛动物园"的游戏。

首先，依次拿出一些动物的图片，然后让宝宝依次说出图片中动物的名称。请先拿宝宝熟悉的动物的图片，再加入一些不熟悉的动物的图片。还不会说话的宝宝家长可以代为回答。

然后，将所有图片放到一起，让宝宝从中找出指定动物。

依照以上方法，您还可以与宝宝一起玩其他类似的游戏，如"逛超市""逛水果店"等，请您将图片分类来让宝宝学习和认识。

宝宝看，那是大熊猫，它在吃竹子呢！

熊猫

大熊猫？！黑黑的，白白的……

活动点睛

识别图片中的事物，可以帮助宝宝进一步理解和记忆事物的名称，掌握词语和具体事物之间的对应关系。在开展此项练习的基础上，家长还可以利用生活中的适当机会随机地与宝宝开展语言指认游戏，增加宝宝对物品的接触，并丰富语言刺激，帮助宝宝逐步进入语言与认知相互促进的发展模式中。

18
/
21

21-24 个月 之 自我服务

　　"孩子现在在学习活动，而不是学习静坐；不是为上学做准备，而是为生活做准备，是为了通过养成习惯，在实践中获得社会生活的能力。"

——意大利儿童教育学家蒙台梭利

21-24个月的宝宝会什么？

身体发展与自理能力方面

21-24个月的宝宝双腿力量和运动中的身体平衡能力有了较大进步，如能逐步尝试双脚交替上下楼梯、能连续跑5-6m等，这大大拓展了宝宝探索和学习的空间和范围。同时，宝宝的手指力量也有了很大进步，能主动进行一些拉、扯、掰等手指动作。此时，宝宝的独立性也大幅度增强，很多事情要求自己来完成，并出现一定的坚持性，家长对宝宝的"自我服务"要给予支持和鼓励哦。

感知觉发展方面

21-24个月宝宝的空间感增强，能够初步理解前、后、左、右、上、下等空间方位。同时，宝宝的时间知觉也逐渐发展，能够初步理解时间的长短、时间的早晚，以及时间上的先后顺序等。

认知发展方面

21-24个月的宝宝已经能较熟练地掌握事物之间的大小关系；同时，宝宝逐渐对图形形成了基本概念，能认识简单形状，如方形、三角形等。此时，宝宝活泼好动，好奇心强，喜欢探索新环境，发现新物品，宝宝模仿成人的能力进一步提高，如咳嗽、翻书等动作都惟妙惟肖。同时，宝宝喜欢追逐打闹，更喜欢到室外环境中活动。宝宝能准确地认出照片上的自己，然后笑或用手指出来。

语言发展方面

21-24个月的宝宝喜欢提问，语言上出现"反抗行为"。此时，宝宝进入了人生的第一个"反抗期"。心理和行为上都想独立。表现在语言上，就是宝宝开始具有自主性和反抗性。宝宝开始不断向成人提问，了解事物的有关信息，如名称、特征、用途和构造等，这实际上也是宝宝学习语言的一个途径。

此时，宝宝开始使用疑问句和否定句。疑问句表现在提问上，否定句则表现在语言反抗上。宝宝常常把"不"挂在嘴边。如妈妈叫宝宝快来洗脸，宝宝嘴上说着"不"，实际上却很乐意地跑到妈妈身边，让妈妈帮自己洗脸。

这一阶段是宝宝发出叠音词的高峰期，不仅使用数量多，而且覆盖范围广。宝宝正处于"电报句"为主的阶段，双词句增长速度加快。（注："电报句"是指由两个词组成的句子，如"妈妈抱抱""爸爸班班""宝宝吃""苹果削"等，也称为"双词句"。）

宝宝能开始使用代词"我"。极少数18-19个月的宝宝可能会使用"我"，但大多数宝宝都出现在20-24个月。宝宝说话由"宝宝吃"

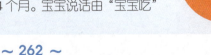

21
/
24

开始慢慢变成"我吃"。

宝宝逐渐展现出对阅读的喜爱。儿童阅读成就的基础，在他们还处于宝宝或学龄前的时期就已经打下了。宝宝在学龄前期间学的字词会影响他们日后在学习时的表现。阅读不但为儿童提供了字词学习的机会，同时也为父母和儿童提供了交流的极大乐趣。此时，宝宝有非常浓厚的书写兴趣，能掌握几种写画方法，如画直线、波浪线、圆圈等。有的宝宝还会写几个简单的汉字或数字。

人际交往与社会适应方面

21-24 个月的宝宝开始喜欢模仿他人的言行。在他人遇到困难时，常常希望给他人提供帮助。宝宝过去以平行游戏为主，现在开始出现少量的合作游戏。此时，宝宝在分享上还有困难，还可能做出与成人要求相反的事情，家长要给予充分理解和正面引导。在自我意识上，宝宝自我的界限进一步精确，能够基本明白（识别出）属于自己的东西。

情感发展方面

21-24 个月的宝宝幻想增多，他们开始寻求在常规生活中的安全感。有时候会对家长或照料者表现出拒绝，也可能再一次明显出现害羞的情绪。同时，宝宝的攻击性可能增强。在情感控制方面，此月龄段的宝宝可能会走向极端，主要表现为从撒娇到固执，甚至苛求。

21/24

本阶段课程

追铁罐

目标：锻炼宝宝奔跑中的平衡能力。
准备：铁罐、2-3颗小石子。

扫码看
完整视频

方法与步骤

第一步 妈妈在铁罐中装入2-3颗石子，晃动铁罐，使铁罐发出声音。

第三步 妈妈把铁罐滚远，鼓励宝宝去追铁罐。

第二步 妈妈将铁罐放到地上来回滚动，使铁罐发出声音。

活动点睛

来回滚动几次

在奔跑的过程中，平衡能力至关重要，它不仅能够保护宝宝避免摔倒和磕碰，同时也有助于提升奔跑的速度与强度。追铁罐游戏，可以于趣味中锻炼宝宝奔跑中的平衡能力。如果宝宝跑步时不容易停住脚步，家长可将铁罐滚到墙边或有栏杆的地方，让宝宝手扶墙或栏杆，以方便停止和蹲下。

学走木板

扫码看
完整视频

目标： 锻炼宝宝的平衡控制能力。

准备： 一条宽约 15cm、长约 1m、厚约 3cm 的木板。

方法与步骤

第一步 将准备的木板放在地上。

第二步 鼓励宝宝双脚踩在木板上，打开双臂。

第三步 引导宝宝一脚在前一脚在后挪动着走。

第四步 引导宝宝两脚交替，向前走。

第五步 妈妈协助宝宝将身体慢慢向后转。

第六步 转身成功，打开双臂，继续双脚交替向前走。

活动点睛

增强平衡控制能力，有助于提升宝宝身体的协调性，促进神经系统的发育，并发展宝宝的运动技能。而学走木板，可以有针对性地锻炼宝宝的平衡控制能力。待宝宝能熟练地来回走后，家长可以让宝宝练习双手拿着玩具或在头上顶着一只轻巧的小碗走木板，以提升游戏趣味性和练习的难度哦。

拧开和上紧螺旋玩具

目标： 锻炼宝宝的手指小肌肉力量。

准备： 螺旋玩具 3~4 个（没有螺旋玩具，可以用螺旋口瓶子代替）。

扫码看
完整视频

方法与步骤

一、妈妈来示范一下拧开螺旋玩具。三指捏住螺帽，逆时针拧。

三、妈妈来示范一下上紧螺旋玩具。对准螺旋口，套入，顺时针拧。

二、宝宝来试一试。同妈妈的动作。

四、宝宝来试一试。同妈妈的动作。

活动点睛

练习拧开和上紧螺旋玩具，不仅能够帮助宝宝锻炼必要的生活技能，同时还能够锻炼宝宝的手指小肌肉力量，刺激宝宝的手部触觉。且"拧开""上紧"等包含螺旋方向的动作，还能增强宝宝的空间感哦。

21/24

学穿袜子和鞋

目标： 培养宝宝的生活自理能力。

准备： 宝宝、妈妈的袜子和鞋各一双（请注意：鞋子是不需要系鞋带的）。

扫码看
完整视频

方法与步骤

第一步 学穿袜子。

1. 妈妈示范：撑开袜口，伸进脚丫，提起袜口——袜子穿好啦！

2. 宝宝试一试，动作同妈妈。

第二步 学穿鞋子。

1. 妈妈示范：双手撑开鞋口，伸进脚丫，提起后帮，向上拉——鞋子穿好啦！

2. 宝宝试一试，动作同妈妈。

活动点睛

学穿袜子和鞋是宝宝有必要掌握的基本生活技能，它能够帮助宝宝增强自理能力，同时也有助于锻炼宝宝手脚协同配合的能力，并发展手部的精细动作能力。练习穿袜和穿鞋时，家长一定要将动作的要领准确地说给宝宝听，并示范给宝宝看，以便宝宝更好地进行练习。

学洗手

目标： 培养宝宝的生活自理能力。
准备： 洗手液、毛巾。

扫码看
完整视频

方法与步骤

第一步 妈妈帮宝宝挽起袖子。

第二步 打开水龙头，冲冲手，再关上水龙头。

第三步 滴上洗手液，搓出泡沫，搓手心，手背，搓手指缝，搓大拇指，搓四指，搓指尖。

第四步 打开水龙头，把泡沫冲干净。最后，用毛巾把手擦干。

活动点睛

养成饭前便后洗手的习惯，不仅能培养宝宝的生活能力，对宝宝的身体发育也至关重要。手上的细菌容易使宝宝患上寄生虫病，而这不只影响肠胃消化，还会影响宝宝大脑的发育，造成感觉统合障碍。洗手的重要性容易被忽略和低估，请务必引导宝宝学会正确的洗手方法，养成良好的卫生习惯哦。

21/24

涂颜色

目标：培养宝宝运用色彩的能力。
准备：没有上颜色的图片两张、油画棒。

扫码看
完整视频

方法与步骤

第一步 为宝宝准备一张没有颜色的图片和几根不同颜色的油画棒。

第三步 鼓励宝宝展示并简单描述自己的作品。

第二步 鼓励宝宝根据自己的想象给图片涂上颜色。

活动点睛

21-24个月是培养宝宝运用色彩能力的关键时期。家长应多鼓励宝宝涂色，以增强宝宝对颜色的感知哦！需要注意的是，在这一涂色练习中，注重的是对色彩的感知和运用，而非对手部小肌肉的控制，因此，不必限制宝宝不能把色彩涂到图像的轮廓以外，而是应该鼓励宝宝大胆地用色，享受涂鸦的自由与快乐。

蜘蛛结网

目标： 激发宝宝的想象力和创造欲。
准备： 素描纸、油画棒、儿童画架、吸扣（固定纸张用）。

扫码看
完整视频

方法与步骤

第一步 家长准备几支不同颜色的油画棒，并画一只可爱的蜘蛛。

第三步 提出问题，引导宝宝发挥想象力，画出各种不同线条。例如："小蜘蛛还能吐出什么样的丝呢？宝宝，你来画一画。"

第二步 家长画出几种不同的线条（如直线、曲线、弧线等），示范给宝宝看。

第四步 宝宝画完后，家长和宝宝一起讨论每根线条像什么。

活动点睛

21~24个月的宝宝开始喜欢写写画画。家长可以抓住这一时机，引导宝宝学习不同的画法，并设定情境，按照以上步骤，充分激发宝宝的想象力和创造欲。

21
/
24

学画"十"字

目标：锻炼宝宝手部肌肉的控制力。

准备：素描纸、油画棒（较粗的）、儿童画架、吸扣（固定纸张用）。

扫码看
完整视频

方法与步骤

第一步 妈妈示范画"十"字，先画一条横线，再画一条竖线。

第二步 宝宝来试一试，先画一条横线，再画一条竖线。如果宝宝无法独立完成，家长可以给予宝宝一定的协助（握着宝宝的手，带着宝宝画），但不要代劳哦。

第三步 如果宝宝画得好，家长还可以再教宝宝在横线上画很多竖线做栏杆哦！

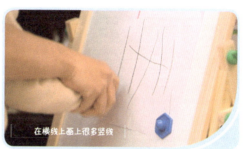

在横线上画上很多竖线

活动点睛

学画十字，可以初步培养宝宝的读写习惯，锻炼宝宝的手部控制力，为宝宝今后学写汉字打下基础。

21
/
24

练习倒水入瓶

目标： 锻炼宝宝的手指力量和手眼协调能力。
准备： 两个瓶口直径约为 2.5cm 的瓶子、一个托盘或脸盆、一个小碗。

扫码看
完整视频

方法与步骤

第一步 妈妈面前的托盘中有两个瓶子，一个装有半瓶水，一个没有水。妈妈拿起装有水的瓶子，对准没有水的瓶口倒水。倒水成功！

第二步 宝宝面前的托盘中有两个瓶子，一个装有半瓶水，一个没有水。宝宝拿起装有水的瓶子，对准没有水的瓶口倒水。倒水成功！

第三步 宝宝看着妈妈把小碗中的水倒入瓶中。在熟练前两步的操作后，宝宝也可以练习用小碗向瓶中倒水哦。

活动点睛

水是流动而无形的，若要将水完好地从瓶口倒入，需要良好的手眼协调能力以及对手部动作的精准控制。因此，倒水练习在前期练习的基础上，可以进一步提升宝宝的手指力量和手眼协调能力。刚开始玩时，宝宝往往会在倒水的过程中将水洒出瓶口，这是正常现象，家长要多鼓励宝宝练习，宝宝的动作技能会变得越发精湛哦。

练习用筷子吃饭

目标：锻炼宝宝的手指肌肉力量和自我服务意识。

准备：长度适宜且可爱的儿童筷子（并非带辅助环的辅助筷子——带手指环的儿童筷不利于宝宝锻炼手部肌肉和手指灵活性，而且会阻碍宝宝真正掌握筷子的使用方法，因此不建议使用）。

方法与步骤

第一步 妈妈和宝宝共同进餐，让宝宝看到您使用筷子吃饭的样子，并用表情和语言告诉宝宝"饭菜很好吃"，从而激起宝宝用筷子吃饭的欲望。

第二步 如果宝宝提出要用筷子，您可以将一双儿童筷子递给宝宝，并强调"这是你的专用筷子哦"，提升宝宝使用筷子的兴趣。

提示：如果宝宝没有提出要用筷子，您可以向宝宝展示一下他/她专用的儿童筷子，并鼓励宝宝尝试一下。

第三步 指导和鼓励宝宝用

筷子吃饭。开始时，宝宝只能将饭菜扒到嘴里，筷子分不开，也不会夹菜。您可以将红薯、胡萝卜或南瓜等切成容易夹的小块儿让宝宝夹取，具体请参考插图。通过练习和您的耐心引导，相信宝宝很快就能学会使用筷子吃饭了。

活动点睛

使用筷子，能够有效锻炼宝宝的手部小肌肉，发展宝宝的精细动作，同时有益于小脑的发育。在日常生活中，您可以运用以上方法教宝宝使用筷子。在学习使用筷子的初级阶段，您可以不必过于强调动作，要以保护宝宝的兴趣和尝试的欲望为主，提高宝宝自己吃饭的热情，鼓励宝宝自我服务。

21/24

双脚交替上下楼梯

目标：锻炼宝宝下肢肌肉力量的发展和身体的灵活性。

准备：寻找层数较少的楼梯进行练习。

方法与步骤

阶段一 学习双脚交替上楼梯。

首先，请您扶着宝宝的腋下，鼓励宝宝双脚交替向前走。具体请参考插图。

然后，请您拉着宝宝的一只手上楼梯。

熟练后，您可以鼓励宝宝自己上楼梯。

阶段二 学习单脚踏一级台阶下楼梯。练习初期，请您拉着宝宝的一只手慢慢地下楼梯，并指导宝宝要探头看路，身体垂直。稍熟练后，您可以鼓励宝宝自己慢慢地下楼梯。

阶段三 学习双脚交替下楼梯。

请注意：大多数宝宝要在两岁以后才能慢慢地学会双脚交替下楼梯，所以请家长不必着急。宝宝在上下楼梯时一定要有成人监护，千万不能让宝宝在楼梯上单独玩耍。

宝宝，我们要开始上楼梯喽！

哈哈……好玩儿！

● 扶住宝宝的腋下逐级抬高

活动点睛

双脚交替上下楼梯能够有效锻炼宝宝的身体平衡能力，且比起双腿同时用力，更能有效增强宝宝的下肢力量以及身体的灵活性。在日常生活中，您可以根据宝宝的自身情况，在不同的阶段运用以上不同的方法引导宝宝学习双脚交替上下楼梯，让宝宝在成功的体验中提升和锻炼自己的能力，增强自信，取得进步。

克服对医生的恐惧

目标： 帮助宝宝克服不必要的恐惧感。

准备： 扮演医生的道具。

方法与步骤

方法一 妈妈可以与宝宝谈论关于"医生"的话题。

首先，您可以请宝宝自己说一说，他/她为什么害怕医生。

然后，请您给宝宝讲一些关于看病的小故事，并和宝宝进行讨论，具体请参考插图。

最后，请您再与宝宝聊一聊，引导宝宝认识到：医生并不总是给人打针，有时候不用打针，医生也能帮宝宝把病治好；医生是好人，我们不必害怕医生。

方法二 使用扮演医生的道具和宝宝一起玩"角色扮演"

妈妈来给你讲一个故事吧！有一天呀，小仓鼠病了，肚子疼得厉害，仓鼠妈妈就赶紧带小仓鼠去看医生，到了医院，医生给小仓鼠开了一些药，小仓鼠吃了药，感觉好多了，他觉得医生真是棒极了！

● 专注的样子

的游戏。

1. 让宝宝扮演病人，您扮演医生。您来给宝宝"开药"或"打针"。

2. 让宝宝扮演医生，您扮演病人。宝宝来给您"开药"或"打针"。

角色扮演游戏可以让宝宝因害怕医生而产生的不良情绪得到发泄和补偿，还可以在游戏中慢慢体会到医生并不是那么可怕，看病也不是那么可怕。

活动点睛

宝宝害怕医生，往往是因为把"医生"与"疼痛感"联系在了一起而产生的情绪反应，这是一种正常而普遍的现象。在理解宝宝的基础上，我们可以帮助宝宝克服这种不必要的恐惧感。在扮演医生的游戏之外，家长仍然需要注意日常的言行。当家长觉得宝宝有些"不听话"时，请不要拿"医生"来吓唬宝宝，如对宝宝说"再不听话就把你送到医院去打针"等。这样的言行会让宝宝对医生、看病产生消极的联想，不利于宝宝的身心健康。

五官游戏

目标： 培养宝宝对事物的理解能力。

准备： 纸、画笔、画板。

方法与步骤

游戏一 补上五官。

首先，请您为宝宝和自己各画一张脸部的自画像，并在每张画上故意少画一到两个五官部位。具体请参考插图。

然后，请您做示范，用宝宝的自画像对比宝宝的五官，看看缺少了什么，并补画上。

最后，请宝宝尝试，用妈妈的自画像对比妈妈的五官，看看缺少了什么，并补画上。

待宝宝添画成功后，您可以多画几张缺失一到两个不同的五官部位的自画像，然后鼓励宝宝将妈妈的五官补上。

游戏二 五官贴画。请您先在纸上画一个圆圈，代表人脸，然后让宝宝将不同的五官图片自由搭配组合，拼成一个带有五官的完整的人脸。

游戏三 画全家福。请您鼓励宝宝在一张纸上画出自己、爸爸和妈妈的大头像。

活动点睛

在日常活动中，您可以经常和宝宝玩以上游戏，帮助宝宝认识人脸，在脑海中形成较为完整固定的事物形象，并通过调动记忆来指导自己的行为，对事物进行还原，进而帮助宝宝建立对事物的理解与分析能力。

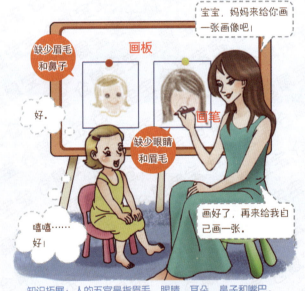

知识拓展：人的五官是指眉毛、眼睛、耳朵、鼻子和嘴巴。

21/24

确立"自我意识"

目标： 培养宝宝的自我意识。

准备： 镜子、干净轻便的小玩物（如小花等）。

方法与步骤

第一步 玩照镜子的游戏。引导宝宝对着镜子认识自己的身体部位。

第二步 反推第一步。请您将宝宝照镜子时的各种姿态拍下来或者画出来，并与宝宝一起来欣赏这些"镜中的图像"。

还可以请宝宝来学一学这些"镜中的图像"所做的动作。这一"玩中学"的做法，能够帮助宝宝初步感知自己与映像间的对应关系哦！

第三步 寻找可以放在宝宝身上的小玩物，如小花，具体以插图为例。

宝宝，请你对着镜子找一找小花在哪里？

嗯……在这里！

哇，宝宝找到了，好棒啊！

温馨提示： 摆放在宝宝身体上的小玩物可以由大到小，让宝宝越来越难发现，以提高游戏的难度系数和趣味性。

活动点睛

"自我意识"是宝宝应具备的非常重要的能力之一。经过前期的经验准备，到了21-24个月时，宝宝自我意识的发展将产生质的飞跃。当宝宝能够在照镜子时发现并擦去脸上或身上的脏东西，或是能够明显注意到放在自己身上的小玩物时，就说明宝宝已经能够将自己的形象和加在自己形象上的东西加以区分了，这种行为实际上是宝宝"自我意识"出现的标志。

早教课 我是"小喇叭"

目标：锻炼宝宝的语言表达能力。

准备：白纸、胶带。

方法与步骤

第一步 和宝宝一起用白纸做一个"小喇叭"。具体请参考插图。

第二步 正式开始"我是小喇叭"的游戏。游戏玩法：宝宝用"小喇叭"重复家长所说的语言。这里所说的"语言"可以是一句悄悄话，也可以是一句儿歌。

在生活中，您随时都可以和宝宝玩这个游戏。如果宝宝喜欢，您可以进一步引导宝宝说："我是小喇叭，小喇叭为您广播啦！"

您还可以和宝宝进行角色互换，即您当小喇叭，来重复宝宝说的话。

游戏结束时，可以说："小喇叭要休息啦！"并以此作为结束的信号。

"小喇叭"制作步骤图

● 纸张平铺

1 2 3 4

● 以一个角为固定点，向一侧将纸卷成小喇叭

● 用胶带粘上纸的接缝处

● "小喇叭"制作完成！

温馨提示：您也可以鼓励宝宝开动脑筋，将家里类似的物品作为"小喇叭"使用，如卫生纸筒芯等。

活动点睛

语言的组织和表达，是一种重要的能力。在生活中，您随时可以和宝宝玩这个游戏，鼓励宝宝多发音、重复或模仿发音。因此，在生活中您也要处处规范自己的用语习惯，多使用礼貌用语，为宝宝做出良好的语言示范，奠定社会文明和公德教育的基础。

21/24

理解"我"的含义

目标：培养宝宝的自我意识。

准备：无。

方法与步骤

第一步 经常用人称代词"我"向宝宝做介绍，为宝宝做示范。具体请参考插图。

第二步 经常问宝宝一些关于他／她自己情况的问题，引导宝宝用人称代词"我"来作答。您可以参考下列几个问题：

1. 你叫什么名字？
2. 你几岁了？
3. 你是男孩还是女孩？
4. 你的妈妈／爸爸叫什么名字？

您可以根据所处环境的不同，对宝宝提出不同的问题，以增强活动的趣味性。

宝宝，我要去上班啦，再见！

妈妈再见！

宝宝，我吃饱喽！

我也吃饱了，哈哈……

21／24

活动点睛

在自我意识建立之前，宝宝很难理解"我"的含义，这也就是为什么宝宝往往用自己的昵称来称呼自己。而进入到当前月龄段，便是引导宝宝理解"我"这一人称代词含义的关键时期，需要及时把握。在日常生活中，您可以以上述问题为例，和宝宝开展更多的语言交流，配合社会领域能力的发展，帮助宝宝在稳固的自我意识的基础上，进一步理解"我"的含义，增强宝宝使用人称代词开展交流的信心和能力。

24-27个月
之
开始奔跑

"如果他从来没有在干燥的原野上跑过，如果他从来没有受过太阳照耀的岩石所反射的闷人的热气，他怎能领略早晨的清新的空气呢？如果他没有感受过花儿的香、叶儿的美、露珠的湿润，他怎能体会感官畅快呢？"

——法国教育学家卢梭

24-27个月的宝宝会什么?

身体发展与自理能力方面

24-27 个月的宝宝的大肌肉动作更加灵活自如，控制身体平衡的能力进一步增强，行走的速度已不能满足宝宝探索世界的愿意，他们开始学习奔跑。精细动作的发展达到较高水平，能够帮助宝宝完成一些生活技能。两岁以后，宝宝对秩序感、生活习惯、所有物的依赖性提高，需要创造一个有秩序的环境来帮宝宝认识事物、熟悉环境。熟悉的环境一旦消失或改变，就会令宝宝无所适从。

认知发展方面

24-27 个月的宝宝对事物"大与小"的概念已经非常明确了，并且已经能辨认出数字1、2、3，也能较好地理解数字的含义。宝宝能将内和外、前和后、长和短等概念区别清楚，并对圆形、方形、三角形等几何图形有了稳定的认识，但常用"三角形、圆角形、方角形"等名称来表达。此时，宝宝对外界事物的特点有浓厚的兴趣，喜欢以自己熟悉并喜爱的方式再现常见的事物；能说出常见动物的特点，能完成简单的拼图，还能给自己的涂鸦命名。

语言发展方面

24-27 个月的宝宝基本上能理解成人所用的句子了，宝宝的词汇量大幅增长，也已经能注意到语法要素，同时宝宝对语言的理解能力也在迅速提高。宝宝的发音逐渐稳定和规范，发不出的语音逐渐减少。唇音已基本没有困难，但凡是需要舌头参与的音（舌根、舌尖、舌面等音），还存在不同程度的困难，尤其以舌尖音最为突出，如"zh、ch、shi、r"等。少数极个别的宝宝发"g、k、h、u、e"等音也有困难。宝宝的说话常常使用接尾策略，即不管实际情况如何，只选择用问句末尾的一些词作回答。如：成人问"吃饭没有"（刚刚吃完饭），宝宝回答"没有"。这种情况主要发生在 1.5-2.5 岁，3 岁左右会消失。

社会适应与人际交往方面

24-27 个月的宝宝开始意识到自己的能力，继而形成一定的独立意识，突出的表现就是总是想自己完成很多事情。此时，宝宝开始对物品的归属有了认识，能够理解"我的"和"你的"的不同。同时，宝宝能够初步站在他人的角度思考问题，会偶尔出现一些取悦他人的行为。而且，宝宝还能表现出对他人的情感。在游戏方面，宝宝仍然以从事平行游戏为主，出现合作游戏的情况还比较少。

情感发展方面

24-27 个月的宝宝对自己的状态和能力通常是感到愉悦的，但也会在他人和环境的影响下初步形成积极或消极的自我价值感受。此时，宝宝词汇量迅速增加，开始更多地通过语言来表达自己更多的情感。

24
/
27

练习接球

目标：锻炼宝宝身体的协调性，提高反应速度。
准备：一条长方形的毛巾（稍大一些）、塑料球一个。

扫码看
完整视频

方法与步骤

第一步 准备一条长方形的毛巾。

第二步 宝宝站在地垫上，妈妈跪在地垫上，妈妈和宝宝分别握住毛巾的两个角。

第三步 爸爸把球放在毛巾的中央。妈妈和宝宝的双手一起用力把球抛起来。

第二步 当球落下时，妈妈和宝宝移动毛巾接住球！接球时，妈妈和宝宝一定要配合好，要快速地移动毛巾才能准确地把球接住哦！

活动点睛

练习接球，可以锻炼宝宝的身体协调性和反应能力，同时也有助于宝宝的脑部发育。在游戏过程中，家长可以和宝宝一起将毛巾向一个方向倾斜，当球滚到最低点后再把球救起；或者让球在毛巾中到处滚动蹦跳。

独脚凳练习

目标：锻炼手指的灵活性，促进脑部发育。
准备：独脚凳一个。

扫码看
完整视频

方法与步骤

练习一 坐凳。

1.坐上独角凳。

2.保持坐姿。双手叉腰，抬头挺胸，控制平衡，坐稳！

练习二 坐凳踢腿。

1.坐上独角凳。

2.控制平衡，坐稳。

3.反复踢腿，收腿，两腿交替进行。

24
/
27

活动点睛

独脚凳练习是感统训练中一项经典活动，它不仅能锻炼宝宝身体的协调性，还能增强宝宝腿部肌肉的力量。通过不同的动作变化，宝宝还能够初步感知重心转化与身体平衡的简单对应关系。凳上踢腿，更能提高宝宝左右脚的协调能力和灵活性哦！需要注意的是，刚接触独脚凳时，宝宝可能很难马上掌握要领，随着游戏的深入，宝宝就能够运用自如了，相应的能力也将随之发展。

目标：锻炼宝宝的口头语言表达能力。
准备：海洋球。

扫码看
完整视频

方法与步骤

第一步 宝宝在地垫上自己玩着海洋球，拿起球扔出去。

在这一过程中，您可以和宝宝开展如下对话——

妈妈："宝宝，你在玩什么东西？"

宝宝："球，海洋球。"

妈妈："宝宝，你在做什么事情？"

宝宝："扔球。"

第二步 引导宝宝用自己的语言表达如何"扔球"。

在这一过程中，您可以和宝宝展开这样的对话——

妈妈："你能告诉妈妈怎么扔球吗？妈妈也想学一学。"

宝宝："拿球，然后扔出去。"

活动点睛

当前月龄段是宝宝语言能力迅速提高的关键时期。日常生活中，家长可以多向宝宝提问，让宝宝向家长做出解释和说明，并尽量以完整的词语和句子进行语言表达。这将有助于宝宝进行发音和词汇使用的练习，锻炼宝宝的语言表达能力。

24/27

练习用筷子夹枣

目标： 锻炼宝宝的手指肌肉力量与手指协同动作。

准备： 儿童筷子（长度适中，且不带辅助性工具）、大枣、碗和盘子。

扫码看
完整视频

方法与步骤

第一步 妈妈示范

1. 用正确的姿势拿起筷子。

2. 妈妈用大拇指、食指和中指同时操纵上面的一根容易活动的筷子，用无名指和小指操纵下面的一根比较固定的筷子。

3. 用筷子夹起盘中的一个大枣。

4. 将大枣移到碗中，并松开筷尖，将大枣放进碗里。

第二步 宝宝试一试，动作同妈妈的动作。

24
/
27

活动点睛

现代医学研究表明，使用筷子夹取食物时，手指、手腕、肩、肘等多个部位的关节和肌肉都在参与协同运动，在锻炼肢体动作的同时，也能够促进大脑皮层的发育，有助于宝宝智力的发展。对于两岁多的宝宝而言，使用筷子有相当的难度，这就需要您在练习过程中耐心地讲解与指导，同时也切勿操之过急，以免损伤宝宝用筷的积极性和吃饭的兴趣。相信经过长期的、循序渐进的练习，宝宝的相关能力一定会得到长足的发展。

给娃娃穿脱衣服

目标： 促进宝宝手部精细动作的发展。

准备： 可以更衣的娃娃（衣服要尽量宽大，且是系扣、按扣或拉链式的）。

方法与步骤

第一步 给布娃娃脱衣服。先拉开拉链，脱一只袖子，再脱另一只袖子。具体请参考插图。

第二步 给布娃娃穿衣服。妈妈示范穿上衣服。先穿一只袖子，再穿另一只袖子。然后，拉上拉链。

请宝宝也试一试，动作同妈妈的动作。

嗯，好！

按住顶端向下拉。宝宝看，妈妈把拉链拉开喽。你也来试一试吧！

妈妈示范

拉链

按住顶端向下拉。妈妈，我也拉开了！

哇，宝宝好棒！

宝宝模仿

● 注：此图中以拉链式的衣服为例。

温馨提示：请您为宝宝准备一个可以更衣的娃娃，衣服要尽量宽大，且是系扣、按扣或拉链式的。请不要采用系带式的衣服，因为宝宝要到 5 岁左右才会解系活结。

活动点睛

手部精细动作需要手指间的密切配合，以及手指局部关节的运动。娃娃的衣服通常比较小巧，因此在给娃娃穿脱衣服的过程中，宝宝手部的精细动作将得到有效锻炼。在进行这一活动的时候，家长要为宝宝做出示范和适当的讲解，帮助宝宝逐步理解衣服的构造原理，及身体部位在衣服中应有的位置，为宝宝今后学习自己穿脱衣服打下基础。请注意，此月龄段的宝宝还不会将拉链的末端插好，您可协助宝宝完成这一动作，但请不要代替宝宝拉上拉链哦。

拼图游戏

目标： 培养宝宝的思维判断力。

准备： 小动物的图片。

方法与步骤

阶段一 把宝宝熟悉的图片平均剪成两个部分，引导宝宝按照记忆拼在一起。例如：小狗的图片。

阶段二 再将图片平均剪成三个部分，然后重新拼在一起。

阶段三 将若干图片两两平均剪开，打乱后集中到一起，让宝宝分辨并分别对应拼接。具体请参考插图。

宝宝看，这有很多图片，但是两张图片就可以拼出一个图形。你看，妈妈用两张图片拼出了小狗，请你来拼一拼，看看都能拼出什么吧！

好！

●打乱的若干图片

活动点睛

拼接动物的图片，可以有效锻炼宝宝的观察与分析能力，引导宝宝从有限的图片信息中发现关键线索，从而拼接出完整图像。您可以根据宝宝自身的能力，灵活调整拼图碎片的数量，循序渐进地让宝宝认识物体的整体与部分之间的相互联系，培养宝宝的视觉观察能力和想象力，帮助宝宝树立面对困难的信心。

24
/
27

建立稳定而长久的愉悦感

目标： 促进宝宝情绪情感的稳定发展。

准备： 无。

方法与步骤

方法一 从多方面为宝宝建立稳固的安全感。具体请参考插图。

控制自己的情绪，为宝宝营造一个愉悦的家庭氛围。

多陪伴宝宝，及时回应宝宝的需求，与宝宝进行适度的亲密接触。

方法二 为宝宝阅读一些美好而温馨的故事，并引导宝宝欣赏绘本中赏心悦目的图画。

温馨

舒适

方法三 和宝宝一起欣赏一些优美动听的音乐，并且可以在聆听音乐的同时，与宝宝一起随着节拍跳跳舞。

方法四 多带宝宝晒晒太阳，并进行适当的运动。

24/27

活动点睛

与一时的快乐和喜悦不同，长久的愉悦感是一种稳定而良好的情绪状态，它能够利于宝宝建立起平和的心态，保障宝宝的身心健康。2岁以后，宝宝的情感发展已经较为完善，分化也较为丰富，因此，从此时开始帮助宝宝稳固愉悦的精神状态，建立长久的愉悦感是非常关键的开端，同时也是为宝宝一生保持良好的情绪状态奠定基础。

克服对黑暗的恐惧

目标： 帮助宝宝克服对黑暗的恐惧。

准备： 无。

方法与步骤

第一步 正确认识黑暗。

1. 带宝宝到户外看一看夜晚的灯火和星空，让宝宝感受一下黑暗中才会有的美丽。具体请参考插图。

2. 先让宝宝了解开着灯的房间是什么样的，再关上灯让宝宝感受一下黑暗。然后，再次开灯，让宝宝感受无论是明亮还是黑暗，房间里都是没有变化的。

第二步 帮助宝宝逐渐适应黑暗。

首先，在睡前为宝宝讲一个温馨的小故事。

然后慢慢地调弱灯光，

宝宝看，这就是夜晚。到了晚上，天上的小星星就会跑出来玩，家家户户的灯也会点亮。

灯火

星空

哇，好漂亮呀！

逐渐熄灭，让宝宝对黑暗有一个适应的过程。

熄灯后，请告诉宝宝，

即使在黑暗中，您也陪伴在他/她身边，他/她是安全的。

24
/
27

活动点睛

害怕黑暗，是当前月龄段宝宝的一种正常情绪反应。从另一层面来说，宝宝之所以会害怕黑暗，是因为其想象力有所发展的缘故，因此也透露着积极的意义。当然，我们仍然要有意识地引导宝宝正确、科学地认识黑暗，让宝宝认识到黑暗中并没有他/她想象出来的可怕事物。同时也要注意避免让宝宝接触到过于刺激的故事或画面，以免宝宝产生其他联想，产生新的恐惧。

了解常见动物的特点

目标： 锻炼宝宝的分析判断力。

准备： 小动物照片或真实的动物。

方法与步骤

方法一 观察动物的毛色。具体请参考插图。

方法二 观察动物的局部特征。如兔子的眼睛，有红色的，也有黑色的。

方法三 观察一种动物与其他动物的区别。

方法四 了解动物的习性。如兔子喜欢吃胡萝卜、青菜叶和青草，不喜欢吃肉等。

> 宝宝看，这里有四只小兔子。这只小兔子是什么颜色的呀？

> 白色的

> 对了，那这一只呢？

> 黄色的

> 对了，宝宝真棒！

白色的兔子　黄色的兔子　黑色的兔子　黑白花纹的兔子

活动点睛

分析能力是指通过观察、分辨等把一件事物、一种现象或一个概念进行拆解，并找出它们的本质属性的一种能力。观察小动物身上的特征，有助于宝宝进行直观的观察，并对小动物的某些特点进行分类和归纳。这一活动不仅有助于增加宝宝对小动物的兴趣，还能够提升宝宝的观察力、记忆力、分类和归纳能力，为宝宝逻辑思维的发展打下基础。在以上观察活动中，请采用动物的照片或真实的动物来让宝宝进行观察。

积极友好地回应他人

目标： 培养宝宝的人际交往能力。

准备： 无。

方法与步骤

第一步 父母以身作则，为宝宝做正面的示范。具体请参考插图。

第二步 创造机会让宝宝多与成人或同伴一起玩耍，并鼓励宝宝以友好的态度积极地回应他人。

第三步 及时肯定宝宝的友好行为，会让宝宝知道自己的良好回应让他人感到很舒心，也会让自己很快乐，这会帮助宝宝正面强化这种积极、友好地回应他人的态度和行为。

活动点睛

宝宝是否能够积极、友好地回应他人，对宝宝社会交往的质量有着重要的影响。研究表明，能够积极回应他人的宝宝，往往更受欢迎，更容易在社会交往中获得快乐和满足。在日常生活中，您可以运用以上方法循序渐进地引导宝宝以一种积极、友好的方式回应他人。相信在您的引导下，宝宝会表现出更多的积极、友好的一面。

24/27

给自己的图画命名

目标： 发挥宝宝的想象力，锻炼宝宝的概括和归纳能力。

准备： 画纸、画板、画笔。

方法与步骤

第一步 为宝宝准备画笔和画纸，鼓励宝宝画一画。

第二步 观察宝宝的图画，问宝宝画的是什么。具体请参考插图。

然后，引导宝宝为自己的画起名字。

注意：请不要评价宝宝画得像不像，否则会遏制宝宝的想象力。

另外，如果宝宝回答"不知道画的是什么"也没有关系，因为有的时候宝宝只是随便画一画，感受一下用某种画笔的感觉，所以不必一定要宝宝说出是什么，以免给宝宝造成心理压力。

> 宝宝，你画的是什么呀？
>
> 是水壶。
>
> 宝宝的画
>
> 这个水壶从哪里能倒出水呢？
>
> 嗯……这个水壶不用倒，里面有一个开关，可以自动打开一个出水的孔。
>
> 哇，这么酷呀！

活动点睛

一般而言，在7岁之前，儿童的思维都处于形象思维阶段，但是，我们仍然可以帮助宝宝为逻辑思维的发展夯实基础。为图画命名，不仅可以充分发挥宝宝的想象力，还可以有效锻炼宝宝的语言归纳能力和概括思维能力。在日常生活中，请您运用以上方法给宝宝更多画画和命名的机会，并积极引导宝宝观察周围的事物，促进宝宝想象力与分析归纳能力的发展。

24
/
27

27-30 个月

之

"工作狂"

"儿童对活动的需要几乎比对食物的需要更为强烈。"

——意大利儿童教育学家蒙台梭利

27-30个月的宝宝会什么？

早教关键词

身体发展与自理能力方面

27-30个月的宝宝开始对刺激的运动游戏着迷，宝宝小腿肌肉和肌腱发育迅速，脚弓开始形成。这个时候家长要格外注意提醒宝宝保持正确的站姿和走姿，避免形成罗圈腿和扁平足。在小肌肉发展上，27-30个月的宝宝握笔姿势较之前更为正确了，会画规则的线条、圆形等，并能将自己的想法付诸实践。手部小肌肉的发展能够支持宝宝自己解扣子、系扣子，完成基本的穿衣任务。

认知发展方面

27-30个月的宝宝基本可以说出6种以上的交通工具，还可以指出它们的用途。此时，宝宝是一个"调皮鬼"，喜欢倾倒东西和装东西的活动，如玩沙、玩水，宛如一个"工作狂"。宝宝开始有目的地运用物品来游戏或为自己服务，如把一块积木当做一艘船到处推。宝宝能把物体进行简单的分类，如把衣服和鞋子分开等。宝宝仍然非常喜欢听故事，逐渐能够关注到整个故事，还会回答一些基本问题。

语言发展方面

27-30个月的宝宝能运用多种简单句型，复合句的运用也得到初步发展。宝宝27-30个月左右出现四词句，有个别的宝宝还出现了五词句、六词句。宝宝使用疑问句的频率逐渐增加。两岁左右是宝宝疑问句产生的阶段，两岁4个月后则是宝宝疑问句的急速发展期。宝宝开始喜欢自言自语，游戏时常常一个人讲话，如宝宝可能会对着自己的玩具说话，说："宝宝吃饭啦""宝宝想睡觉觉了"等。

社会适应与人际交往方面

27-30个月的宝宝已表现出较高的独立性，主要的表现是喜欢否定成人的观点和做法。但宝宝并不是真正意义上的对他人言行的否定，而只是喜欢去否定。此时，宝宝开始从理解"我的"与"你的"的不同，进化为能理解"我的""你的"和"我们的"之间的区别和联系。27-30个月的宝宝开始初步懂得分享，帮助他人的意识更为强烈，表现出对其他事物的爱心。

情感发展方面

27-30个月的宝宝普遍对陌生的人与熟悉的人区分更明显，但焦虑的情绪降低，也可能伴随着害羞情绪，表现出对陌生人的躲闪、少语等行为。此时，宝宝有了一定的情绪的认知，能对高兴、生气、伤心、害怕等基本情绪有初步的认识。同时，也基本能识别他人的情绪，开始意识到他人的情绪反应与自己的情绪反应存在区别。

练习单脚站稳

本阶段课程

目标：锻炼宝宝身体的协调性。
准备：无。

扫码看
完整视频

方法与步骤

第一步 妈妈和宝宝面对面站立，妈妈为宝宝做镜面示范。

请妈妈为宝宝做镜面示范，这样才能让宝宝更容易理解和模仿妈妈的动作哦！

1. 牵右手，提左脚。

2. 右脚站稳后开始计时 10 秒。

第二步 再来练习一下左脚！
1. 牵左手，提右脚。

2. 左脚站稳后开始计时 10 秒。

活动点睛

练习单脚站稳，可以锻炼宝宝身体的协调性，增强宝宝的腿部力量，同时，也能够为今后宝宝学习更加复杂的肢体动作做好准备。小宝宝，赶快来挑战一下单脚站稳吧！

27/30

玩羊角球

> **目标**：锻炼宝宝的平衡能力。
> **准备**：羊角球一个、障碍三角两个、红色直线贴一个。

扫码看
完整视频

方法与步骤

方法一 原地弹跳。妈妈协助宝宝坐上羊角球，抓住"羊角"，原地弹跳。

方法二 障碍弹跳。在障碍路的一侧准备，向前弹跳，绕过障碍物。

方法三 直线弹跳。在直线的一端准备，看准直线，沿直线弹跳。

活动点睛

玩羊角球可以提升宝宝的平衡力、全身协调力和反应力，还能发展宝宝的前庭觉。长期练习，有助于宝宝避免晕船晕车等现象，并较好地适应颠簸的环境。

练习解扣、系扣

目标： 锻炼宝宝的生活自理能力和小肌肉的发展。

准备： 衣饰框。

扫码看
完整视频

方法与步骤

第一步 由妈妈来示范一下解扣。

　　1. 将扣子从前面插入扣眼。

　　2. 再从后面将扣子取出。

　　3. 解扣成功。

第二步 宝宝来试一试。动作同妈妈的动作。

第三步 由妈妈再来示范一下系扣。

　　1. 将扣子从后面插入扣眼。

　　2. 再从前面将扣子取出。

　　3. 系扣成功。把所有的扣子都系好。

第四步 宝宝来试一试。动作同妈妈的动作。

活动点睛

　　生活自理能力，是每一个人在社会生活中所必须具备的基本能力，需要从小培养。在当前月龄段，学习解扣系扣符合宝宝的学习欲望，并且能够有效锻炼宝宝的手眼协调能力、手部小肌肉动作，同时也有利于培养宝宝的耐心。从实用的角度来说，解扣系扣，可以帮助宝宝早日学会自己穿衣服这一生活技能。在练习中，家长还可以把宝宝自己的衣服套在衣饰框的外面，或让宝宝给玩具娃娃解扣系扣。这样，宝宝会觉得更加有趣哦！

27/30

学画三角形

目标： 培养宝宝对图形的认知能力。

准备： A4 纸 3 张、油画棒、三角形的玩具。

扫码看
完整视频

方法与步骤

第一步 桌子上摆放着三角形的玩具，引导宝宝观察三角形。三个角、三条边，这就是三角形。

然后，妈妈握着宝宝的手，再用宝宝的手握住油画棒，用手带动宝宝描画三角形。

第二步 协助宝宝描画三角形。

首先，将白纸覆盖在三角形作品上。

第三步 鼓励宝宝尝试自己画三角形。

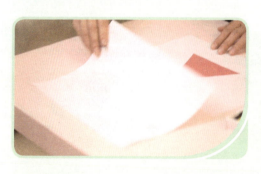

活动点睛

认识图形有助于增强宝宝的认知能力，同时也可为宝宝今后的数学学习与科学探索打下基础。一般而言，宝宝最先掌握的图形是圆形，其次是正方形、长方形、三角形等，您可以根据这个一般规律来有针对性地引导宝宝认识图形。家长还可以套用练习中的方法帮助宝宝画其他更加复杂的图形。通过动手画一画，宝宝能够进一步加深对各种图形的认识。

区分容量的大小

目标： 锻炼宝宝的分析判断力。

准备： 托盘、一个大碗、三个小碗（大碗相当于三个小碗的容量，透明塑料碗）；容器（容器中装有一些沙子）。

扫码看
完整视频

方法与步骤

第一步 请先将小碗盛满沙子。

第二步 再将小碗里的沙子倒入大碗，1碗、两碗、3碗，用3个小碗才能将大碗盛满沙子。

第三步 得出结论：大碗比小碗盛得多，3小碗才能盛满一大碗。

活动点睛

27-30个月的宝宝，大脑中已经明确了多与少的概念。此项活动就是通过计数、比较多少等方法来引导宝宝得出正确的结论，而在此过程中，宝宝的分析判断力将得到有效锻炼，思维想象力也将得到进一步的发展。

你的、我的、我们的

目标：培养宝宝的自我认知能力。

准备：宝宝和妈妈的单人照各两张，宝宝和妈妈的合照两张。

扫码看
完整视频

方法与步骤

第一步 请妈妈按照"你的""我的""我们的"将照片进行分类做示范。

1. 妈妈拿一张宝宝的照片递给宝宝——你的。

2. 妈妈拿一张自己的照片放在自己面前——我的。

3. 妈妈拿一张自己和宝宝的合影放在两人中间——我们的。

第二步 请宝宝来尝试分一分吧！步骤同妈妈示范的步骤。

第三步 分类完成。请宝宝再来分别介绍一下照片吧！宝宝指着妈妈的照片说"你的"；指着自己的照片说"我的"；指着合影说"我们的"。

27/30

活动点睛

这个月龄的宝宝已经具有初步的"分类"概念，并对事物间的从属关系有了一定的感性认识。此活动能够激发宝宝对于他／她分清自我与他人的物品有着极大的兴趣，从而对于"自我"与"他人"的区别产生更明确的意识。

钻洞洞

目标：锻炼宝宝身体的协调性。
准备：无。

扫码看
完整视频

方法与步骤

方法一 双手搭肩造洞洞，鼓励宝宝钻过。初次钻洞，宝宝有时会不经意碰到头，但是几次过后宝宝就会有经验了。

方法二 手拉手造洞洞，鼓励宝宝钻过。洞洞变低了，宝宝该怎么过去呢？请鼓励宝宝探索方法。

方法三 爸爸妈妈面对面坐，手脚相连造洞洞，鼓励宝宝钻过。洞洞下面有爸爸妈妈的腿，宝宝该怎么过去呢？请鼓励宝宝探索方法。

活动点睛

家长用身体做出高低和大小不同的洞给宝宝钻，让宝宝根据洞口的变化适度地调整自己的身体去钻洞，可以有效锻炼宝宝的肌肉控制力和腰背部的肌肉力量。此外，在游戏的过程中，通过视觉观察来判断洞洞的高矮大小，从而调整自己的身体状态，还能有助于培养宝宝的空间感知能力。宝宝，快和爸爸妈妈一起来玩吧！

27/30

早教课 学问"为什么"

目标： 促进宝宝疑问词的使用。
准备： 一根香蕉、一件儿童外套。

扫码看
完整视频

方法与步骤

方法一 妈妈："宝宝，请你把外套脱下来吧。"

宝宝："为什么要脱下外套？"

妈妈："因为这屋里有些热。"

宝宝："好的，妈妈。"

方法二 妈妈："宝宝，请吃一根香蕉吧！"

宝宝："为什么要吃一根香蕉？"

妈妈："因为现在是吃水果的时间，香蕉很有营养，今天我们吃香蕉。"

宝宝："好的，妈妈。"

方法三 妈妈："不要爬下地垫。"

宝宝："为什么不要爬下地垫？"

妈妈："因为外面的地面脏，而你没有穿鞋。"

宝宝："是啊。"

活动点睛

两岁多是宝宝疑问句产生和急速发展的关键期，我们应当抓住这一时期，帮助宝宝发展语言能力，并培养对周围事物的好奇心。当宝宝密集地问"为什么"时，家长应简短而准确地回答宝宝，不要用哄骗和吓唬宝宝的语言哦。其实，这一阶段的宝宝并不一定真的想知道问题的答案，而多数是想试试"为什么"或"怎么样"这两种疑问词的使用方法。因此，家长应使用宝宝能理解的语言来回答。

我会拼句子

目标： 锻炼宝宝由词到句的运用能力。
准备： 各种表示物体名称、动作、人物的图卡。

扫码看
完整视频

方法与步骤

第一步 请妈妈来示范一下吧！

1. 地垫上摆放着各种表示物体名称、动作、人物的图卡，妈妈从图卡中找出"妈妈"的图卡，放在地垫上。

2. 又从图卡中找出"开车"的图卡，放在"妈妈"的卡片后面。

3. 最后从图卡中找出"去上班"的图卡，放在"开车"的图片后面。

4. 妈妈用手按顺序分别指向每张图卡，并连贯念出，妈妈、开车、去上班。

第二步 宝宝来试一试，步骤同妈妈示范的步骤。日常生活中，您也可以引导宝宝用其他的图卡来拼一个别的句子，但一定要简单。

活动点睛

将种种零散的词语组合成句子，才能够形成"语言"这一表达自主与人际沟通的桥梁。这一阶段的宝宝已经能运用多种简单的句型，对复合句的使用也开始初步发展。拼句子可以锻炼宝宝由词到句的运用能力，促进宝宝使用句子的连贯性，提高宝宝的说话能力。

练习穿线

目标： 锻炼宝宝手部的精细动作能力。
准备： 穿线玩具。

扫码看
完整视频

方法与步骤

第一步 先请妈妈来示范一下。

1. 一手拿玩具，一手拿线，对准穿入孔。

2. 穿过去，拉出来。

3. 穿好啦！穿线时要一个孔接着一个孔穿哦。

第二步 宝宝来试一试。动作同妈妈示范的动作。穿线时要一个孔挨着一个孔穿哦。如宝宝不能独立完成，妈妈也可给予协助，但不要代劳。

活动点睛

在此月龄段，宝宝的手眼协调能力与手部精细动作已经有了一定的发展，在此基础上，可以通过进一步的练习来促进宝宝相关能力的进阶。相比于前期，此项练习中的孔洞进一步缩小，线绳也更加细软，不仅能进一步锻炼宝宝手的精细动作能力，还能促进宝宝的手眼协调性和专注力的发展。此外，大量的孔洞能够变幻出无穷的穿线方法，有利于宝宝想象力与发散思维能力的发展哦。

练习涂画

目标：锻炼宝宝的手眼协调能力和精细动作能力。

准备：油画棒、水彩笔、画纸、画板。

方法与步骤

阶段一 描摹形状。家长先画一个形状，宝宝来描摹这个形状，尽可能与您画的完全重合。

阶段二 练习涂颜色。具体做法如插图。

告诉宝宝涂色的"规则"。尽量不要把颜色涂到气球的外面。

开始涂色。刚开始练习时，不必要求太高哦！

阶段三 添画内容。家长可以画一些宝宝熟悉的事物或场景，鼓励宝宝添画其他一些内容。

宝宝看，这些是气球，但是有两个气球没有颜色，请你选出两种颜色，为气球涂上你喜欢的颜色吧！

好！嗯……我选红色和黄色。

温馨提示：请您事先在纸上画几个气球，气球可以稍微画大一些，让宝宝没有那么容易涂出边缘，但也不要太大，以免宝宝失去耐心。若气球的直径为3cm，绘画工具请选用油画棒，若气球的直径为2cm，绘画工具请选用水彩笔。

活动点睛

绘画对宝宝能力的发展有着多方面的价值。当前月龄段的宝宝也许还无法绘制出非常完整而丰富的画面，但他们依然有着"涂画"的表现欲和创造欲。练习涂画，可以锻炼宝宝手眼协调和精细动作的能力，还可以培养宝宝对绘画的兴趣。您可以在不同阶段运用以上不同的方法，引导宝宝进行涂色练习，让宝宝小肌肉的控制力得到锻炼，并帮助宝宝逐步建立秩序意识和规律概念。

27
/
30

情绪稳定地独处

目标： 促进宝宝建立起独立健全的人格。

准备： 书、玩具、各种作画工具和材料。

方法与步骤

阶段一 先陪宝宝玩一会儿玩具，再让宝宝独自玩一会儿。您可以在宝宝的不远处陪伴，以增加宝宝的安全感。具体请参考插图。

阶段二 尝试让宝宝自己看一会儿书。

阶段三 为宝宝提供丰富的材料和工具，引导宝宝尝试用各种工具和材料来作画，让宝宝情绪稳定地独自享受艺术创作的乐趣。

活动点睛

独处是每一个社会人都必然经历的状态，也是每一个社会人都需要掌握的能力。帮助宝宝学习独处，有助于宝宝建立内心的安定感，增强宝宝人格中独立自主的部分，在心理上获得更加健康的发展。学习"独处"，是可以持续一生的功课，因此，在当下的开端中，不必对宝宝有过高的要求。当宝宝独处时，请家长不要走远，并确保能够及时回到宝宝的身边。当宝宝在独处中遇到某些问题或产生某些需要时，家长也要及时地给予回应。

练习用脚尖走路

目标： 锻炼宝宝的足尖力量。

准备： 无。

方法与步骤

第一步 请宝宝先站立几秒钟。

第二步 让宝宝试着学小花猫轻轻地走步，不必要求宝宝一定要用脚尖走路，只要脚下不发出声音即可。

第三步 引导宝宝尝试踮起脚尖走直线或曲线，以增加趣味性。

第四步 通过游戏进行练习。具体以插图为例。

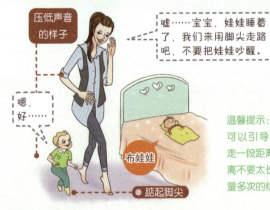

温馨提示：游戏中，您可以引导宝宝用脚尖走一段距离，但注意距离不要太长，而是要少量多次的练习。

活动点睛

足尖力量是下肢力量中一个非常重要的部分。足尖力量强，能够帮助宝宝更好地站立、行走、跑跳，也有利于宝宝更加灵活而稳健地控制身体。此外，宝宝在提起脚跟时，小腿后面的肌肉会将脚底和脚后跟提起，使宝宝的小腿肌肉和肌腱得到锻炼，为形成脚弓打好基础。同时，这一活动还能刺激宝宝前庭觉和本体感的发展哦。

认识曾经害怕的事物或现象

目标： 帮助宝宝巩固对客观事物的正确认识，克服"害怕"的心理和情绪。

准备： 无。

方法与步骤

方法一 妈妈和宝宝一起回想，宝宝小的时候比较害怕什么。具体请参考插图。

回想曾让宝宝害怕的事物，例如噪声。您可以引导宝宝轻轻地敲打一些器具，让宝宝初步感受响声是由物体震动产生的，并不可怕。

方法二 给宝宝讲一些小主人公不怕疼痛、坚强勇敢的小故事，激励宝宝勇敢地面对疼痛（如打针时、摔倒时）。

温馨提示：请您为宝宝营造一个温馨的氛围，因为在这样一个充满安全感的环境中，有助于您更好地帮助宝宝克服曾经的恐惧。

活动点睛

"害怕"的情绪是宝宝情感发展历程中的一种重要分化，而宝宝害怕的对象也会随着认知的发展而发生变化。处于更早的月龄段时，相比于黑暗或假想的事物，宝宝更害怕疼痛、噪声等客观存在的事物。而当前月龄段，便是我们帮助宝宝正确认识噪声等客观事物的关键期——正确的认知能够帮助宝宝克服对相关事物的恐惧心理。值得注意的是，当宝宝不再那么惧怕一些客观事物时，家长要注意帮助宝宝树立初步的安全意识。

27/30

关注整个故事

目标： 促进宝宝的认知发展。

准备： 故事书。

方法与步骤

第一步 在日常生活中，坚持给宝宝讲故事，进行亲子阅读。具体请参考插图。

第二步 鼓励宝宝复述一个他/她曾经听过的故事。如果宝宝不能顺利地讲下去，您可以提醒宝宝，和宝宝一起讲。

第三步 请您用更生动的语言、夸张的语气和浓厚的兴趣，再给宝宝讲一遍故事。

第四步 当宝宝再次熟悉故事后，可以让宝宝给家里人讲故事，记得要给予宝宝鼓励和支持哦。

故事时间到喽！今天咱们要讲的故事叫《小仓鼠讲卫生》。周末呀小仓鼠和妈妈一起到公园中玩，他们在地上发现了一个空奶盒……仓鼠妈妈为小仓鼠竖起了大拇指。

● 认真地听着

● 故事书

温馨提示：在这一活动中，无论是您讲故事，还是宝宝复述故事，都要保证故事的完整性。这会有利于宝宝关注到整个故事，进而去理解故事的前因后果。

活动点睛

能关注整个故事，是宝宝语言与认知发展的重要节点，标志着宝宝从认知上达到了对故事的完整理解，而不仅仅是对某个单一情节的认知。平时，您可以运用以上方法，用绘声绘色的语言，引导宝宝逐步形成关注整个故事的能力。需要注意的是，"关注整个故事"不等于"对整个故事的专注力"。关注整个故事是通过讲故事活动，来引导宝宝关注整个事件，提升宝宝对事物和事情发展的理解，帮助宝宝初步建立整体感与全局意识。

27/30

使用肢体或工具帮助达成目标

目标： 促进宝宝的认知发展。

准备： 无。

方法与步骤

第一步 利用生活中所遇到的事件，引导宝宝开动脑筋解决问题。具体请参考插图。

第二步 为宝宝示范一种解决方法（如用手抓够），并引导宝宝尝试。还要告诉宝宝您是怎么想的。

第三步 引导宝宝再尝试其他的方法。如用棍子戳球，球反而会滚到更里面；用棍子横扫，球可能会从一边滚到另一边等。

第四步 继续想办法，并进行尝试。如将桌子推开，拿出球。

妈妈，我的球跑到桌子下面去了……

宝宝别急，我们一起来想办法把球拿出来吧！

好！

温馨提示：请您不要直接帮宝宝把球拿出来，因为这样会剥夺宝宝思考的机会与空间。

活动点睛

解决问题是人在学习与生活中所需要的一项重要技能，它不仅需要方方面面的知识，更需要种种巧妙的策略。当宝宝能够初步地把看似无关的事物联系到一起，并从中发现解决问题的关键时，他／她的观察、分析能力以及动手操作能力都能够得到有效的锻炼。在此项趣味练习中，引导宝宝使用肢体或工具帮助达成目标，能够帮助宝宝活跃大脑，使宝宝发现和理解肢体及工具的使用与目的达成之间的相互关系或因果关系，促进认知发展。

27/30

30-33 个月 之 与人合作

"教育儿童通过周围世界的美，人际关系的美而看到精神的高尚、善良和诚实，并在此基础上在自己身上确立美的品质。"

——苏联教育家苏霍姆林斯基

30-33 个月的宝宝会什么？

身体发展与自理能力方面

30-33 个月是宝宝身体协调性和双腿力量发展的关键期。宝宝已经具备的力量基础将使宝宝迅速学习在运动中发挥自己的力量和保持平衡，从而取得跨越式的进步。同时，宝宝因为身体力量的进一步发展，身体也随之进入平衡能力发展的又一个重要时期。此时，宝宝能完成单脚站立和单脚跳动作，奔跑速度达到每半分钟跑 25-35m，能翻过高 1m 多的攀登架，能将 100g 重的沙包投出 1-2.5m。同时，宝宝还能顺利通过障碍物前行，如从桌下爬过、绕椅子跑、钻呼啦圈等。同时，宝宝手的动作能力得到进一步提高，因此宝宝也会将更多的注意力投入到手指游戏中。撕纸、手影游戏、手指歌谣、手指爬梯等游戏深受宝宝喜爱。

认知发展方面

30-33 个月的宝宝对数字有了一定的概念，能够分清数量的多少，对常见事物的轮廓、外形有一定的概念与认知。宝宝渴望去外面的世界探险，非常喜欢外出，如去公园、广场等，喜欢接触各种各样的事物。此时，宝宝能说出图画书上东西的名称，喜欢有人给他念书，能一页一页地翻书，并假装"读书"。

语言发展方面

30-33 个月的宝宝常常会出现说话不流畅现象，有时结结巴巴；有时候"破句现象"严重，显得气喘吁吁，往往在不应该换气的地方换气，使人担心他／她是否是口吃。这是因为宝宝虽然学习到了新词，但思维的速度快于说话的速度，想的东西太多，说话跟不上思想，一下子选不到恰当的词，但又心急地说出来，于是就显得说话不连贯，表现得犹豫不决或经常重复同一个词或语句。

宝宝逐渐能总结句子规则，常表现出系统整合的语言内化能力，如家长说："娃娃有五官，有两只眼睛，两只耳朵……"家长话音未落，宝宝就会接上去说："两只鼻子，两只嘴巴"，宝宝的回答是凭自己已有经验进行的归纳。

宝宝的语言调节能力增强，自言自语现象逐渐减少。当宝宝能用自己的语言调节自己的行为时，他们的心理活动也随之迈上新台阶。此时，宝宝逐渐不需要用自言自语的"外语言"来思考而开始向"内语言"转化。

2-3 岁这一时期，宝宝在使用语法能力上有了很大的改变，能够表达许多心中的想法，进入"语法爆发期"。3 岁左右，母语里的每一项规则他们都已经能够运用自如。2 岁时，宝宝开始把他们会的字组合在一起；27-30 个月的时候，宝宝已经可以说 2-4 个字的句子了；等到 31-33 个月时，宝宝可以说的句子长度平均可达 5-6 个字，还有很多较为复杂的句型。

社会适应与人际交往方面

30-33 个月的宝宝对占有与归属的理解加深，形成所有权观念，并表现出很多明显的占有行为，如自己的玩具不许别人碰、自己的妈妈不许抱其他的宝宝等。此时，宝宝寻求帮助的意识和能力都有了明显进步，但方法上还不够灵活，有时会出现命令他人的情况。同时，宝宝帮助他人的行为也明显增多，突出表现在宝宝与他人的语言互动频次剧增，与他人合作的愿望和意识都在增强，还开始学着积极处理与家长、照料者和同伴等之间的关系。

情感发展方面

30-33 个月的宝宝有了更丰富的情绪表达形式，且表达富于变化，如肢体语言上，摔东西表示生气；语言上，哈哈大笑表示开心；借助工具，通过不同颜色和构图的自由涂鸦表示愉悦或害怕等。此时，宝宝在情感控制上能力还较弱，在无法控制情绪时常常表现为身体上的攻击性，如打人、咬人、摔东西等。

练习撕图形

本阶段课程

目标：锻炼宝宝手部的精细动作能力和专注力。

准备：1. 事先用缝衣针在纸上扎出一行行直线的针眼。
2. 事先用缝衣针在纸上扎出圆形、正方形、三角形。

扫码看
完整视频

方法与步骤

第一步 练习撕纸条。

妈妈事先用缝衣针在纸上扎出一行行直线的针眼。然后，引导宝宝沿着针眼线撕纸。

第二步 练习撕图形。妈妈事先用缝衣针在纸上扎出一个图形，比如正方形。然后，引导宝宝沿着针眼线撕出图形。

活动点睛

"撕"是一个需要双手配合的动作，需要大小脑的协同运作，因此，它不仅能够有效锻炼宝宝的动手操作能力，同时还能够在一定程度上促进脑的发育。比起随意撕扯，"撕图形"更有趣味性，也更有挑战性。这一练习可以刺激宝宝的视听触觉，锻炼宝宝手部的精细动作能力和专注力，还可以培养宝宝的耐心，增加成就感哦。

30
/
33

堆棉签

目标： 锻炼宝宝的手眼协调能力。

准备： 空瓶一个（瓶口直径比棍体长度稍小一点就可以了，不要过小，也不要过大）、棉签若干（请用两头都带棉花的那种棉签）。

扫码看
完整视频

方法与步骤

第一步 请妈妈来做示范。

1. 拿起棉签，横放在瓶口上，放好了。轻轻松手。

2. 继续摆放，直至棉签堆起。

第二步 宝宝来试一试。动作同妈妈示范的动作。

注意：棉签长度比瓶口直径稍长一点就可以啦！

活动点睛

"堆棉签"游戏，是对宝宝垒叠平衡能力的进一步考验和提升。比起大件物品，棉签更细小，在瓶口堆放棉签而不使其掉落的要求，能够有效锻炼宝宝的手眼协调和垒叠平衡能力，进一步发展宝宝的手部小肌肉动作，同时更能考验宝宝的专注力。

30
/
33

手指 "爬梯" 练习

目标： 锻炼宝宝的手部动作。
准备： 无。

扫码看
完整视频

方法与步骤

第一步 妈妈示范。

1. 伸出双手，手心相对。
2. 将左手的拇指尖与右手的食指尖相连，然后双手反方向转（以连接下一个步骤）。

3. 将左手的食指尖与右手的拇指尖相连。继续转动双手向上爬，直至头顶。

第二步 宝宝来试一试。动作同妈妈示范的动作。

活动点睛

　　"手指爬梯"的游戏能够充分锻炼宝宝手指的灵活性，在手指运动与转换的过程中，还能有效提高宝宝的空间感知能力。当宝宝的手指可以熟练地向上爬后，家长可以鼓励宝宝向下爬或变换其他手指练习爬梯，进一步增加宝宝手指的灵活度。

30
/
33

生气了，怎么办？

目标： 引导宝宝学习正确地处理不良情绪。
准备： 发泄用的玩具、故事书。

扫码看
完整视频

方法与步骤

方法一 给宝宝提供一个发泄玩具，让宝宝把自己的不良情绪发泄出来。

方法二 陪宝宝静静地坐一会儿，使宝宝平复一下生气的情绪。不管是男孩还是女孩，家长都可以让宝宝哭出来。

方法三 给宝宝讲一个关于生气的故事，让宝宝在故事中慢慢地释怀。

方法四 带宝宝到户外玩耍，转移宝宝的注意力，让宝宝忘记心里的不愉快。

活动点睛

一般而言，"生气"是负面情绪的一种，也是宝宝情绪情感中必不可少的一部分。积极地帮助宝宝化解生气的情绪，有利于宝宝学习处理负面情绪的合理方式，更有利于宝宝的身心健康。家长可以和宝宝一起讨论或情景模拟，提醒宝宝生气时不能打人，引导宝宝学会正确处理不良情绪的方法。此外，对于不善表达自己情绪的宝宝，家长要尤其注意他／她的情绪变化，并及时帮助宝宝疏导生气等负面情绪。

猜猜谁在学动物叫

目标： 提高宝宝听音、辨音的能力。
准备： 小狗、黄牛的头饰

扫码看
完整视频

方法与步骤

方法一 爸爸戴着小狗的头饰，双手放在头的两边做小狗状，学小狗叫。

您可以与宝宝开展如下对话——
妈妈："宝宝听，是谁在学动物叫？"
宝宝："是爸爸。"
妈妈："爸爸在学什么动物叫？"
宝宝："学小狗叫。"

方法二 奶奶戴着黄牛的头饰，双手的大拇指放在头顶做黄牛状，学黄牛叫。

您可以与宝宝开展如下对话——
妈妈："宝宝听，是谁在学动物叫？"
宝宝："是奶奶。"
妈妈："奶奶在学什么动物叫？"
宝宝："学牛叫。"

活动点睛

研究表明，良好的听辨能力有助于宝宝认知的发展，尤其有利于音乐和语言方面的学习。此项活动能够以游戏的形式，促进宝宝听音、辨音能力的发展。平时，一家人可以围坐在宝宝的周边，请宝宝闭上眼睛，而后每个人发出不同动物的叫声，请宝宝猜一猜。

30 / 33

跳格子

目标： 锻炼宝宝的弹跳能力。
准备： 跳格子的玩具。

扫码看
完整视频

方法与步骤

方法一 双脚跳。

　1. 站在起跳处准备，看准格子。

　2. 挥臂，双脚跳起，双脚落地——重复进行，直至终点。

方法二 单脚跳。

　1. 站在起跳处准备，看准格子。

　2. 挥臂，单脚跳起，单脚落地——重复进行，直至终点。

方法三 单双脚交替跳。

　1. 站在起跳处准备，看准格子。

　2. 挥臂，起跳，单双脚交替落地重复进行，直至终点。

30/33

活动点睛

跳格子游戏可以有针对性地锻炼宝宝的弹跳能力，使宝宝双腿的爆发力、控制力和身体平衡能力等得到综合的发展。家长可以引导宝宝开动脑筋"发明"更多的跳法。

区分多少

目标： 引导宝宝通过一一对应和点数来学习区分"多"和"少"。
准备： 苹果 3 个、香蕉两根。

扫码看
完整视频

方法与步骤

第一步 将苹果和香蕉一一对应地摆放好。

一一对应

第二步 分组点数香蕉和苹果。

地垫上摆放着一一对应好的苹果和香蕉。妈妈引导宝宝一一对应地点数："一个苹果，一个香蕉，一个苹果，一个香蕉……"

注意：点数的时候要让宝宝的手碰到所数的东西。

第三步 引导宝宝区分"多"和"少"，得出结论。

您可以与宝宝开展如下对话——

妈妈："宝宝，苹果和香蕉哪个多？哪个少呢？"

宝宝："苹果多，香蕉少。"

点数的时候要让宝宝的手碰到所数的东西

苹果多

活动点睛

普遍来说，学龄前的宝宝很难在头脑中建立抽象的"数概念"，他们需要通过形象具体的方式，来感知简单的计数，并尝试比较数量的"多"和"少"。这一月龄的宝宝已经初步具备了"点数"的能力，在此基础上，可以引导宝宝来尝试通过"点数"的方式，比较具体事物的多和少。如果宝宝对简单的数字还不甚敏感，家长则可以运用以上方法，引导宝宝从 3 以下学起，通过一一对应和点数的方式来分辨多与少。

30
/
33

宝宝和妈妈的午餐

目标： 提高宝宝的社会适应能力。

准备： 塑料餐具两套、水杯、水壶（适宜宝宝拿的大小的）、食物（鸡蛋炒西红柿、米饭、胡萝卜烧牛肉）、服务员儿童头巾和服饰。

扫码看
完整视频

方法与步骤

第一步 宝宝为自己和妈妈准备餐具。

第二步 宝宝给自己和妈妈的水杯倒上水。

第三步 宝宝将准备好的食物端到餐桌上。

第四步 为妈妈介绍各种菜品。可鼓励宝宝介绍菜品，如"这是鸡蛋、西红柿""这是胡萝卜、牛肉"等。

活动点睛

这个月龄的宝宝帮助他人的行为开始增多，并开始积极处理与保育者和同伴间的关系。角色扮演，可以帮助宝宝提高社会适应的能力，而扮演"厨师""服务员"等人物，有助于帮助宝宝跳出自我的视角，初步尝试体验更多自身尚不具备的社会角色，从而更好地理解"自我"以外的"他人"，为社会交往与生活打下基础。此外，鼓励宝宝介绍菜品，也有助于宝宝口头表达能力的发展。

30
/
33

练习上攀登架

目标： 锻炼宝宝四肢的肌肉力量。

准备： 三层攀登架。

方法与步骤

第一步 准备攀登，具体请参考插图。

第二步 开始攀登。

1. 双手握紧中间的横架，然后双脚登上最下面一层的横架。

2. 双手抓紧最高的横架，双脚再上一级。

3. 让宝宝将身体趴在最高的横架上，然后一条腿跨过去，踩到对面的横架上。

4. 踏稳后，再将另一条腿移跨过来，使身体完全移到对面的横架上。

第三步 安全爬下。引导宝宝一级一级地扶着横架爬下来。

对，这是攀登架的横架，宝宝可以在上面攀登、翻越、锻炼身体。宝宝来试一试吧！

宝宝看，这是攀登架。

横架

攀登架？

攀登架

好！

温馨提示：三岁以前的宝宝可练习爬三层的攀登架！

活动点睛

"攀登"是日常生活中必备的一项动作技能，它不仅具有实用性，同时也有助于宝宝四肢力量的发展以及身体协调性的锻炼。在日常生活中，请您运用以上方法，引导宝宝练习上攀登架，以更好地促进宝宝相关能力的发展，并帮助宝宝在运动中建立自信。

30 / 33

走S型平衡木

目标： 锻炼宝宝的平衡能力。

准备： 宽15cm，长5-8m，离地面高20-30cm高的S型平衡木。

方法与步骤

阶段一 在地上画一条S型曲线，让宝宝双臂打开，用脚尖在线上行走。可以反复做这项练习。

阶段二 练习走平衡木。具体请参考插图。

宝宝，还记得你在地面上怎么做的吗？双臂打开，现在还要双脚放平，然后小心迈步。对，就是这样，加油，妈妈相信你能做到！

嗯，我能行！

15cm

20-30cm

认真的样子

S型平衡木

5-8m

注：练习时使用的平衡木一般为宽15cm，长5-8m，离地面20-30cm高。您可以根据宝宝的能力调节难度。

温馨提示：请您在旁边保护宝宝，以免宝宝摔伤。

活动点睛

不同于直路行走，在弯道上行走时，人体受力不均，需要有意识地控制身体和重心才能够维持平衡，因此，在弯道上行走能够进一步锻炼宝宝的身体平衡能力，并为宝宝日后学习"弯道跑"打下基础。在日常活动中，您可以与宝宝多开展这一练习，在锻炼宝宝平衡能力的基础上，引导宝宝勇敢地克服困难，由易到难地慢慢进步。如果宝宝因害怕而不愿上平衡木进行练习，请理解宝宝，切勿因心急求快而造成宝宝的恐惧哦。

互动课 "小鸡吃米" 游戏

目标： 锻炼宝宝身体的协调性。

准备： 小鸡头饰、积木块、玻璃球等充当"米"的小玩具。

方法与步骤

第一步 家长示范"小鸡吃米"的动作。具体请参考插图。

第二步 给宝宝戴上小鸡的头饰。

第三步 家长说"小鸡吃米"，宝宝开始做"小鸡吃米"的动作。

第四步 当做到一定次数时，家长说："小鸡快回家，黄鼠狼来了！"宝宝快速"躲起来"，家长还可以根据宝宝的喜好设计其他的游戏情节。

双手背在背后，十指交叉握住并举起，头一点一点地弯腰向下。

妈妈，看我做得对吗？

玻璃小球 "米"

积木 "米"

温馨提示：请家长提醒宝宝不要将玻璃小球和积木真的放到嘴里，以免发生危险哦。

活动点睛

"小鸡吃米"游戏能够锻炼宝宝身体协调性以及下肢力量与躯干相互配合的能力。此外，由于扮演吃米的"小鸡"需要弯腰行走，会改变正常站立状态时的重心，因此也是对宝宝身体控制能力的挑战和锻炼，并促进宝宝前庭觉的发展。为了提高宝宝的兴趣，家长可以和宝宝一起玩，或者邀请更多小伙伴一起"吃米"，一起智斗"黄鼠狼"，加入更多宝宝喜欢的游戏情节，让宝宝的身体发展在欢笑中得以促进。

30 / 33

开商店游戏

目标：锻炼宝宝的语言表达能力和归纳能力。

准备：蔬菜水果类、衣服鞋帽类、玩具类等其中的一类物品。

方法与步骤

第一步 让宝宝回忆去超市购物的经历，引出并初步了解游戏的内容。

第二步 正式开始游戏。具体请参考插图。

第三步 互换角色，宝宝当售货员，您当顾客，玩法如第二步。熟练游戏后，宝宝就可以主动说出物品的名称、颜色和用途，并自行购买了。这时，您一定要及时地夸奖宝宝哦！

活动点睛

锻炼宝宝的归纳能力，有助于宝宝逻辑思维的发展，同时也有利于宝宝生活自理能力的提升。然而"归纳"可以以一种"内隐"的方式在头脑中进行，若要他人能够清楚地理解这种思维活动，便需要宝宝通过"外显"的语言进行表达，这是一个内部运作并向外输出的过程，能够充分锻炼宝宝的思维和语言组织能力。

30/33

稳固是非善恶的价值观

目标： 帮助宝宝形成是非善恶的价值观和道德感。

准备： 精心挑选的故事书、动画片。

方法与步骤

方法一 为宝宝挑选一些具有正确价值观的故事书，进行亲子阅读。具体请参考插图。

方法二 选择一些具有美感，弘扬真善美等优良品质的动画片给宝宝看。请不要让宝宝接触低俗恶搞、价值观扭曲的动画片。

方法三 针对一些新闻事件，您可以简明扼要地告诉宝宝，在这个事件中，我们应该赞扬和学习什么，应该痛恨什么，应该同情谁。

宝宝，今天我们来看一个《小仓鼠会分享》的故事吧。

好！

温馨提示：请您不要信手拈来一个故事随意地读给宝宝听，因为即便是很多经典童话故事（如格林童话），也有一些强盗和不劳而获者过上幸福生活的故事，在宝宝建立道德感的初期，是不宜接触这样的故事的。因此，在进行亲子阅读前，请您一定要提前选择好适宜的故事书哦。

活动点睛

道德感的形成有助于宝宝成长为一个明辨是非且对自己有正确要求的人，有助于宝宝形成正确的价值观，因此是十分重要的。在日常生活中家长要以身作则，真诚热情地待人，不贪小便宜，不背后议论他人，为宝宝树立起良好的学习榜样。当宝宝憎恶反派角色时，说明他/她已形成了基本的道德感，这也正是您因势利导，帮助宝宝进一步稳固是非善恶价值观的好时机。

30 / 33

养成良好的个人习惯

目标： 培养宝宝养成良好的个人习惯。

准备： 餐具、餐椅、玩具。

方法与步骤

活动一 用餐。

首先，鼓励宝宝餐前自己摆放餐具。

然后，鼓励宝宝坐在餐椅上，自己用餐具吃饭。如果宝宝使用餐具有困难，您可以给予适当的帮助。

最后，引导宝宝收拾餐具。具体以插图为例。

活动二 玩玩具。

首先，请引导宝宝自己取玩具。

其次，提醒宝宝要爱护玩具，不乱摔乱扔，尽量轻拿轻放。

最后，玩耍过后，要提醒宝宝自己把玩具送回原处收好。

活动点睛

在当前月龄段，宝宝的独占欲变得强烈，这也是为什么无论是在家中还是外出吃饭时，宝宝常常会要求有一份自己的餐具，即使他/她还不能完全熟练地使用。我们可以利用好这一关键期，从使用餐具开始，帮助宝宝养成良好的个人习惯。在这一时期，家长可以尽量满足宝宝的独占欲，但是，在必要的情况下，我们也要适当地引导宝宝学习与他人分享，让宝宝知道，他/她的自我应该得到尊重，但同时也要有限度，不可以"唯我独尊"。适时适当地顺应宝宝对物品的占有欲，有利于培养宝宝良好的使用习惯、独立意识和责任心哦。

30
/
33

33-36 个月 之 理解情绪

"如果没有情感的沟通，智慧的交流是无法达成的。"

——美国教育心理学家皮亚杰

33-36 个月的宝宝会什么？

身体发展与自理能力方面

33-36 个月宝宝的小腿肌肉力量和爆发力有了进一步的提高，能够尝试做出跳跃、蹬踢等小腿力量动作。宝宝的腿部肌肉力量和身体平衡性得到良好的配合，基本能做到大跨步行走。宝宝的手眼协调能力进一步提高，手的技巧有进步，可以开始学用玩具刀具、剪刀等工具，学做粘贴的手工操作。

认知发展方面

33-36 个月的宝宝能基本分清左右方位。同时，宝宝的联想能力不断加强，对新鲜事物有极强的探索精神，且具备了一定的知识迁移能力，如说到"熊猫"，宝宝会联想到熊猫是国宝，它的食物是竹子，在动物园曾经看到过等。这一阶段喜欢"帮忙"做家务，爱模仿生活中的活动，如喂玩具娃娃吃饭等。因此，这一阶段宝宝的假装游戏内容更为丰富，加入更多生活中的元素。宝宝从事合作游戏的情况增多，非常喜欢和别的宝宝一起玩，游戏中的相互模仿言行增加。

语言发展方面

宝宝的词汇量迅速增加，对新词感兴趣。3 周岁时的词汇量是 2 周岁时的 3 倍。这一阶段仍是宝宝新词涌现和不断使用的"爆发期"。同时，3 岁的宝宝开始更多地使用代名词，其中最常用的是"我"和"我的"，也说明宝宝仍然是以自我为中心的。

宝宝能说出完整的句子，出现了多词句和复合句。宝宝能从成人所说的词语中推断出语言的规则，掌握语法和句子结构的基本要点。3 周岁时，宝宝说话的方式基本和成人差不多，初步奠定了日后说话的基础。

宝宝在语言功能上呈现出越来越丰富、准确的趋势，且口语表达能力增强。这一阶段宝宝言语已经更具有回答、提问、问候、告知、争执、命令、请示等言语功能，呈现出越来越丰富、准确的趋势。

宝宝开始会说"附属句子"。（注：附属句子是一种较简单句更复杂的句子，如"我看见你坐下""我觉得他不乖"等。这些句子其实包含了两个意思，即"我看见你""你坐下"。）

宝宝逐渐喜欢听故事和理解故事的简单情节，对文学语言也非常感兴趣，且愿意模仿，一个故事往往可以不厌其烦地听数遍。同时，宝宝还非常喜欢朗诵短小的儿歌。

社会适应与人际交往方面

33-36 个月宝宝的独立性有了更进一步的发展，表现为什么事情都喜欢自己做主，热衷于充分表达自己的意见。此时，宝宝在理解他人的观点上取得了突破性进展。同时，宝宝的信念结构得到进一步发展，宝宝对于自己、他人和世界的认识将更全面。在游戏上，宝宝从事合作游戏的频次大大增加，这主要得益于这一阶段宝宝的分享能力、轮流意识都在增强。

情感发展方面

33-36 个月是宝宝发展情绪理解能力的关键时期，宝宝对情绪的理解主要受到家长、照料者和同伴等重要他人的影响。在情感控制方面，宝宝正在发展情绪控制能力和调节能力，开始尝试使用各种方法来调控自己的情感，但宝宝所采取的方法并不都是很正确或很有效的，如用唱歌跳舞表达高兴，用减少交流来压制生气，用身体攻击来发泄愤怒，用紧抱棉被来疏解害怕等，因此必要时需要成人给予及时而有意识的疏导。

33 / 36

早教课 小羊过河

目标： 锻炼宝宝的身体平衡能力。
准备： 小羊头饰两个、可以当石头的道具如硬纸板、垫子、"过河石"玩具等。

扫码看
完整视频

方法与步骤

第一步 将"过河石"按照一定的距离摆放好，假设"过河石"旁边都是"河面"。"过河石"之间的距离，要以宝宝能跨过去的距离为准哦！

第二步 妈妈和宝宝分别扮演小羊，准备过河！

第三步 "羊妈妈"协助"羊宝宝"站到"过河石"上，开始过河。

1. 打开双臂，保持平衡。

2. 迈过一块"石头"。

3. 过河成功。

活动点睛

在当前月龄段，宝宝已经具备一定的身体控制能力和运动能力，因此，可适当提高游戏活动的难度，以进一步锻炼宝宝身体的协调性和灵活性。"小羊过河"这一活动可以训练宝宝的身体平衡能力和跨步技能，锻炼宝宝对重心移动的控制能力，而且能够培养宝宝的胆量和自信心。

练习对边折

目标： 促进宝宝的手眼协调能力。

准备： 正方形的白纸 5-6 张，注意要大小适中，适合宝宝折叠。

扫码看
完整视频

方法与步骤

第一步 妈妈示范。

1. 将正方形的纸平铺在桌子上。

2. 将两边上下对折，边对边，角对角。

3. 用手将折叠线来回抚平。

第二步 宝宝试一试，步骤与妈妈的相同。

活动点睛

折纸可以帮助宝宝练习手眼协调的能力，并锻炼宝宝手部的小肌肉动作。除此之外，对宝宝而言，折纸还具有更加深远的意义。由于幼儿需要通过直观具体的方式进行各种探索活动，因此，动手能力与习惯的培养十分重要。而在折纸的过程中，宝宝可以通过动手操作，去实际地感知对称性、纸张的褶皱变化、空间的转换等有趣的现象。而且，由于折纸需要按步骤去完成动作，因此还能够锻炼宝宝顺序记忆的能力。所以说，折纸也是一种益智游戏。

33 / 36

学习用刀

目标：锻炼宝宝的生活能力。

准备：切水果玩具。

扫码看
完整视频

方法与步骤

第一步 妈妈示范。

1. 一只手固定食物，另一只手拿刀。

2. 对准食物的切入位置，切。

3. 胡萝卜被切开了。

第二步 宝宝试一试，动作同妈妈示范的动作。

活动点睛

学习用刀，不仅能够帮助宝宝掌握必要的生活技能与自理能力，同时也能够锻炼宝宝的手眼协调能力，培养宝宝的耐心和专注力。在学习用刀的过程中，家长要注意提醒宝宝刀的潜在危险性，一定要引导宝宝重视用刀的安全注意事项，帮助宝宝不仅要会用刀，而且要会安全用刀。

学编辫子

目标： 培养宝宝生活能力。

准备： 三根较粗、长度适中的绳子（绳子的一端被绑在了一起）。

扫码看
完整视频

方法与步骤

第一步 妈妈示范。

1. 将顶端固定好的绳子摆好，绳子间分开点距离。

2. 两边的绳子轮流与中间的绳子交换位置，循不进行。

3. 到末端后，用发绳系好辫子。

4. 漂亮的小辫子编好啦!

第二步 宝宝试一试，步骤同妈妈示范的步骤。

注意：家长可给予一定的协助，但一定不要代劳哦。

活动点睛

学编辫子，可以增强宝宝的动手操作能力，有效锻炼宝宝手部的小肌肉动作，同时也能够帮助宝宝掌握一项实用的生活技能。"编辫子"的过程中，绳子之间的缠绕方式和顺序具有一定的规律，因此宝宝还能在此游戏的过程中感知蕴含其中的数学规律以及几何美感。家长还可以引导宝宝用自己编的辫子当手链或是其他装饰物，以提高宝宝编辫子的兴趣，拓展宝宝的思维和想象力。值得指出的是，学编辫子并不只是女孩的专利，男孩同样也有学习的权利和必要哦。

33/36

早教课 **我是小裁缝**

目标： 锻炼宝宝的动手操作能力。

准备： 幼儿画报、油画棒、安全剪刀、小本子、胶棒。

扫码看
完整视频

方法与步骤

第一步 准备一本幼儿画报。

第二步 引导宝宝选出自己喜欢的内容，用笔勾勒出来。

第三步 请宝宝当"裁缝"，用安全剪刀将勾勒好的内容剪下。

第四步 请宝宝将剪下的内容粘贴在一个小本子里。

第五步 将这周的作品与上周的作品进行比较，并充分肯定宝宝剪得越来越好了。

活动点睛

当前月龄段是培养宝宝动手能力的关键期。通过绘画、裁剪、拼贴等过程，宝宝的手眼协调能力、手部精细动作、整体布局能力、想象力与创造力等都得到有效锻炼。需注意的是，在宝宝"工作"的过程中，家长应适当忽略宝宝的剪贴技能，而着重鼓励宝宝自己尝试，从而加强宝宝的独立意识，增强自信心。

33
/
36

练习踢球

目标：锻炼宝宝腿部的肌肉力量和控制能力。
准备：球、球门。

扫码看
完整视频

方法与步骤

方法一 自由踢。

宝宝自由踢球，妈妈在一旁引导并鼓励宝宝。

方法二 配合踢。

妈妈和宝宝相对而立，中间有一点距离，宝宝把球踢给妈妈，妈妈再把球踢给宝宝。妈妈和宝宝都可以通过稍微移动脚步来完成配合哦。

方法三 定位踢准。

宝宝站在球门前，妈妈引导宝宝踢球入门。如果宝宝没有踢进球门也没有关系，妈妈要鼓励宝宝，为宝宝加油哦。

活动点睛

踢球可以锻炼宝宝腿部肌肉的爆发力和身体平衡能力，同时，由于踢球需要具有方向性的目标，因此也十分有利于宝宝腿部控制能力的锻炼。此外，踢球也是幼儿间开展互动的重要游戏，家长可鼓励宝宝与其他幼儿一起踢球，促使宝宝在游戏过程中认识新朋友，体会合作的重要性，并得到社会性的良好发展。

三角抛球

目标： 锻炼宝宝的快速反应能力。
准备： 大小、轻重适宜的球。

扫码看
完整视频

方法与步骤

第一步 先请家长来示范一下。

爸爸抛球，妈妈接球，然后妈妈抛球，爸爸接球，这样循环进行，请用双手抛接球哦。

第二步 邀请宝宝加入，三个人围坐成三角形，准备抛接球。抛球没有一定的顺序，请打起精神，随时迎接从天而降的球哦！

爸爸抛球，宝宝接球，然后宝宝抛球，妈妈接球，这样循环进行。

活动点睛

接抛球游戏能够有效锻炼宝宝的身体平衡能力，并增强宝宝对姿势控制的预判能力。在接抛球游戏过程中，宝宝的手眼协调能力和快速反应能力都将得到一定程度的发展，且因需要向他人抛球和从他人的手中接球，宝宝还能够逐步学会与他人合作，有利于其社会性的发展。

33
/
36

宝宝眼中的妈妈

目标： 锻炼宝宝的绘画能力和观察能力。
准备： 图画纸两张、油画棒。

扫码看
完整视频

方法与步骤

第一步 引导宝宝观察妈妈。

第二步 鼓励宝宝画一画妈妈。
圆圆的头、眼睛、鼻子、嘴巴和耳朵。胳膊和手，腿和脚，长长的头发、长方形的身体。

第三步 鼓励宝宝，并提醒宝宝进一步观察妈妈，完善画的内容。妈妈画好啦！

活动点睛

学前儿童的绘画特点不在于写实，而在于夸张和对细节的关注——如宝宝可能会把妈妈画得"怒发冲冠"以表现生气的样子，或是会着重出妈妈脸上的某颗痣——也许画得并不像妈妈，但却能够创造性地突出妈妈在自己心中的某些特点或特质。因此，鼓励宝宝画妈妈的目的，不是为了画得"像"，而是要引导宝宝画出自己心里的妈妈，并将自己的观察通过画笔呈现出来。这一活动还有助于亲子关系的递进哦。

33
/
36

练习原地跳跃

目标： 促进宝宝原地弹跳能力的发展。

准备： 棍子、玩具苹果或其他宝宝喜欢的小玩具。

方法与步骤

第一步 学习正确的起跳姿势。

首先，双脚并拢，两腿屈膝，身体前倾，双臂摆动。

然后，腿部发力向上跳起，双腿伸直。

最后，双脚落地，双腿屈膝。

第二步 游戏锻炼。家长可以与孩子一起玩摘苹果游戏。具体请参考插图。

宝宝，请你跳起来摘苹果吧！

请将绳子系到玩具苹果的柄上

请为宝宝选择比较轻便的玩具苹果或其他宝宝喜欢的小玩具进行游戏。

哈哈……哈哈……

好，一、二，跳！

温馨提示：如果宝宝很轻易摘到苹果，那就请您把苹果再举高一些，提高游戏的挑战性。如果宝宝反复多次都无法摘到苹果，那就请您把苹果降低一些，以保护宝宝游戏的积极性。

活动点睛

"原地跳跃"不仅需要基本的弹跳能力，还需要保持在原地起落的身体控制能力，因此，是对宝宝运动机能的挑战和良好的锻炼方式。一般来说，大多数三岁左右的宝宝能原地跳跃5cm以上。如果您的宝宝还达不到这一水平，也请您不要着急，宝宝的发展快慢有异，您可以通过以上的步骤和方法，循序渐进地与宝宝开展跳跃练习，以促进宝宝原地弹跳能力的发展。

目标： 帮助宝宝逐步掌握语法和句子结构的基本要点。

准备： 卡通电话、卡通角色图片（如孙悟空、熊猫、米老鼠等）。

方法与步骤

第一步 一家三口围着坐，爸爸蒙上眼睛，妈妈先引导宝宝悄悄地选择一张卡通角色的图片，如米老鼠。

第二步 开始猜谜游戏。具体请参考插图。

第三步 角色互换，让宝宝在电话沟通中猜一猜爸爸扮演的是什么角色。

 喂，我是爸爸，你是谁呀？

你要猜猜看。

 你很高吗？

不是。

 你有长长的鼻子吗？

没有。

 你有大大的耳朵吗？

有。

 你戴白手套吗？

是。

你穿红短裤吗？

是。

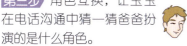 你是米老鼠吗？

对啦，我是米老鼠！

活动点睛

在语言能力的培养方面，我们不仅要注重宝宝独白能力的发展，也要注重其与他人交流沟通能力的发展。能够顺畅地与他人进行问与答，不仅是对宝宝语言能力的锻炼，同时也是在为宝宝社会交往能力的发展做准备。

33 / 36

培养理智感

目标： 培养宝宝的理智感。
准备： 各种颜料、调色盘、日常可拆卸的小家电或玩具。

方法与步骤

方法一 接触大自然。如：接触小动物、观赏植物等。

方法二 参观场馆。如：博物馆、科技馆、天文馆等，激发宝宝进行探索的兴趣。

方法三 "破坏"物品。请允许宝宝适度地"破坏"，拆开去了解它们的内部构造。

方法四 做实验。具体请参考插图。

温馨提示：做实验时，您可以为宝宝演示，也可以邀请宝宝一起来尝试，也许宝宝会探索出您也不知道的有趣现象呢！

活动点睛

在心理学中，"理智感"是指在认识和评价事物过程中所产生的情感，它是宝宝学习知识、认识和掌握事物发展规律的动力。从小培养宝宝的理智感，有利于宝宝对周围世界保持一种积极探索的心态，养成良好的学习习惯。家长无需特别在意宝宝是否能够真正了解和理解一些现象背后的科学原理，只要宝宝拥有一颗好奇心，有求知的欲望和探索的兴趣就是非常好的开始，这会为宝宝将来的学习打下良好的基础。

谁的反应快

目标： 提高宝宝的语言理解能力，提高反应速度。

准备： 无。

方法与步骤

玩法一 大小音量说词汇。同一个词，如"妈妈"，妈妈小声说，宝宝大声说。或反之。具体请参考插图。

玩法二 生活常用反义词。如妈妈说"矮矮的"，宝宝就应说"高高的"，并做出与妈妈相反的动作。

生活常用反义词还有长与短、大与小、多与少等。

玩法三 空间方位反义词。如妈妈指着外面说"外面"，宝宝就应指着屋里说"里面"。

空间方位反义词还有上下、前后等。

注：本图中小号字表示音量小，大号字表示音量大。

活动点睛

"说反话"是一种能够有效训练宝宝综合语言能力的方法。在这个游戏中，宝宝不仅要首先理解一个词的本意，还必须快速在头脑中联想到相反的表意，并转换成相应的词语，用语言表述出来，因此不仅能够得到语言方面的训练，同时也有助于思维能力的锻炼。

早教课 **区分多种同类物品的大小**

目标： 培养宝宝的分类能力。

准备： 大球和小球若干（大小区别明显）、一大一小两个玩具筐（区别明显）、宝宝和妈妈的衣服、鞋子。

方法与步骤

方法一 将若干同类型但大小不一的实物放在一起，引导宝宝按照大小进行分类。具体请参考插图。

方法二 比较全家人（三个人）的衣服和鞋子。

1. 比较衣服。先比比宝宝和妈妈的衣服，再比比妈妈和爸爸的衣服。

最后引导宝宝得出结论：宝宝的衣服最小，妈妈的衣服比较大，爸爸的衣服最大。

2. 比较鞋子。先比比宝宝和妈妈的鞋子，再比比妈妈和爸爸的鞋子。

最后引导宝宝得出结论：宝宝的鞋子最小，妈妈的鞋子比较大，爸爸的鞋子最大。

妈妈示范： 大球放进大筐中，小球放进小筐中

宝宝尝试： 大球放进大筐中，小球放进小筐中

活动点睛

"大小知觉"是头脑对物体的长度、面积、体积在量的程度上的认识，并主要靠视觉来完成。此项游戏便是一种对宝宝"大小知觉"的练习，而比较同类物品的大小能够排除过多干扰因素，将比较的难度控制在宝宝的能力范围内。这一活动能够引导宝宝观察物品的特征，提高宝宝的分辨能力，为宝宝学习分类奠定基础。宝宝的发展快慢有异，请家长切勿心急。

33/36

认识更多的颜色

目标： 促进宝宝对颜色的认知能力。

准备： 红色、黄色和蓝色的图卡，家中蓝色的物品。

方法与步骤

第一步 向宝宝展示红色、黄色和蓝色的颜色图卡。

第二步 让宝宝指认红色和黄色的图卡。

然后，告诉宝宝剩下的这个颜色就是蓝色，红、黄、蓝这三种颜色是三原色。您可以和宝宝玩"颜色变变变"的游戏。

目前宝宝暂时还不能理解三原色的意思，没有关系，您只需让宝宝初步了解一下即可。

第三步 请宝宝在家中找一找蓝色的物品，巩固宝宝对蓝色的认识。具体请参考插图。

宝宝，请你找一找家里还有什么东西是蓝色的吧！

好。

哇，宝宝找到好多蓝色的东西呀，真棒！妈妈也来找一找，咱们来比一比看谁找的多吧！

妈妈、妈妈，我的水杯是蓝色的，爸爸的衣服是蓝色的，还有我的玩具箱也是蓝色的……

温馨提示： 您可以在宝宝认识了三原色的基础上，运用这个方法教宝宝认识更多的颜色。相信宝宝一定会觉得非常神奇和有趣哟。

活动点睛

识别色彩是一项重要的视觉辨别能力，随着宝宝的日益成长，色彩识别能力也将分化得更加丰富而细腻。早在四个月大时，宝宝就已经能够识别红、黄、蓝、绿等色系，而对于其他颜色，或是基本色系中的深浅色调等，还有认识的发展空间。在日常生活中，您可以为宝宝提供一些多色彩的环境，并引导宝宝去观察，让宝宝在心情愉悦的同时增加视觉刺激。

33/36

认识四季

目标： 促进宝宝对四季的认知。

准备： 具有明显季节特征的故事书。

方法与步骤

方法一 给宝宝讲具有明显季节特征的故事，让宝宝在故事中感知四季。具体请参考插图。

方法二 以春天为例，引导宝宝感受这一季节的特点。引导宝宝想一想在这个季节穿什么衣服、吃什么水果、可以做什么事情……

方法三 把上一季节穿的衣服收纳好。

> 春天来了，花儿开了，小草绿了，小燕子们也回来了……

> 哇，春天好美啊！

故事书

活动点睛

"四季"当中包含着极其丰富的知识与奥秘，认识四季有助于宝宝了解种种基本的生活常识，并在探索与发现中培养求知欲，以及初步感知四季当中蕴含的自然规律。在日常生活中，您可以运用以上方法积极引导宝宝去观察和了解周围的世界和所在的季节，提升宝宝的探索兴趣，为日后发展宝宝的科学探索和总结归纳能力奠定基础。

33/36

认识性别角色

目标： 帮助宝宝形成对性别角色的认识。

准备： 有助于认识性别角色的图书和动画片。

方法与步骤

方法一 为宝宝选择涉及性别角色的书来进行亲子共读。具体请参考插图。

方法二 为宝宝选择一些具有不同性别角色的优秀动画片，让宝宝受到耳濡目染的熏陶。

在日常生活中，请避免让宝宝形成不必要的性别刻板印象。具体请注意以下两点：

1. 无论男孩女孩，都应该要有勇敢坚强的品质，尤其是女孩，必要的时候，我们同样要鼓励她勇敢、坚强一点。

2. 在男孩哭的时候，请尽量不要劝阻，更不能嘲弄。

宝宝喜欢哪个角色？

他是男孩儿还是女孩儿？

仓鼠汉姆.

你为什么喜欢他呢？

男孩儿.

因为他很勇敢.

仓鼠汉姆

温馨提示：当宝宝在您的引导下，自己总结并说出一些答案时，他／她就会慢慢形成初步的对性别角色的认识。

把"哭"等同于"柔弱"是一种误解。对于宝宝来说，"哭"是一种宣泄情绪的方式，在某种程度上是有利于身心健康的。所以，无论男女，当宝宝因为受了委屈而哭泣时，您可以这样对他／她说："哦……妈妈知道宝宝受委屈了，想哭就哭一会儿吧，妈妈陪着你。"

活动点睛

在当前月龄段，宝宝基本上已经能够稳定地认知自己的性别了。在此基础上，我们有必要引导宝宝以一种更加多元的视角去认识两性。请家长不要直接告诉宝宝不同性别的孩子喜欢什么或应该做什么，而应有意识地引导宝宝打破对性别的刻板认识。例如：当宝宝认为男孩儿才应该玩小汽车时，您要告诉宝宝女孩儿也是可以玩小汽车的。这会帮助宝宝避免习得一些带有偏见和刻板印象的性别角色观，有利于宝宝日后建立一个更加开阔、公正和完整的性别角色观。

33
/
36

推动社交能力的发展

目标: 促进宝宝与同伴的交往。

准备: 各类玩具。

方法与步骤

第一步 此阶段的宝宝会生发出与同龄人交往的愿望,家长要调整好心态,和宝宝保持良好的亲子关系,常常抱抱宝宝,亲亲宝宝,和宝宝说说话。

第二步 为宝宝创造与同伴一起玩耍的机会。邀请小朋友来家中做客,或带宝宝到他人家中玩耍,等。具体以插图为例。

第三步 引导宝宝和其他小朋友一起玩玩具。

看他们玩得多开心呀!

是呀!

玩过家家 好!

Charles,你来给娃娃做饭,我去照顾娃娃。

温馨提示: 宝宝目前还不一定能够真正会玩角色扮演的游戏,并且也很难真正在游戏中与同伴产生合作,但是没有关系,重要的是为宝宝创设一个与他人共同游戏和交流互动的环境。

活动点睛

社会交往始于个体与他人的互动。对于宝宝来说,与同伴"共同游戏"便是社会交往的一个开端。当前月龄段的宝宝还不能在真正意义上与他人"共同游戏",而更多的是看似在和别人一起玩,实际上还是在玩自己的。但是,此时宝宝已经能够表现出想要与小伙伴一起玩的愿望,这便是进入"共同游戏"与社会交往的准备期和关键期。家长可为宝宝创造更多与同伴玩耍的机会,并提供适宜的玩耍条件,进一步促进宝宝社会化的发展与进步。与此同时,也应注意维护良好的亲子关系。

练习跳远

目标：促进宝宝跳跃能力的发展。

准备：无。

方法与步骤

方法一 立定跳远。具体请参考插图。

鼓励宝宝尝试，动作同家长示范的动作。

方法二 家长示范跨步跳远，宝宝模仿。一只脚抵着线，一只脚后退一步呈弓步状。后面的腿屈伸发力，前腿支撑，后腿跃起迈出起跳线，前腿跟上，两脚并拢，落地站稳。

方法三 玩跳远游戏。立定站在同一水平线上，宝宝先向前立定跳一步。待宝宝跳出站稳后，转身，和您面对面，两人努力地去够对方身体内侧的那只手，然后您牵着宝宝的手，跨步跳到宝宝的位置。

而后，您可以继续跨步跳，再拉着宝宝跳到您的位置。为了让宝宝能够有适当的休息，您可以和宝宝交替进行跳远游戏。

宝宝，爸爸现在要做的运动叫"立定跳远"。看好哦，先站在起跳线处，然后双腿打开与肩同宽，膝盖弯曲，双臂摆动，当双臂向前使劲儿时双腿发力，跳！最后，双脚落地站稳。

哇，爸爸好棒！

● 您可以和宝宝在有方格的地面上玩这个游戏，用方格的其中一条线作为起跳线，也可以自己在地上画一条线，作为起跳线。

活动点睛

"跳远"是对下肢爆发力和全身协调能力的一种直接检验，而练习跳远也有利于宝宝相关运动机能的提升。在日常生活中，您可以运用以上方法和游戏，与宝宝开展互动练习，帮助宝宝更好地控制身体重心的移动和转移，促进宝宝跳跃能力的发展。但要注意的是，如果在跳跃过程中站立不稳，应该尽量向前扑倒，用手支撑，而不是一屁股重重地坐到地上，因为屁股上端是脊柱的尾椎部分，严重的撞击可能造成骨头开裂。

33/36

图书在版编目 (CIP) 数据

0-3岁，妈妈是最好的早教老师 / 孙瑞玲主编；韦洁璇等编写. -- 北京：外语教学与研究出版社，2017.3（2018.9 重印）

ISBN 978-7-5135-8584-2

Ⅰ. ①0⋯ Ⅱ. ①孙⋯ ②韦⋯ Ⅲ. ①学前儿童－家庭教育 Ⅳ. ①G781

中国版本图书馆 CIP 数据核字 (2017) 第 050975 号

出 版 人	蔡剑峰
责任编辑	王蔚霞　王霖霖
营销编辑	吴凤珍
美术编辑	张　潇
封面设计	木木树
版式设计	彩奇风
出版发行	外语教学与研究出版社
社　　址	北京市西三环北路 19 号（100089）
网　　址	http://www.fltrp.com
印　　刷	北京尚唐印刷包装有限公司
开　　本	730×980　1/16
印　　张	22
版　　次	2017 年 3 月第 1 版 2018 年 9 月第 3 次印刷
书　　号	ISBN 978-7-5135-8584-2
定　　价	68.00 元

购书咨询：（010）88819926　电子邮箱：club@fltrp.com
外研书店：https://waiyants.tmall.com
凡印刷、装订质量问题，请联系我社印制部
联系电话：（010）61207896　电子邮箱：zhijian@fltrp.com
凡侵权、盗版书籍线索，请联系我社法律事务部
举报电话：（010）88817519　电子邮箱：banquan@fltrp.com
法律顾问：立方律师事务所　刘旭东律师
　　　　　中咨律师事务所　殷　斌律师
物料号：285840001